山口昌男の手紙

文化人類学者と編集者の四十年

大塚信一
Nobukazu Otsuka

トランスビュー
TRANSVIEW

山口昌男の手紙—文化人類学者と編集者の四十年—＊目次

注記

・手紙の表記は旧字を新字に改め、適宜漢字を仮名に直し、おくり仮名はできる限り統一した。また読み易さを考えて句読点を補ったところがある。明らかな誤字や誤記は改めたが、特有な言い回しや人名の片仮名表記などはママとした場合もある

・書簡中で文字を補う場合や注を付す場合は［　］で記した。

・書簡中の線画はすべて山口昌男氏によるものである。但し図版のキャプションは新たに付した。

・私信であるため、たとえば個人名を挙げて批判した箇所など、個人を傷つけたり、また誤解を招く可能性があると思われるところは、著者の判断で伏字あるいは（□行削除）とした。

・書簡の始めと終わりを挟むエアメール罫と本文冒頭の羽根ペンのイラストは装幀家による。

山口昌男の手紙

—文化人類学者と編集者の四十年—

装幀　高麗隆彦

はじめに

二〇〇六年九月二十一日、十数年ぶりになるであろうか、山口昌男氏宅を訪ねることにした。中央線の武蔵境《むさしさかい》で西武多摩川線に乗りかえ、少し乗ってすぐ小さな駅に着く。以前はプラットホームが二本あるだけの郊外のさびしい駅であったが、駅前は小ぎれいに整理された広場になっている。電車の線路をくぐる地下の横断歩道さえ完備していた。間違えようもないはずの山口宅への道だったが、迷ってしまい、二十分近くぐるぐる歩き回っていたようだ。

表通りからコの字形につくられた道を入って、ようやく山口宅へ辿りつく。約束の時間を少し過ぎている。山口夫人が「迷っちゃいましたか」と問われる。「ええ、すっかり迷ってしまいました」と答える。通されたところは、本の壁に囲まれた居間兼応接間。そこは半世紀前と少しも変わっていない。一挙に学生時代の私に戻る。

社会学や文化人類学を学んでいる学生たちは、しばしば山口宅を訪れた。デュルケムの『自殺論』などをテキストにして読書会を開いていたが、山口氏はそのテューターを務めてくれていた。

氏は私の通っている大学で、英国の社会学者ニューウェル氏の助手をしていたのだ。助手とはいっても、山口氏は文化人類学や社会学はもちろんのこと、歴史や文学あるいは哲学にわたる広大な知識を身につけていた。だから学生たちは、それぞれ関心のある領域の問題について、氏の助言を得ることが可能だった。

私自身のことについて言えば、それまで哲学を中心に人文科学の諸分野をかじっていたのだが、六〇年代初頭の激しく動揺する日本社会の中に身を置いていて、抽象的な理論をもてあそぶ人文系の学問にあき足りなさを感じ始めていた。とはいえ、経済や法律といった実学的な勉強をする気にもなれず、結局は人文・社会科学の中間的な領域である思想史でもやってみようかと考えるに至っていた。と同時に、社会学にも興味をひかれた。当時はアメリカ社会学の全盛時代であったが、私はどちらかといえば、マックス・ウェーバーやフランス系の社会学者デュルケムやモースなどに魅力を感じていた。日本でも都市化の兆しが見え始めた頃だったので、シカゴ学派などアメリカの都市社会学に学ぶことは多かったが、宗教や人間の心性についての分析を行なうウェーバーやデュルケムに、より強くひかれたということだろう。

読書会のテューターとしての山口氏は、テキストを字句を追って正確に読むということよりも、テキストに表現されているそうした考えが出てくる背景に目を向けるように、仕向けてくれていたように思う。デュルケムの『自殺論』の内容の分析もさることながら、なぜデュルケムが『自殺論』を書いたのか、を私たちは考えさせられた。だから、発表の順番が回ってきたとき、私はヨーロッパの十九世紀末の雰囲気と関係させて『自殺論』について語った。もちろん、当時の私に十九世紀末の状況についての正確で豊富な知識があるはずもないのだから、直観的にしか論じることはできなかっただろう。しかし、山口氏は私の発表について、「大変面白かった」と評してくれた。そしてその時以来、しばしば氏は私を大学の学生会館に誘ってくれ、とてもおいしいとはいえぬコーヒーをごちそうになりながら、いろいろな話をきくようになる。

前著（『理想の出版を求めて――一編集者の回想　1963-2003』トランスビュー、二〇〇六年）にも書いたが、山口氏はT・S・エリオットの『荒地』と文化人類学の関係についてしゃべり、私は仰天した。氏は英文学にも詳しく、とくにシェークスピアには精通しているようだった。氏が文化人類学そのものについて語ることは少なかった。大学では日本史を勉強したとのことだったが、それについて話すこともほとんど無かった。主たる氏の関心は、西欧の思想と文学であるように私には見えた。社会科学へ方向転換するまでの私は西欧の思想を勉強していたので、氏との話が尽きることはなかった。一度だけ、ホカートという学者の英語の古い本を見つけ、ちょっと面白かったので、山口氏にどんな人物か問うと、王権論で古典的な仕事をした人類学者だということであった。

山口氏宅は、大学からバスで十五分ぐらいのところにあったので、学生たちはよく遊びに行った。当時、文化人類学を勉強していたのは大部分が女子学生だった。おまけに女子学生は優秀だ。だから山口宅での主導権は彼女たちが握り、山口氏はそれを眺めてニコニコしているのだった。

私などは、ただそこに加わっているだけの存在だったといって過言ではない。山口夫人が時に夕食をごちそうしてくれた。今思えば、助手の薄給で（失礼！）、さぞ大変なことだったろう。

その頃氏は、『日本読書新聞』に無署名の書評を書いたりしていたようだ。また『論争』という多少怪しげな雑誌に、日本の人類学や民俗学に対する痛烈な批判を発表したりもしていた。「柳田に弟子なし」とか、当時の大家を指して「文化人類学における東西の手配師」などという穏やかならざる発言をしていたのを覚えている。

しかし、氏のそうした烈しい一面と、日常接する本好きで博識の、おだやかな山口氏の姿を重ね合わせることは、学生の私にはできないことであった。例えば、ロバート・グレイブスのGoodbye To All That〔原書、一九二九年刊。後に岩波文庫、『さらば古きものよ』上・下、工藤政司訳、一九九九年〕について愛惜の念を込めて語る山口氏の姿を、今でもまざまざと思い出すことができるが、梅棹忠夫氏や泉靖一氏に対して〝手配師〟と決めつける氏の顔を思い描くことは、全く不可能なことだ。山口氏の特定の人物に対する罵言としか言いようのない言葉を聞くようになるのは、その時から十年近くも経って、氏の著作を編集するようになって以後のことだ。

山口宅の応接間が、五十年近くも前とほとんど変わっていないのを見て、なぜか私は心の底からホッとしたのだった。氏は無名の時代から一足跳びに論壇に登場し、あっという間に時代の寵児になった。そして世界を股にかけて活躍をした。日本人離れしたスケールの大きさで残した氏の足跡は、余人にはけっして真似ることができないだろう、と私は確信する。

そしてある時点から、氏は自らの足跡に砂をかけて埋めてゆくが如くに——としか私には思えないのだが——方向を転換する。しかしそのことについて語るには、まだまだ早すぎる。ずっと後になって、もしそれが可能だと判断できるようになったら、語ることにしよう。

今ここでは、あれほどの活躍を行なった山口氏が、半世紀を経て、本質的には何一つ変わっていないことを、私は体感したことだけを言っておきたい。

氏は久しぶりに会う私を笑顔で迎えてくれた。何度かの手術を経て、立ち居は決して自由とは言えないが、思ったより元気な氏は、十年以上の空白期間があるのを忘れさせてくれるように、次から次へと話を続けた。二時間以上も話し続けて、氏が疲れてしまうのではないかと恐れ、私は席を立った。立ち去りぎわに、近く公刊される拙著『理想の出版を求めて』を氏に手渡した。山口宅を出ると、すでに夕方の気配が立ち込めようとしていた。

それから十日——いやそれ以上かも知れない——ほど経って、山口氏から電話がかかってきた。電話で氏の話を聴きとるのは容易ではないのだが、山口氏は言った。「あの本を、二回読んだよ」。嬉しくて、私は言葉が出なかった。

これから、山口昌男氏との交流について、氏からの手紙を柱に据えて、綴っていこうと思う。それによって氏の思想形成の背景を、世界を股にかけた氏の活躍の舞台裏を描くことができたならば、これ以上の喜びはない。

と同時に、ある時点から私が山口氏と〝疎遠〟になった理由を明らかにすることが可能になるかも知れない。心の底から山口氏を敬愛してきた私が、なぜ氏との間に距離を置くようになったのか、なぜそうしなければならなかったのか、私自身の心の動きを見つめてみたい。

二〇〇三年五月末に、私は岩波書店の社長を辞した。それに先立つ二カ月ほど前に、辞任の通知を各方面に送ったが、それを知った山口氏は、久しぶりに電話をかけてきて、「辞める前に、大塚君と奥さんに、僕と女房で慰労の会を開きたい。時間をつくってくれないか」と言った。退任するまで実際に、びっしりとスケジュールがつまっていたのだが、私は「ありがたいのですが、女房の調子がもう一つよくないので……」と断わった。それに対して、山口氏はその後二回も誘いの電話をくれた。しかし、私はどうしてもその誘いを受けることができなかった。

それから三年、私は先にあげた本を書いた。そして自らの四十年の足跡をできるだけ対象化して記述してみようと試みた。その過程で、私にとって山口氏の存在がいかに大きなものであったか、実感せざるを得なかった。そして同時に、〝疎遠〟であった十年間の意味が、改めて私の胸の中で大きな問いを伴って発酵してくるのを感じたのでもある。

第一章　最初のフィールドから

1

1　ジョス（ナイジェリア）、発信日付なし
／一九六七（昭和四十二）年三月二十二日着（エア・レター二枚）

拝復

今ジョス博物館にいます。この手紙を書き始めようとしたら、博物館学の講習に来ている奴がきて、アマン［恋人］を送り帰したいから、車で連れていってくれとせがまれて、俺はショファー［おかかえ運転手］でないと突っぱねようとしたけど、フランス語会話の練習にこの二日間使っていた弱味から、ついにつまらない役を引き受けさせられました。

ジョスには三日前、即ち三月十日についたばかりです。東アフリカ（ケニア、タンザニア、ウガンダ）で三カ月油を売って、イバダンで三週間車を探すのに時間を使って、ルノーのステーシ

ョンワゴン・4Lという中古車を買ってイバダンを発ち、急げば二泊でこれるところを、一人旅の気楽さから、途中ヌペという部族の村に二泊、グヘリ族の村に一泊、ビダという所にある農事試験所に日本人の研究員を訪ねて一泊、ぶらぶらとやってきました。

貴兄の手紙は小生のくる一日前についたそうです。カンのくるっていないところ、見あげたものです。東アフリカのマケレレ大学では、小生のイバダンの同僚で現在マケレレ社会学の主任教授である、R・アプソープというのが独身であるのをいいことに、二週間居候しました。

彼はまた、『トランジション』というアフリカの最もセンスのいい雑誌の編集委員会のメンバーなので、小生の道化＝知識人論をぶったら、それはすごくスティミュレーティング〔刺激的〕だ、ぜひ翻訳して寄稿してくれ、といって編集委員会に案を出して通してしまいました。岩波の方の許可を得てください。また「人類学の……的諸前提」〔『思想』掲載の山口論文、本書一六頁参照〕は手許にあったので、これは『マケレレ社会学評論』という雑誌に翻訳して出すことを約束しましたが、あまり時間もなさそうなので、この方は実現しそうもありません。

イバダンでは、ロビン・ホートンという生物学から社会人類学にきた、ナイジェリアに十年ほど住みついているのと、四日間毎日ヒルメシをおごったりおごられたりして、連続討論をしました。彼はアフリカの宗教について、非常にすぐれた論文をこの五、六年相次いで出している男で、ちょうど二回に分けて『アフリカ』という雑誌に寄稿した、「西欧の科学思想とアフリカ宗教の世界認識」という論文の校正刷にコメントをくれというので、このような長い連続討論になったのです。

しまいに彼は音をあげて、「お前の幾分インチキな英語の背景には、おそろしい量の知識と認識が潜んでいる。悪名高いイギリスの秘密情報員に暗殺を依頼しなくてはならなくなるかもしれない」と言いました。彼は小生が今まで日本語で書いたものを全部読みたがって、調査をやめて、翻訳に時間をつかえとまで言いました。小生もそろそろ読者の範囲をひろげてみようかと思っています。

アフリカに来たのは、本を読みすぎないためだったのですが、イバダンに来てみると、大学の書籍部が新築の建物に移るために、ストックの整理の大安売りをちょうどやり始めていた（はじめの週は英文学、次は宗教・哲学、次の週は歴史）ので、結局七十冊以上買ってしまいました。主なものに、

C. S. Lewis : Studies in Words　［売り値］¥350（［定価］¥1050）
A. N. Whitehead : Adventures of Ideas　¥50（¥500）
S. de Madariaga : Don Quixote　¥50（¥300）
G. P. Gooch : Prophets and Pioneers ; French Profiles　¥250（¥700）
C. E. Caton : Philosophy and Ordinary Language　¥150（¥700）
C. van der Leeuw : Religion in Essence and Manifestation　¥200（¥850）
R. W. Meyer : Leibnitz and the 17c Revolution of Thought　¥250（¥1050）
C. S. Lewis : An Experiments in Criticism　¥250（¥750）

David Hume on Religion　¥50（¥350）

といった調子です。小生狂気になったのもムリはないと思いませんか。

ジョスの博物館の裏手の山腹に、一人専用のナイジェリア・スタイルの小屋（ベッド、蛍光燈、机、椅子、籐椅子つき）が二十ほどたっていて、調査者・研究者が一日二百五十円で泊まれるようになっています。二、三日中に調査に出ますが、時々戻ってきます。石田教授の本の後書きに何を書いたか、もう忘れてしまいました。カダモスト［アズララとの共著『西アフリカ航海の記録』大航海時代叢書II、長南実・河島英昭訳、岩波書店、一九六七年刊のこと］出ましたか。隣りの仲の悪いというヒトによろしく。もちろん奥方にも。

講座のダラク原稿は、キドリでなく気がすすまないけど、二、三カ月フィールドで考えてみます。ではまた。

（以上、エア・レター①）

あまり気が進まないといったのは事実で、本当に書きたいことがあれば、大塚君がいる間は

1日250円で泊まれるナイジェリア・スタイルの小屋

『思想』に寄稿できると思うし、また大塚君も御存知のように、講座というケチなソロバン高い出版形式は小生の好まないところで、ここに並ぶリストを見ると、“The Cult of Fame in Journalism in Japan”［日本のジャーナリズムにおける有名人崇拝］という言葉が浮かび出てきて、何かクリエーティブなものが感じられません（大塚君の努力にもかかわらず）。谷川徹三だって三十年前は時代の才子だったのだという感クワイ［感懐］がでてきて、小生が脱れ出ようとして、そして脱れ出たと思ってホッとしている修羅の中に、また連れ戻されるような（大ゲサに言えば）感じがないでもありません。（大塚君は地獄の使者というわけです。）

さらに未練がましく注文をつければ、エスキモーの□□□なんていうのは抹殺して、アフリカの枚数を二倍にした方がいいのではないでしょうか。エスキモーに□□□という名前を残すとしたら、アフリカは□□□□で充分ではないかという気がします。現在の□□君なら喜んで招きに応じると思うし、「文化」を「哲学」的ニュアンスで語れるなら、感涙にムセぶのではないかと思いますがいかがですか。ただ編集者が苦労するだけの話です。

小生はその後のピンチヒッターに考えておいて下さい。三十枚くらいだったら、出す出さないは別にして、ノートに書きためておくくらいのことはできます。ではまた。感心した本があったら送ってくれませんか。帰ったら返還します。

ここまで書いて、貴兄の手紙をよみ返しました。はじめはさっと走りよみしたので、『思想』から配置変えになったところを読み落しました。□□君の件、検討して下さい。どうしても変えられないという場合には、四十枚なら書きます、という条件をつけます（そうすれば、『思想』

に書くのと同じ気持ちで書けるから)。これからヒルメシをつくって、その後小生の奥方に久しぶりに手紙を書きます。小生の帰る頃に、また『思想』に戻りませんか。大塚＝『思想』に執着を感じます。

(以上、エア・レター②)

一九六六(昭和四十一)年の初秋、山口氏はナイジェリアのイバダン大学の講師になるべく、アフリカに向けて出発した。氏が在籍していた大学の英国人の社会学者ニューウェル氏の勧めによってイバダン大学に応募し、採用されたのだ。

ニューウェル氏と言えば、私も学生時代に氏の推薦状をもらったことがある。当時東南アジアに関心を抱き始めた頃だったので、フィリピンの国費留学生試験を受けたことがあった。推薦状を書くに当たってニューウェル氏は、手近にあるリンド夫妻の『ミドルタウン』の原書をパッと開き、そこを読みたまえと言う。その上で氏も同じ頁を読んで二、三の質問をし、それですぐ書いてくれた。おかげで国内の試験は通ったものの、フィリピン側の書類審査で落とされた。私の成績が芳しいものではなかったからだろう。万一フィリピンで勉強することになっていたら、山口氏の後を追って、文化人類学でも専攻していたかも知れない。

そんなこともあったが、一九六三(昭和三十八)年に私は大学を卒業し、岩波書店に入社した。すぐ雑誌『思想』の編集部に配属になり、その編集に従事していた。編集部といってもたった二人。大学を出たての新人にいきなり、文科系では日本で最もアカデミックだと評される雑誌の編集を任せるというのだから、荒療治なんてものではない。しかし不思議なもので、アップアップしつつもがいているうちに、何とか泳げるようになるものだ。

入社して三年目、ようやく一人前になりかけの私は、旧知の山口氏に原稿を執筆してもらった。まず「文化の中の「知識人」像――人類学的考察」を一九六六年三月号に、そして「人類学的認識の諸前提――戦後日本人類学の思想状況」を同じ年の十月号に掲載する。この二本の論稿を発表して、山口氏はナイジェリアへ向かったのだった。

この二本の論稿が与えた影響は、当初はさほどのこととは思えなかった。しかし実は、水面下で深く大きな結果をもたらすことになるのだった。前者は発表と同時に、林達夫氏の慧眼にとまった。前著『理想の出版を求めて』に詳しく書いたように、林氏はこの一つの論稿を以て、山口氏を〝半世紀に一人出るか出ないかの天才〟と見抜いていた。後者についていえば、この論稿によって日本の文化人類学界・民俗学界にこの上なく強烈なパンチを与えるとともに、やがてはその次元を超えて日本の社会科学のありように、一つの新しい道を開くことになる確たる兆候でもあった、と私は思う。

さて私の方は、山口氏の論稿を載せるのは楽しい編集作業であったが、岩波書店の当時の体質にあいそをつかし、いつ会社を辞めようかと毎日考えているような状態だった。悪あがきをして、大学院を受験したり、海外研修を目指したりしたが、いずれも結局うまく運ばず、人事異動で「講座・哲学」の編集部に移ったところだった。右の手紙に出てくるのは、この講座の『文化』の巻への寄稿を依頼したことに対する山口氏の反応である。

なお、「石田教授の本の後書きになにを書いたか、もう忘れてしまいました」という文章の〝石田教授の本〟とは、石田英一郎著『文化人類学ノート』（ぺりかん社、一九六七年）のことであり、〝後書き〟とは、同書に付された山口氏の解説「石田教授とマルクス主義と人類学」（後に「マルクス主義と人類学」と改題して氏の『人類学的思考』せりか書房、一九七一年に収録）のことである。

この論稿の中で、山口氏が石田氏に対して、「制度［大学教育という］に対する過大な期待があるのではないか」と指摘している点は興味深い。また山口氏は同じ文脈において、「究極的には独学であるはずの人類学」と述べ、さらに「私には制度的教育に対する関心や情熱や、使命感がほとんどない」とまで言い切っているのである。

2

2　ジョス（ナイジェリア）、発信日付なし／一九六七（昭和四十二）年四月二十五日着

前略　題して「調査のすすめ」

一月ぶりに調査地 Wase から Jos に出てきました。調査地では全く快適、順調なので、これなら二、三年いた方がいいのではないか、とも思っています。

まず村のチーフの家にワラジを脱いで居候していますが、はじめはチーフの執事の家の中庭に

野天で寝ていましたが、そのうちチーフが快適な家を建ててくれました。お客さんだから、もちろんタダです。土をこねて、乾しながら造りあげたもので、一週間でできてしまいました。

暑いところですが、壁をくりぬいて風通しもよく、屋根が高いので全く住みやすく、一日中家の中にいても大して暑いとは思いません。そして家の廻りはマットでかこってあるので、プライバシーは保たれます。しかし、小生は珍客なので、一日中交るがわる村民が見物にきます。

そこでこの機会を利用して現地語を学び、ハウサ語でインフォメーションを集めます。同時に、お医者の役をつとめたり、壁に絵と文字を描いたヒョータンの破片をたくさんはりつけて、教師の役割も果たしています（文盲のすすめの逆をいっているわけです）。

日によっては、チーフの家の前の広場にある大きなバオバブの樹の下に、デッキチェアを持ちだして、一日中すわっています。人々が集まってくると、似顔のスケッチをやります。この方法で村民の顔と名前を急速に覚えています。それがすむとヒルネをする。眼がさめると、またインフォメーションを集めます。疲れるとヒルネ。

腹がすくとマンゴーの実をたべたり、牛肉のクシザシを八円で買ってたべる。食べ物は全て現地食。一月の下宿代（三食付）は三千円也。

人々とのつきあいに疲れると寝室にとじこもり、録音してあるバッハ、モーツァルト、テレマンなどを聴く（ラジオはテレフンケンの四万円のをハリ込んである。ただ一つのゼイタク。そこで西アフリカはヨーロッパからの短波の放送の数が多いので、気に入った音楽はかたはしから録音してしまう）か、イバダンで買ったうち三十冊ほど持ちこんだ本を読むかする。

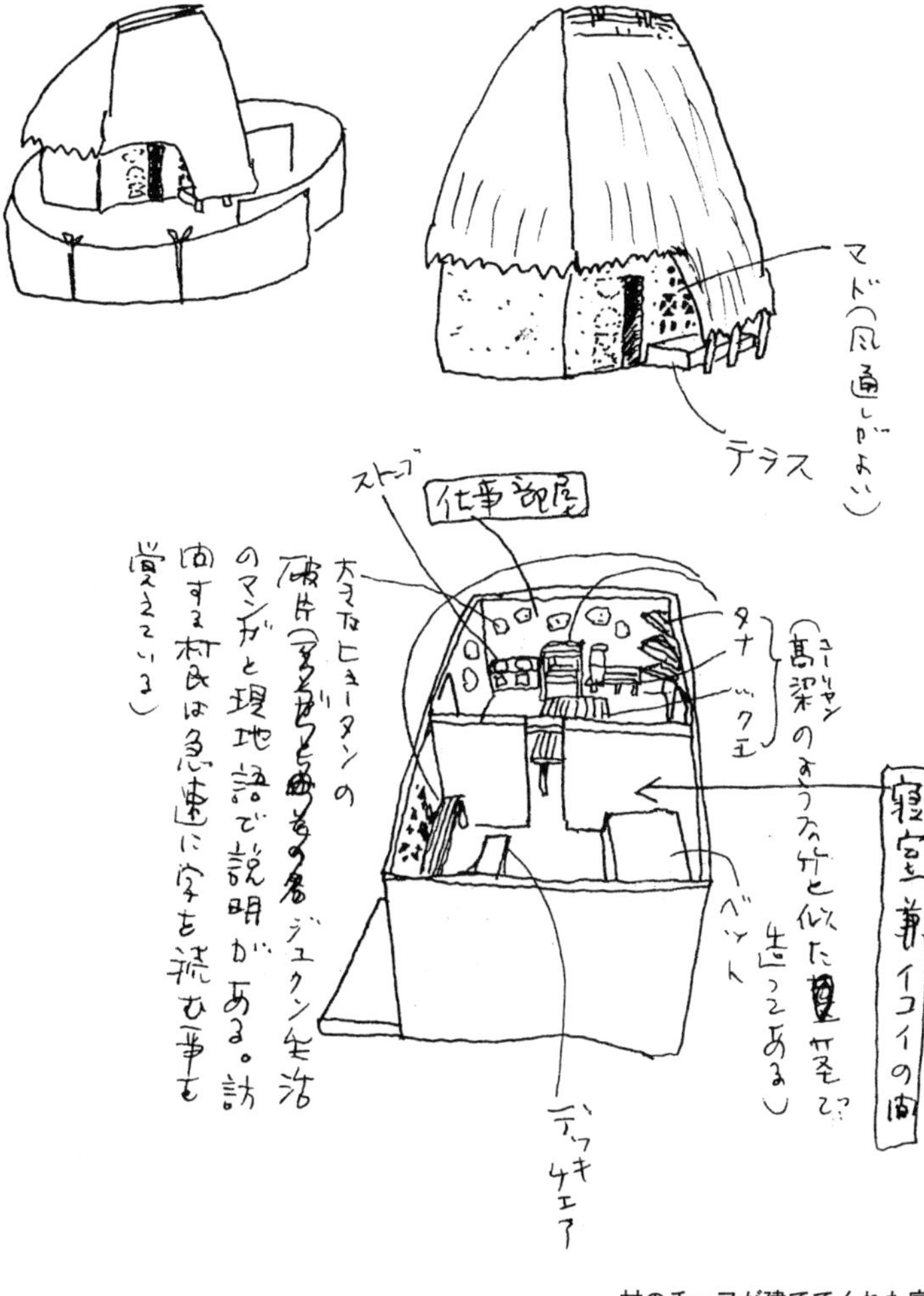

村のチーフが建ててくれた家

あいかわらずの雑読で、この数週間C・S・ルイスの『批評の実験』、マリア・カラスの伝記、ピエール・ダニノスの『ソーニアとの生活』、イギリスのコラムニストのロバート・ロビンソンの雑文集、ジョイス・ケアリーの『春の歌（短篇集）』、マダリアーガの『ドン・キホーテ』などをよみました。

東京の生活とちがって、今の生活には何一つ無駄なものがないように思われます。（また寝室には、ウィスキー、マルテル・シェリーなどを備えてあるが、土地の酒をのむことが多い。）

今はジョスにきて、ジャン＝クロード・ミュラーというスイス産（ルソーの育った村の出身）フランス仕込みの人類学者の家に、二、三日居候しています。この男も全くの雑読家で、毎日二人でしゃべりまくっています。

夜の十一時には、毎日日本からの放送がよくはいるので、海員組合のストがどうしたとか、東大・宇宙航究《ママ》所のロケット打ち上げがまた失敗したとかいうことは、よく知っています。村人に一月ほど旅に出るといって、ワラジをはいて放浪の旅に出てきたわけですが、一日後またジョスからワセに戻ります。あちこちで、ジュクンに関係ある部落で親分衆のところで客分になって、調査してくるわけです。この旅烏の生活は、全く性に合っています。講座何を書くか、考えてます。

3　ジョス（ナイジェリア）、発信日付なし／一九六七（昭和四十二）年五月二十三日着

前略　その後いかがですか。

小生は、調査地でマラリアにがっちりやられて、四日間吐きつづけ、不眠、不食、不飲でがっくりと痩せさらばえて、ほうほうのていでジョスに逃げ帰ってきました。現在はジャン＝クロード・ミュラーというスイス産フランス系、UNESCO派遣の人類学者のところに居候しております。

ジャン＝クロードは、レヴィ＝ストロースの直系の弟子で、この辺に四年間住みついて調査を続けています。三年前に会った時、ロラン・バルトを読めとすすめてくれた男です。ジャック・レモンの如き軽快な男で、小生を上回る雑読家なので、時々ジョスへ帰って大変愉快な思いをします。レヴィ＝ストロースに関する知識は、個人的消息を含めて大分仕入れました。

時には調査の話をし、時にはモーリス・ブランショの話をし（ところで彼の『サドとロートレアモン』というのは、大変な傑作だそうです）、ガストン・バシュラールを語り、ロジェ・カイヨワを可憐な蝶々さんと罵倒し、ピエール・オージェとルグランに傾倒し、ユイスマンとリラダンについて意見が一致し、アナトール・フランスが二十年おそく生まれたら、必ずやミシェル・レーリスの如き人類学的作家になっただろうと述べ、メッキの□□□君からは得られない、フランスのよい部分に触れ得るのは、全く貴兄の言う如く、小生は当分日本に帰らない方がよいという、一つの例です。

ところで、『ニューズウィーク』の書評欄をよんでいたら、George Steiner “Language and Silence” 1967 について触れてあり、大層面白そうな本なので、ぜひ一報と思ってお便りしている次第。Steiner は例の Max ［不明］ というのとちがって、昨年小生 “The Death of Tragedy” というのを買って読んで、大変博学で明快な思考家がいると感心したことがあります。

原稿については、まだ特に考えているわけでないのですが、一冊も手もとに本がない場合には、どうしたらよいのかと思っています。では、社の知己の方々、奥方様によろしく。元気を回復したので、明日はまた、調査地に向かいます。

敬具

家来第一号をつれて

4 ワセ（ナイジェリア）、発信日付なし
／一九六七（昭和四十二）年六月十二日着

四マイルの道を歩いて、ワセの町へ出てきて、お便り受けとりました。小生の滞在している村とワセの町の間には、河が二つあって、雨期に入った現在、車での通行は不可能なので、徒歩行軍です。

お供を一人つれてきています。この男は家来第一号で、いつもそばに坐っています。言うことをきかないと、「お前とはもう友だちでない。三日間訪問停止」というと、何でも言うことをききます。こういう素直な人間関係は、わが日本ではもうあまり求められないものです。そこですっかり冒険ダン吉気取りになってしまいます。

（昔、講談社文化華やかなりしころ、そんなマンガがあったの御存知ですか？　あれは植民地主義的と言われるか何といわれるかしれないけれど、幼時期の小生に外的世界のヒロガリを最初に教えた、小生にとっては人類学の古典ともいうべきものです。）

このところ手紙をせっせと書きますが、これは大塚君が大出版社につとめているせいでなく、理由があるのです。ジョスに行ったとき、航空郵便をキリスト教書店（町で一軒の本屋）で求めたとき、百枚束（四百円）でなくては売らないというので、ひどいキリスト教があるものだと思いつつも、百枚一束で買ってきたせいです。

冒険ダン吉

帰ってきて百枚を目前に置いて、ウンザリしました。東アフリカの三カ月の滞在で、三、四通しか手紙を書かなかった小生が、どうしてこれを消化できようか。そこで友人に聞いて歩いた。「お前いらないか」「あまるほど持っている」。かくして愚妻と大塚君にネライをつけることにしました。〔中村〕平治氏に書くと、どうしても裏までこないのです。）そういうわけで、手紙がきても気にしないで、読み捨ててよろしいのです。

お便りを読んだ限りでは、大塚君の高等遊民ぶりもますます板についてきて、江戸の戯作者に近づいていると見ます。ゴドーの如く、刺激を与えてくれる人間を待つというのは、やはり大塚君が遊民のせいだと思います。待っている己れをも客観化し、喰いつくしてしまう迫力を期待すること切です。

このところ、昼前は調査の仕事にあて、午後は本読みに専念、夜は民話を集めるか、短波を一〇〇％利用。朝起きるとすぐ、見たばかりの夢の克明な記録を英語で記しています。これは愉快な仕事です。Hans Mayerhoff という哲学者の "Time in Literature" というのを読みおわったところです。特に教えられるところがあるわけでないが、大変参考になる本です。ではまた。

5　カドゥナ（ナイジェリア）、発信日付なし
／一九六七（昭和四十二）年七月五日着（エア・レター一枚）

その後、うだるような暑さの中で、ぞろぞろ墓場からはいだしてきたおじいさんたちとか、墓場志願の生ける屍の諸氏を相手に、ふうふういって大奮闘のことと、お察し同情申し上げます。

小生は調査地ワセから、カドゥナ（北ナイジェリアの行政の中心）に出てきました。軍政府の調査許可を得てこいと、ジョスの警察署長の命令できたのですが、そのついでに国立文書館に通

って、ジュクン族関係の文書（主にイギリスの行政官の報告書）をタイプに打っています。

朝八時から午後二時まで仕事をして帰って（日本の繊維工場のアパート［へ］）から、レコードをきいたり、本を読んだりしています。レコードはブリティッシュ・カウンスルから借り出した、イェーツの詩（LP二枚）、ほかにイギリスの現代詩のレコードおよびシェークスピア（全部あります）などをききます。

本は主に、詩人の自伝と詩論をよんでいます。W・ブローマー（六十歳くらい、オクスフォードを出てから、行商をしてアフリカを放浪、その後、戦前の日本にきて英語教師をしたのちイギリスに帰る。『故国にて』という自伝は、夏目漱石論などもあるが、主としてイギリス離れをした男のイギリス論として、大変面白い。イギリスのどの人類学者よりも、イギリスに対して人類学的な視点を持っている）、E・ミューア、C・デイ・ルイス［Cecil Day-Lewis］のもの、詩論としてはロビン・スケルトンという詩人の『ポエティック・パターン』という、いわば詩と象徴とリアリティの関係を論じたもの、ブラックバーンという詩人の『片目の代価』という現代詩論が、小生の人類学論の最後の部分に似た立場を、詩的リアリティの観点から説いているのには、我が意を得たりと思いました。

しかし、己れの考えに似たものばかり読んではナマッてしまうとばかり、W・エンプソンの『コンプレクス・ワーズ』を次に読みました。エンプソンは分析的な人であるから、大変明快にさまざまな言葉のテキスト中のシチュエーションの分析を行なっている。たとえば、「FOOL讃」という章があって、道化＝うすばか（FOOL）のエリザベス朝における、デノテーションとコノテーションの分析を、大学学問的にやっている。小生も引用したウエルスフォードなどの所論についての感想ものべている。しかし所詮エンプソンは、I・A・リチャーズの弟子であって、すべてを明快にしたあとにのこるものが少ない。また「原始心性」なる章があって、ここでは前記の詩とリアリティ論に対するねばりづよい反論が展開されている。そういった意味で、この本はウォーミングアップには大変役に立ちます。

その他、T・H・ヘンの『ロンリー・タワー』（イェーツ論）をはじめ、イェーツ論を手あたり次第に、またT・ド・シャルダンの『現象としての人間』（英訳。日本訳は千二、三百円するが英訳は二百五十円、日本の翻訳本は本当に高い。アウエルバッハの『ミメシス』の日本訳が出たそうだけれど、二冊の訳本を買うよりアンカー文庫の二ドル以下のやつを買った方がはるかにやすいでしょう。『ディオジェーヌ』の訳誌も出ているそうだけど、それより、自分たち（桑原〔武夫氏〕、日高〔六郎氏〕など）が、『ディオジェーヌ』のような雑誌をつくるか、『ディオジェーヌ』に寄稿することをどうして考えないのか、この□□□□□□□□□□！と思います）など。

用件：小生の本棚（椅子のうしろのアフリカの部分）に、P. Tempels "Bantu Philosophy"（フランス装、A5、厚さ一五〇ミリ）があるのですが、家から持ちだしてきて、送ってくれませんか。原稿用紙と全巻内容うけとりました。後者については、ナニヲカイワンヤ。

ところで、小生の部分、本が全然使えない、イバダンに行かなければどうにもしようがない。アフリカの専門家になるなと言いながら、アフリカの項をわりあてた貴兄をうらんでいます。あ

るいは〝アフリカ〟が、最後にちょっと出てくるものを書くことになるかもしれません。敬具

（以上、エア・レター①）

前略

機は熟してきました。

正直いってこの二カ月、どうやって「大塚哲学講座」をものにするか、いつも考えてきました。調査の合い間にも、夜小舎の中で酒を飲みながら、テープレコーダーに仕込んだ楽曲に耳をかたむけている時も、車で走り回っている時も。即ち、いままでと全然違った条件で書かなければならない。これは小生のように、本にうずもれて鼻うたまじりに文章をものにする人間には相当つらいことです。

イバダンに行って、十日くらい仕事するには、最低（ガソリン代、途中の宿賃、滞在費を含めて）二万五、六千円はかかる——原稿料を充てるのはばかばかしい、それでは留守宅の未亡人に申し訳ない、といって岩波商法ではポンと「では」といって出すはずはない。調査費を割くのはばからしい。といって小生の調査の材料だけでやるには、充分に熟していない。（実際に調査する時は、資料を集めるメンタリティに徹しているので、それをなしくずしにしたくない。）

考えぬいたあげく、本日、貴兄への手紙を発送してから、ブリティッシュ・カウンスルで借りだした雑誌“Africa”の本年一月号にのった、Robin Hortonの“African Traditional Thought and Western Science, Part I”をよんで、「これだ！」、「どうしてもっと早く気がつか

なかったのか」と思いました。この論文でR. Horton（イギリスのSecret Agentに小生を殺させたいと言った例の男）は、アフリカの宗教的思考と、西欧近代の科学における理論的思考と共通のパターンを指摘しています。この第二部はまだ出てないのだけど、イバダンにいるとき、校正刷のコメントをしたので、内容を知っています。

まず、この論文を紹介します。その後、この論文に欠けている、象徴的思考と美学的世界観の問題にふれて、第一部のコメントをRobin Hortonに送り、その返事を文章の中におりこみます。その上で、これまでのアフリカ哲学の古典Tempels（Lunda）とM. Griaule（Dogon）に簡単に触れて、最後に詩的真実の観点からいえば、文化を地域に分けて論ずるのは空しいことであるということを、Robert GravesのThe Crowning Privilege（A Selection of Lectures and Essays Concernd with Professional Standards in Poetry）の論旨と、小生の人類学論に触れながら、おわる――という構想。これがだめなら、今からでもおりる。

（以上、エア・レター②）

このように見てくると、私が出した「講座・哲学」の論稿執筆の依頼に対する山口氏の反応は、まことに強烈なものであった。何しろ第1信では、まず「講座のダラク原稿」という〝きめつけ〟からはじまるのだから。そして氏は、「キドリでなく気がすすまないけど、二、三カ月フィールドで考えてみます」と続けた。

さらに「あまり気が進まないといったのは事実で、本当に書きたいことがあれば、大塚君がいる間は『思想』に寄稿できると思うし、また大塚君も御存知のように、講座というケチなソロバン高い出版形式は小生の好まないところで、ここに並ぶリストを見ると、“The Cult of Fame in Journalism in Japan”という言葉が浮かび出てきて、何かクリエーティブなものが感じられません（大塚君の努力にもかかわらず）」と続けて書く。

ここには当時の山口氏の心境が、明白に表明されているといわざるをえない。氏ほどの該博な知識を各方面にわたって持っている人類学者が、小さな私立大学の助手にしかすぎず、おまけにナイジェリアくんだりまでやってきて講師をしなければならないのだ。日本のアカデミズムに対する〝うらみつらみ〟はさぞ強いものがあっただろうと、推察するに難くない。そしてそのうらみが、「講座というケチなソロバン高い出版形式」に対する嫌悪の思いに転換される。したがって、私が送った講座の内容見本については、「ナニヲカイワンヤ」ということになる（第5信）。

当時の講座の一般的なつくり方を考えるならば、氏が腹を立てる理由はよく分かる。どのような講座でも、当該の学問ジャンルのいわゆる〝大先生〟（一人の場合も、複数の場合もある）が中心になって、体系化を企てるからだ。そこに山口氏のような、日本史から文化人類学に転じた、しかも〝大先生〟を手配師などと呼ぶ小生意気な若造が、選ばれるわけがないではないか。しかし、それを山口氏の側から見れば、“The Cult of Fame in Journalism in Japan”となるのも当然だろう。

後に私は、「精神の科学」をはじめ、いくつもの講座をつくった。講座という出版形式は、雑誌と並んで、新しい有能な執筆者を発掘するために恰好の場である、と信じていたからである。しかし、山口氏の〝講座〟に対する批判には、本質的に正しい側面があることを認めるにやぶさかではない。私は、氏がしばらく後に時代の寵児になり、もてはやされるようになってからも、一度として〝講座〟の編集委員に引っぱり出そうとしたことがなかった。一度だけ「文化の現在」という叢書の編集代表に、大江健三郎、中村雄二郎氏と並んでなってもらったことがある。しかし、いずれ詳しく触れる機会があるだろうが、この叢書は学問の体系化や権力化とは全く関係のないものであった。山口氏も、他社の講座の編集委員を引き受けたことは、一度もないはずである。

そして加えて、「谷川徹三だって三十年前は時代の才子だったのだという感クワイがでてきて、小生が脱れ出ようとして、そして脱れ出たと思ってホッとしている修羅の中に、また連れ戻されるような（大ゲサに言えば）感じがないでもありません。（大塚君は地獄の使者というわけです。）」と書く。日本のアカデミズムというドロドロの沼からようやく脱出したのに、という氏の気持ちは分からなくはない。その結果、私は〝地獄の使者〟にされてしまったのだが。

このような考えが山口氏の講座一般に対する基本的な認識であった。そして第1信の最後で、「大塚＝『思想』に執着を感じます」と書いてくれた。しかし私は、すでにさまざまな悪あがきの末に、「講座・哲学」の編集部に移っていたのであった。

第2信の一番最後に、山口氏は「講座何を書くか、考えてます」と書いた。第3信になると、

「原稿については、まだ特に考えているわけでないのですが、一冊も手もとに本がない場合には、どうしたらよいのかと思っています」と記すに至った。少しずつ、気持ちが移動しつつあるのを推察することができよう。

一方で、第3信では、ジャン＝クロード・ミュラーやジョージ・スタイナーについて言及している。前者との交流は、後に山口氏の大きな飛躍台になるレヴィ＝ストロースとの関係の前駆をなすものである。後者についても、それ以後華やかに展開される山口氏の、海外の文人たちとの交流のきっかけを暗示するものとして、まことに興味深い。

私との関係で言えば、私の悪あがきは続いていたものとみえる。私のさまざまな場面に関わるグチに対して、山口氏は第4信で、「お便りを読んだ限りでは、大塚君の高等遊民ぶりもますます板についてきて、江戸の戯作者に近づいていると見ます。ゴドーの如く、刺激を与えてくれる人間を待つというのは、やはり大塚君が遊民のせいだと思います。待っている己れをも客観化し、喰いつくしてしまう迫力を期待すること切です」と書いてきた。今読みかえすと、山口氏は私のグチに正対して答えてくれていたことが、痛いほどよく分かる。当時の私は、それに対してどれほど真摯に対応したのだろうか。全く自信が持てない。

そういえば、少し後のことになるが、第7信では、私の泣きごとに対して、「南海への想いもよいが、自らのうちに南海を創出することの方が大事」とも書いてくれたのだった。学生時代の延長で、手前勝手な思いを述べる私に対して、山口氏はやはり以前と同様に、テューターの立場でアドヴァイスしてくれていた、といわざるをえない。この年になって、ありがたいことだと思う。

第5信に至って、山口氏は次のように書く。「小生の本棚（椅子のうしろのアフリカの部分）に、P. Tempels "Bantu Philosophy"（フランス装、A5、厚さ一五〇ミリ）があるのですが、家から持ちだしてきて、送ってくれませんか」。さらに続けて、「機は熟してきました。／正直いってこの二カ月、どうやって「大塚哲学講座」をものにするか、いつも考えてきました。調査の合い間にも、夜小舎の中で酒を飲みながら、テープレコーダーに仕込んだ楽曲に耳をかたむけている時も、車で走り回っている時も」と書いてきたのだ。

さまざまな内的葛藤と私への痛烈な批判――例えば「アフリカの専門家になるなと言いながら、アフリカの項をわりあてた貴兄をうらんでいます」（第5信）――という過程を経て、山口氏は少しずつ論稿執筆の心的な準備を整えつつあった。以下に原稿完成に至るまでの過程を辿ってみよう。

3

6 カドゥナ（ナイジェリア）、発信日付なし／一九六七（昭和四十二）年八月二日着

前略

しばらくお便りに接していないけれど、多分お元気であろうと思っています。このところ大変暑いそうで、その中を egg head［インテリぶる人］の諸先生との連絡でエネルギーを使いはたしてしまっているのだろうと御推察申し上げ、御苦労なことであると思っています。（その中をわざわざ『バンツー哲学』を取りにいっていただいて、ありがとうございました。また金のことは、送金の手続きが大変面倒だという便りがあったので、では無くなったら帰るから、送らなくていいと連絡しましたから、拙宅の方にお送り下さらなくてよろしいです。）

このところ、小生すっかり世界史の渦中に巻き込まれて、国際情勢、ナイジェリアの国内情勢について、真剣になって心配しています。帰りの予算がクエートまで飛ぶだけしか取ってないので（その先は出光の船にタダ乗りの予定であった）、中近《マ》東解《マ》決してもらわなくては困ると思いますし、内戦が終わるまで調査地へ行ってはいけないとナイジェリア政府筋から申し渡され、村で生活する予算を組んであるのに、町の滞在が長びくと大変なこっちゃと、いささか往生ぎみです。

しかし、生活そのものは、朝九時から午後二時までの国立文書館でのタイプ打ち。帰ってメシつくり、二時間ヒルネ、五時〜六時半まで、滞在している会社の総務部長のお嬢さんで大変ピアノをよく弾く子（日本人）に、本の読み方伝授。ジェラルド・ムーア（イギリスのピアノ伴奏者）の回想録を、一日一章ずつよんでいます。

ムーアの回想録はペリカンから出ているのですが、Fisher-Dieskau, Kathleen Ferrier, Victoria de Los Angeles ほか、小生の気にいった音楽家の話が大変巧みに、ユーモラスに語られているので、これは小生たのしみながらやっています。夜はもっぱら、レコードと本読み。このところ、バッハのフランス組曲五番とイタリア協奏曲をきくことが多い。寝るのはたいてい三時。それ故、本は読みたいだけよんでいます。日本の皆様には申し訳ないが、毎日が全く涼しく、充実しているのではないかと思っています。

このところ読んだ本で面白かったのは、Alan MacGlashan というイギリスの精神分析学者の書いた、The Savage and Beautiful Country. 題の示すごとく、この本は、小生の「人類学的認識」の文章の、後半の部分を説いている。それ故、ヤスパース、エリアーデ、ユンク《ママ》、サルトル、したがって、心理学、人類学、哲学の領域をいとも自由に動き回って、人間の内側にある、「彼方」への回帰を説いています。著者は写真で見ると、六十くらいの爺さんだが、語り口はまことに若々しく、しかも、キザでない。昨日、ブリティッシュ・カウンスルのライブラリーから借り出して、一気に読んでしまいました。したがって本日は寝不足、タイプ打ちはお休み。

このうちの「コントロールされた狂気のすすめ」と「時間からの脱出のすすめ」の章は、平凡社の『現代人の思想』に入れようか（たとえ、□□□□はけずっても）とも考えています。その他、Susanne Liar というベルギーの女史の Le Couple という本の英訳も面白かった。紹介する紙数はないが、de Rougemont にいちゃもんをつけているわけで、ロラン・バルト、テイヤール・ド・シャルダン、R・カイヨワの紹介（日本における如く、でなく）、自分の思想あるいはテーゼへの組み込み方が、大変ダイナミックで、日本の紹介屋にツメのアカをせんじてのませたいと思ったくらい。

講座のやつも一生懸命考えて、まとまっています。順調なようである。

7　カドゥナ（ナイジェリア）、発信日付なし／一九六七（昭和四十二）年八月十六日着

この二、三日フサギの虫にとりつかれて、幾分機嫌が悪かった（日本にいれば、こういう時は、神田へ行って本屋を回って、出版社系の友人、たとえば貴兄とか、白水社の上田雄洸、読書［新聞］の阿藤［進也］氏などと会って時間をつぶせば、大てい気が晴れるのであるけれど、ここでは全く独りです）けれど、お便りに接して幾分気が晴れました。

ところで、今やっと、ふさぎ［の］虫の原因に気がつきました。前に六本［佳平］君が売った僕の本を早稲田で見つけて、買い戻したという話をしたことがあると思いますが、先日六本君に便りを書いていたとき、何気なく、こういうこともあったと愉快なエピソードのつもりで書いたところが、あれは僕の誤解で、本来六本君の本だった。それはともかく、彼から怒り心頭に達し《ママ》たと思われる絶交状が舞い込んで、曰く、お前もそういう小者になり下がったか、曰く、猜疑心がつのって、人のものも自分のものも区別がつかなくなったのだろう、このうらみはいつかきっと晴らす、といったまるで□□□□□□たかのごとき手紙でありました。もちろん、小生はこの頃人格円満になっているので、思い違いとはいえ、まことに申し訳ないことをした、という返事を書いておきましたが、この件が沈澱したものと思われます。

講座の方は、明日あたりから下原稿を書いていこうと思っています。中心になる材料は、予告

篇を出したころに、タイプで八十枚ほど取っておいたのですが、御存知のように、僕が何か書く時には、構想と主な資料を比較的早く集めて、それから何週間かその件については頭を空にして、関係のない本をムチャクチャに読んで、他のことで頭をいっぱいにして、書くテーマと材料の自動触媒作用を行なわせるということをします。

今回もこの間に、前の手紙に書いたように、Alan MacGlashanのひどく面白い本に夢中になって、半分くらいタイプで抜き書きをとったり、E・M・フォースターの小説とその研究書をよんだり、シェークスピアの研究書をかたっぱしから読んだりしました。例えばShakespeare Surveyという年報を次々に。そのほか読んだものの中では、伝記としてはIvor BrownのShakespeareに一番刺激をうけました。スタイルからいって、Ivor Brownはイギリス人でないなと思って読みすすめていくと、果たしてスコットランド。そのほかウィンダム・ルイスの『ライオンとキツネ――シェークスピア劇における英雄の役割』がアイデアの歴史としては、最も愉快であった。特にシャーマニズムにおける衣裳転換（男↓女）によって、性を克服していく過程と、フアルスタッフに託した「ユーモア」の機能に、類似の現象を見出す指摘は、人類学的思考がシェークスピア研究に寄与しうる（もちろん、儀礼のパターンの研究スタイルのシェークスピア論はかなりあるが、僕はあまり信用していない）可能性を大いに示し、大変愉快でありました。

そのほかフランツ・アレクサンダーの『精神分析学史――史前時代から現代まで』、四百六十頁の大冊であるが、近世初頭の現在では知られていない学者（もちろん――学のカテゴリーに入り切らない）の群像に大変興味をそそられました。このようなわけで、現在では昼前の資料取りの仕事を除く他の時間を本読みに使えるので、週に二冊くらいずつ読みすすめています。そのほか、いつまでつづくかわからないけど、フッサールの『イデーン』の英訳を、毎日寝る前に少しずつ。こうしてテーマの真空作用は充分行ないましたから、心おきなく書きはじめられます。

北沢［方邦氏］・住谷［一彦氏］両論文は、朝日の時評で知りました。北沢もオルテガ・イ・ガセットが言っていたようなことを嬉しそうにしゃべっているな、と思いました。住谷氏のは、ウェーバーの優等生の応用だろうと思っていました。昨年八月、本郷で四時間ぶっとおしで語りましたが、ウェーバーの合理主義の鉄の鎧を着た人間を説得するのは、大変むずかしいと思いました。『中公』の今年の一月号を読んでいたら、いいだもも氏が、知識人に関する座談会で私の言ったようなことを、自分だけが考えているような顔をしてしゃべっているのは、可憐であった。ではまた。奥方によろしく。南海への想いもよいが、自らのうちに南海を創出することの方が大事。さもなくば、□□□□アタリの通俗本に誤《ママ》まかされますぞ。

8　カドゥナ（ナイジェリア）、発信日付なし／一九六七（昭和四十二）年八月二十九日着

カノの国際空港が二週間閉鎖になったので、当分手紙はこないなと思っていた矢先に、お便り受け取りました。スパイ云々は全く絵空事でなく、ウソラ寒《ママ》いような気で読んだあたり、安定した現実感覚が次第にくずれてくるのを感ずるこの頃です。もっともこんな状況の下で書くものの方が緊迫感にみちたものになるかどうかは、保証の限りではありません。燈火管制などという懐しいことをやっています。といってもカドゥナ飛行場が爆撃されたというのを知ったのは、二、三日あとですから、そちらの方が早かったとも言えるでありましょう。棍棒でのなぐりあいみたいなケンカのニュースを聞いたってしようがないといって、ラジオは音楽しかきかないから、こういうことになるのです。

日本人は一時引き揚げるべきかなどと討議をしていますが、小生はそうなったら月給三十万くらいもらってルス番を引き受けましょうなどと、ウソブイています。タカが一機しかない敵機の爆弾に当たって死ぬくらいなら、生まれてこなかった方がよいなどといっては、現在住んでいる快適なフラットを追い出されますからだまっていますが、敵の技術も大したことないから、小生もいつ流れ弾に当たらないとも限りません。

ところで講座の方、書きはじめています。一気にというわけにはいかなく(なにしろビアフラの空軍ではないから)て、結論の部分からノートしています。現在、次のような小ミダシについて書き了えました。

西欧における自然と人間の分離
形而上学の没落
リアリズム(分析)哲学の優位とつまずき
分析哲学から象徴の哲学へ
喪失感覚(時間と自我の崩壊)
E・M・フォ[ー]スターのリアリティ

ピランデルロにおける人間存在の問題
物のいのちとリルケの歌
詩的リアリティの問題
そして
　アフリカ哲学の位置
など……。

これを原稿用紙にうめただけで、二十枚くらいになると思うので、ぐっと縮めようと思うのですが、下手すると前半二十枚にアフリカ哲学の基本的カテゴリーを簡単に述べて、後半がこのまこのような論点になるかもしれません。とにかく今回は、わからないなどと言われないように、「我々にとってアフリカの哲学とは何か」という読者の観点（四十枚の中で「アフリカの哲学」とは、「我々とは何か」のすべてを手をとって解説するのは至難のわざ、こういう態度はしかし、全巻の他の執筆者不信に通じるのかもしれません）に立って書きましょうと思っているので、どんなものができあがるのか予想が今だにつかず。

日本の思想ボケも頂点に達して、ついにこれに対話ボケが加わって、「思想との対話」などという、わけのわからないものがとび出してきたこと、新聞情報でキャッチ。片や権威しか信じない岩波に対して、老人しか信じない講談社の日本文壇ジャーナリズムのオチゴサン的秀才好みを反映した企画には、全く恥し気もなくと、かえって頭が下がります。のせるやつものせるやつだが、のるやつものるやつと、これは他人事ならず。坂口安吾あたりが生きていたとしても、このような状景に憤死するでありましょう。

シュクラールの翻訳も新聞広告で知り、全くいくら翻訳がでても少しも利口にならないという、日本人というのはどういう種類の人間かな、と考えていたところでした。聞くところによると、「レヴィ＝ストロース著作集」というのが、みすずから出るということ。どうせ□□氏あたりの働き蜂が中心になって出すのだろうけど、翻訳などという（とくに日本の思想的状況の中で）行為の空しさが身にしみないのは、どういう神経の持ち主なのだろうか、と感嘆しています。

ことにレヴィ＝ストロースの如き、専門人類学者で、日本では最も早くから最も多く、その著作を読んでいて、今だにわからないと思うことの多いと思う小生に較べて、サルトルが賞讃したというだけで、さっととびついてすっかり解っちゃって、他の人にも教えてあげ、明日になったらすっかり忘れて、多分今度はミシェル・フコオ《ママ》でございますと、変身できる秀才というのは、全くつきあいきれないなと思います。

「テメエラ一度でもいいから、自分で材料を集めて、自分で考えて見れ《ママ》よ！」とタンカ切っても、「あいつエキセントリックなバカだ」という程度の反応しか返ってこない以上、You cannot go home, Angel. で、やはり、ナイジェリア辺りでバクダンに当たって死ぬしかないのでありましょうか。

それにしても、大塚君の抜けた『思想』の逆コース、全く立派なものであると、感心しています。しかし、あれはあれで、そっくりそのままアンチ・思想の舞台になっているのだからいいでしょう。ではまた。奥方によろしく。以後、〝書き上げる〟まで手紙の方は書きません。

末筆ながら、近火見舞ありがとうございました。

草々

9　カドゥナ（ナイジェリア）、発信日付なし／一九六七（昭和四十二）年九月十六日着

前略

原稿できあがりましたので同封いたします。

枚数は超過しました。アフリカの広さを考えて大目にみていただきたい。これでもとったカードの三分の一程度しか使っていない。抑えないで書いていたら、最低二百枚にはなったでしょう。

度々の手紙で、「哲学史の書きかえ」とか「真にラディカルな」などという穏かでない、激励とも思われる言葉に接しているうちに、つい張り切ってしまった傾向があります。思わせぶりで、キザで、ペダンティックといった人々の反感は覚悟のうえ。最近読んでいた本の一節、

In our own day technical philosophy, the philosophy of the universities, has become minute and academic. In its constant preoccupation with its own history, in its willingness to content itself with the comparison and classification of its own schools, and through a preference for more technical and abstract problem of logic and epistemology, it has seemed to have lost touch with the more vital problems of human decision ; it has almost lost *The capacity for being dangerous*. . . . In such a situation on the more vital and functional role of philosophy passes out of the hands of philosophers. . . . If one wishes to find the real battle ground of modern thought it is necessary to turn not to professional philosophers, but rather to psychologists, phisical scientists, and social theorists. (A. W. Levi, Philosophy and the Modern World)

［大意＝今では大学の専門哲学は細分化され観念的になっている。哲学史や諸学派の比較分類、抽象的な論理や認識論ばかり好み、人間の重要な問題との接点を失い、また冒険も避ける。現代思想がしのぎを削る場面を見たいなら、哲学者でなく、心理学者や物理学者、社会学者に注目したほうがよい。］

これは多分、編集者の感懐でもあろうと思って書き抜きました。

これまでは、この原稿と古文書館の仕事があったので、カドゥナにいても別にあせらなかったのですが、今や再び村へ還るときがきた、と思っています。調査許可が出ても出なくても、今月の末には奥地に潜行する予定です。つかまって強制送還されてもともと。射殺されたら、この原稿は絶筆の栄を担う。

おかげで大分本をよみました。引用しなかったもので、

Harnack：Wittgenstein and Modern Philosophy
Malcom：Ludwig Wittgenstein
Pears：Bertrand Russell and the British Tradition in Philosophy
Mays：The Philosophy of Whitehead
L. Paul：The English Philosophers
A. Koestler：The Act of Creation

Caton : Philosophy and Ordinary Language
等々。敵を知りました。またインド哲学の本もいくらかよみました。日本のLévi-Straussブームを考慮して、あえて一言も触れませんでした。小生には唯一人の人間が生き甲斐なんてことは、とても考えられない。
なお文中にあるthe Gnosticは、小生はグノ［ー］シス派と覚えていたが、英和辞典にはグノスティック派とあるので、それをとりましたが、たしかめて下さい。
また、小生今回は校正刷を見る機会がないので、誤字、意味のとおらないところの修正は一切おまかせ、おねがいします。

この手紙を出そうという時になって、家から手紙がきたのですが、それによると、小生が前に（七月）手紙［を］書いた時、「大塚君に前借をたのんだので、送ってくれると思うから、家にある金を集めて送れ」との命令を鵜呑みにして、泣く泣く送金したが、未だに大塚さんからは何も連絡はありません、とありました。小生は大塚君が、「奥さんに心配をかけるな」と書いてきたところから早合点して、もう家の方に送ってくれてあるのかと思いました。

まだでしたら、お忙しいとは思いますが、よろしく。ルイジ［山口氏の長男、類児氏］が連続病気して、わが家の家庭経済は底をついているらしいですから。

また、中村平治から突如として、研究所［東京外国語大学アジア・アフリカ言語文化研究所］通信に十六枚書いて、十六日までに送れとの指令がきたので、半日「海外調査のモラルについて」

という文章を二十枚書いて送りました。いずれ平治氏から御恵贈あることと思います。

講座原稿は、できあがってから八日ほど寝かせておきました。今回は校正が見れ《ママ》ないので、少々慎重を期したためです。

またそのうち手紙書きを復活します。

山口氏は第6信で「講座のやつも一生懸命考えて、まとまっています。順調なようである」と書いてきた。第7信では「講座の方は、明日あたりから下原稿を書いていこうと思っています。中心になる材料は、予告篇を出したころに、タイプで八十枚ほど取っておいたのですが、御存知のように、僕が何か書く時には、構想と主な資料を比較的早く集めて、それから何週間かその件については頭を空にして、関係のない本をムチャクチャに読んで、他のことで頭をいっぱいにして、書くテーマと材料の自動触媒作用を行なわせるということをします」と記している。

この第7信の引用の後半部分に着目しよう。私の思うところ、こうした山口氏の知的作業、つまり、「関係のない本をムチャクチャに読んで、他のことで頭をいっぱいにして、書くテーマと材料の自動触媒作用を行なわせる」ことこそが、氏をして余人の追随を許さぬ独創的な思想の産出を可能にしている秘密なのだろう。しかも山口氏の関係のない本の読み方は、まさにムチャクチャとしか言いようがない。今回の例では、Alan MacGlashan の本をはじめとして、E・M・フォースターの小説とその研究書、シェークスピア研究年報、Ivor Brown, "Shakespeare", ウインダム・ルイス『ライオンとキツネ――シェークスピア劇における英雄の役割』、フランツ・アレクサンダー『精神分析学史――史前時代から現代まで』、そしておまけにフッサール『イデーン』まで。

このような文字通りのムチャクチャな本読みの過程を経て、初めて山口氏は次の一文を記すことができた。「こうしてテーマの真空作用は充分行ないましたから、心おきなく書きはじめられます。」そして実は、こうしたムチャクチャな本読みの過程こそ、この第7信で明らかにされているように、ウィンダム・ルイスの『ライオンとキツネ』を通して人類学的思考がシェークスピア研究に寄与しうる可能性（もちろん、その逆の可能性だってあるだろう）を明らかにすると同時に、ひいてはそこから発する比類ない山口氏の思想を、予想させるものでもあったのである。

山口氏は第8信において、「ところで講座の方、書きはじめています。一気にというわけにはいかなく（なにしろビアフラの空軍ではないから）て、結論の部分からノートしています」「とにかく今回は、わからないなどと言われないように、「我々にとってアフリカの哲学とは何か」という読者の観点（中略）に立って書きましょうと思っているので、どんなものができあがるのか予想が今だにつかず」と書いてきた。

そして、「現在、次のような小ミダシについて書き了えました」として、〝西欧における自然と人間の分離〟〝形而上学の没落〟から〝詩的リアリティの問題〟〝アフリカ哲学の位置〟に至るまで、全部で十個も列挙されている。ご覧のように、どの一つをとっても一冊の本が必要とされるような大テーマだ。山口氏の意気込みの強さが分かると同時に、あの山口氏にして、最初の頃はやはり肩ひじ張っていたのだ、と思わざるをえない。先に引用した「とにかく今回は、わからないなどと言われないように」という一句がいみじくも証明しているのだが、右に示したような大構想が氏の頭の中に存在していたのであれば、しかもその大構想を一篇の論文にまとめようというのであれば、山口氏のこれまでの論稿が「わからない」と言われてきたのも、当然のことではないだろうか。

「「テメエラ一度でもいいから、自分で材料を集めて、自分で考えて見れ《ママ》よ！」とタンカ切っても、「あいつエキセントリックなバカだ」という程度の反応しか返ってこない以上、You cannot go home, Angel. でやはり、ナイジェリア辺りでバクダンに当たって死ぬしかないのでありましょうか」という山口氏の悲嘆の情が、痛切に胸に迫ってくる。

それはともかく、第9信では、ついに「原稿できあがりましたので同封いたします」と書く。そして私の督促の言葉によって「つい張り切ってしまった傾向があります。思わせぶりで、キザで、ペダンティックといった人々の反感は覚悟のうえ」と続けるのだった。山口氏はそれまでの体験からして、そう言わざるをえなかったのだと、私は推察する。そして山口氏が書き抜いた英文についていえば、私は最後の一節こそ、氏の言いたいことを代弁していると思う。この一節の〝哲学者〟を〝人類学者〟と置き代えてみれば、それは明白だろう。

"If one wishes to find the real battle ground of modern thought it is necessary to turn not

to professional philosophers, but rather to psycologists, phisical scientists, and social theorists."
（もし現代思想が本当にしのぎを削る場面を見たいなら、専門の哲学者に目を向けるのではなく、心理学者や物理学者、社会学者に注目することが必要だ。）

今にして思えば、右に引いた文章の前にある"…it has seemed to have lost touch with the more vital problems of human decision；it has almost lost *The capacity for being dangerous.*（それ［＝専門の哲学］は人間にとって重大な意志決定の問題との接点を失ってしまったようだ。また、それは危険な存在である能力を失いかけてもいる）という言葉こそ、やがて見ることになる山口氏の登場を待望し予見するものであった、と言うこともできよう。なぜなら、山口氏ほど、"dangerous"（差しさわりのある、ぶっそうな）な思想家として受けとられた人類学者はいないからである。

続けて、山口氏は「講座原稿は、できあがってから八日ほど寝かせておきました。今回は校正が見れないので、少々慎重を期したためです」と書いてくるのだが、それは「これまでは、この原稿と古文書館の仕事があったので、カドゥナにいても別にあせらなかったのですが、今や再び村へ還るときがきた、と思ってい」るからだ。そして「調査許可が出ても出なくても、今月の末には奥地に潜行する予定です。つかまって強制送還されてもともと。射殺されたら、この原稿は絶筆の栄を担う」と付言することも忘れない。大仕事を了えた安心感と、フィールドに対する新たな意欲を、見てとることができる。

4

10　カドゥナ（ナイジェリア）、発信日付なし／一九六七（昭和四十二）年十月六日着

お便り拝見――枚数および稿料で大変御迷惑をおかけして申し訳なく思っております。枚数については、前便で弁明したように、どうしようもありませんでした。あれで抑えたつもりです。貴兄には関係ないことなのですが、書きながらも「だから講座というケチな、あまりにも日本的な出版形式は嫌いなんだ」とブツブツ言っていたものです。本来、内容が形式（＝枚数）を決定すべきなのに、それが逆に転位している。物を書くという行為は、読者を筆者の思考に捲き込む過程を創造する、ある意味でのドラマであることは、貴兄も重々認めてくれると思います。そのドラマが成立しない場合、それはチンドン屋以下の茶番劇になるのではないか。といって、今さら貴殿を苦しめるつもりはないのですが。

解決策、

その㈠、全くおろしてしまう（稿料は帰国後一週間にお返しするという条件。留守宅から取り上げるのは少々酷）。

㈡、『思想』あたりに、二回に分けて載せる（「アフリカ思想の可能性」とかいう題をつけて）。

㈢、大塚君の独断でどんどん削ってしまう（これしかないと思いますし、結果については一切文句を言わない。目安として、第一章の全文削除、本文・注の中でアフリカ以外についての言及は、一切削除。書名は参考文献として頁数抜きで（注を外す）最後にまとめる）。

㈣、他の執筆者にも百枚以内で、書きたいだけ書かせて、二巻に分けてしまう。

㈣は暴論で問題になりませんが、しかし理想的な形式ではあろうと思います。

稿料については（家へ送って下さったこと）、御礼の申しようもありません。小生は初めの三十枚分の稿料しか考えていませんでした。したがって、枚数がふえたのは、あれ以外に書きようがなかった（アフリカ思想の relevance〔現代性〕という観点から書けば）というだけの理由によるものであって、co-editor 諸氏ともども、稿料かせぎとか、大物ぶるためにとかいう非難をいただかないよう祈っています。

しかし、石田英一郎氏の解説で貴兄に叱責を受けたあとなので、貴兄の内容審査にはどうやらパスしたらしいのには、いささかホッとしています。貴兄の依頼によるものは、どうやら小生、全力投球する仕組みになった傾向があります。その点、枚数オーヴァーの責任の一半は、貴兄にもあるのではないか、と思っています。しかし、どうぞご自由に切って下さい。日本的風土の中で書くことの空しさについては、すでに語ってあるところですから、決してジタバタいたしません。原文については、貴兄という比較的良い読者を一人得ているだけで充分です。

講座原稿と研究所報原稿を送って後三日間は、ボンヤリと『宮本武蔵』（中公版、六巻）を読み、その後元気を回復して、毎日昼前はシェークスピアのレコードを聞き、（本文は全作品収載四百五十円というのを買って——筑摩で出はじめているのは一冊八百円の八巻だそうですが）、午後は言語学の本をかたはしから読んでいました。資料館での資料はあさりつくしたので、いよいよどうしても調査地に戻りたいと決意して、官庁折ショウ〔衝〕を続けています。明日もまた、許可を出せと交渉に行きます。

ゴーラーは、『アフリカ人は踊る』という西アフリカ紀行があるのは、御存知だと思います。死と葬式の分析は書評を読んだだけですし、ペーパーバックスがあるのは知りませんでした。

小生は、精神分析は神秘主義スレスレのところを飛翔し、メタフィジクスの深淵をかいま見る危険を冒すべきであると信じており、判じ物的主知主義には不賛成。この点については、帰ってから論じ合いましょう。

それから新書新刊の西郷信綱『古事記の世界』送っていただくわけにはまいりませんか。（船便ででもよろしいです。）石田英一郎の『朝日ジャーナル』の随筆には、何か面白いことは書いてあるのでしょうか。僕にはどうして石田氏が、現在日本でモテモテオジサンなのかよくわかりません。解答が随筆の中にあれば、教えて下さい。

11　マクルディ（ナイジェリア）、発信日付なし

／一九六七（昭和四十二）年十月二十八日着

前略　十二日にカドゥナを発って、調査の前哨基地であるジョスにやってきました。なにせ、

調査地が前線に近く、準戦闘地域とみなされているので、軍総督府との交渉は仲々ラチがあかず、許可を求めに日参しています。根気のいる仕事です。あるいは編集者の仕事以上かもしれません。

例えば、十三日、行政府に行く。カドゥナで当日会うと約束をとった官房長が前日カドゥナにいったので、四日間待てという。博物館の山小屋が一泊五百円に値上がりしているので、ちょいとしんどいなと思っていたら、ちょうど会ったアメリカのバークレーからきた人類学者が俺のところへこいというので、居候をきめこむ（前のスイスの人類学者はアメリカへ行っていない）。十七日、官房長に会って申請書を出す。書類を官房長総督《ママ》のオフィスに回す。十八日、二時間待って、官房長に会う。返事なし。二十日、返事あり。許諾を求めたメッセージに対して、いつ出発の希望かなどピンボケの返事。再び書類を回送する。こういった調子。（官房長のオフィスから総督のオフィスまでは、車で三分のところにあり、事大主義、権威主義、無能な官僚主義、約束無視、時間軽視、さまざまの要素が入り混じっています。）

アメリカの人類学者は切れる男で、言語学、心理学、哲学の領域で相当広く読んでいる人間で、話していて大変面白い。面白いついでに小生のアイデアを次々に話すと、明快な手応えがある。結局は、奥方に「この男はアイデアの泉みたいな男だ」というわけです。大塚君の言うように、小生はやはり当分日本に帰らない方がいいのかもしれない。

僕はしばらく、イギリスとフランスの人類学に密着してアメリカ人類学を軽くみてきたが、人類学的認識において、アメリカはこの四、五年目ざましい展開をとげ、その多くが僕の考えてきたことと合致するのにおどろいています。彼も同じで、日本でアイソレート［孤立化］されていて、お前はよくそこまでひとりでいろいろと考えたな、といって感心しています。そこで小生、大いに意をつよくしている次第です。彼が最近の理論的オリエンテーションを示す論文のコピーを五十くらい持っているのを、この一週間かたはしから読みました。小生の思考に内在していたものに合致するものが多いので、少しもギャップを感じないで読みました。したがって、学んだというよりコンファーム［確認］したと言った方がよいだろうと思います。

ジョスというところは、そういった意味で、前のジャン＝クロード・ミュラーといい、今回のロドニー・ヴラサックといい、愉快な人間に会えるのが面白く思っています。カドゥナを去る前にカナダのアフリカ史専攻の人間と会ったのだけど、これも大変意気投合して（両方とも演劇が好きなところが）、彼はロンドンに家があるので、帰りはロンドンに寄って居候して毎日芝居を見に行こう、いつまで居候してもよい、もし寄らなければ裏切りとみなすぞ、と言いわたされました。というわけで、ロンドンの居候先がきまりました。

僕が心臓つよいのか、（しかし僕の方から申しでたことはない）、小生はどうもこのところ、故国でより、異国で話の合う人間が多くなり、好かれる度合いが多くなった気配があります。日本に帰ったら、ますますきらわれるのではないかと思っています。

ところで、講座の方はいかがですか。前の枚数で悲鳴をあげてきた以後の手紙（もし書かれたのならば）はまだよんでいませんが、どうにかなりましたか。どうなっても異議はとなえないつもりとは、前便で明言したとおり。どうせ故国の人との意志疎通は、二、三人の人を除いては、考えていないことですから。

（14行削除）

故国には、まだまだ憂いが多すぎる。せめて貴兄からだけでも、爽快な便りをまつこととしきり。奥方によろしく。

12　マクルディ（ナイジェリア）、発信日付なし／一九六七（昭和四十二）年十月三十一日着

ジョスの交渉のラチがあかないので、前に滞在したワセ（この地域は調査解禁なのだけど、一通りすませたので、時間の少なくなったいま長滞在をするつもりなし）のわが家をたずねるためにでてきました。途中のパンクシンというところに一泊しています。ここは高い丘の上にレストハウスが建っていて、眺めは大変よろしい［次頁図参照］。大きな家を一人で占拠して一日中、Vlasak からかりてきた本や論文をよんだり、いろいろなことを考えたりして過ごしました。（その後）前にいたワセに行って、また戻ってパンクシンにいます。ちょうど戻ってきた時に、中村氏より『古事記の世界』が送られてきました。比較的会う機会が多いのだなと思い、フマジメ人間である大塚君は、あれで結構平明でマジメ人間である平治氏にひかれるところがあるのではないか、とも思いました。

西郷信綱氏はもともとスマートな啓蒙家であるわけですが、ちょっと本文をのぞいて、これはいけないと思いました。人類学でいまや行きづまりを示しかけている英国人類学を、まるで最新

高い丘の上のレストハウス

の学説であるかのごとく、□□□□として語っている□□□□□□ぶり、かつてマルクス主義により、石母田〔正〕氏により、英雄時代論にのっかった□□□が、そのまま修辞的表現の形で反覆しています。ひまをみて、「古典学と人類学――西郷氏の『古事記の世界』によせて」という文章三十枚程度、書いて送りたいと思いますが、『文学』にのせてくれるか、編集部にきいておいていただけませんか。(小生は一九五六年に、『文学』に書評を一つのせているから、まんざら資格がないことはないと思います。)

このところ、日本にいた時に考えていた「狂気論」(On folly)について、ひまがあれば案を練っています。いわば irrationality〔非合理性〕を、日常生活に分散した形と、そのインテンシファイされた形において、捉えようとするものです。社会学および人類学の理論的前提は、人間をその合理性においてとらえようとするのに対して、小生のは文学的用語として埋れてきた folly に、ホイジンガが Homo Ludens において play に与えたような意味を与えようと思うのです。制度あるいは儀礼をこのように考えるのは現象学的でもあると思うし、調査の一つの重点ともしています。

ところで、わが日本の人類学者の間では、「山口は学界の内情をジャーナリズムに売りわたした」という形で、山口批判がなされているそうです。救いがたいとも思うし、どうせ□□あたりの言いそうなことであるとも思っていますが、悪魔のエイジェントである貴殿は、この状況をどう考えますか。ではまた。

13　ウカリ（ナイジェリア）、発信日付なし／一九六七（昭和四十二）年十一月二十九日着

前略　その後、転々と住所が変わったので、前の原稿を受けとったという以後の貴兄の便りには接していませんが、お元気ですか。西郷氏の本のお礼までは書いたような気がします（たしかワセあたりから）。小生はジョスで軍総督の調査許可を手に入れるのに結局半月待たされて、入手後、南に向かい、Makurdi から Abinsi にきて、この村に二週間滞在しました。

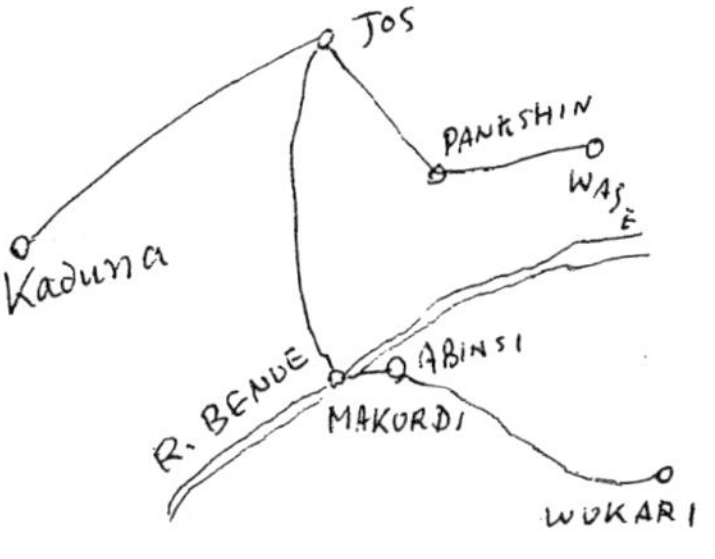

マクルディからウカリへ

その間、西郷氏の本と同時にとどいた石田英一郎氏の「文化人類学三十年」（『朝日ジャーナル』切り抜き）を読んで、石田氏に送ってくれたお礼を兼ねて、便箋に六枚びっしりと、感想や批判を書き送りました。原稿用紙に入れかえると三十五、六枚にはなるでしょ

うから、独立の石田英一郎論になるでしょう。前の解説よりはるかに率直に書いていますから、これなら大塚氏の賛同をうることができるでありましょうが、非公開です。

カドゥナを離れると、朝日新聞がみれ《ママ》ないので、したがって、広告によって日本の出版動向を知ることができないのですが、カール・バルトの全集がでているのは、よい傾向であると思います。帰ってからよみたいものの一つ。ところで、ジャーナルの切り抜きの目次によると、八月二十日号に、橋川文三の「ネオ・ロマン派の精神と志向」という文章がのっているはずですが、もしこの号お持ちであれば、この部分切りとって、送っていただけませんか。保存希望であれば、帰ってからお返しします。これまで石田氏に送ってくれとは言えませんから、貴兄にお願いする次第です。

研究所には、その後もどんどん本の注文を出していますから、日本に帰るのもたのしみでないことはありません。帰ってから、かたはしから消化するつもりです。ケネス・バークのものもこじつけて、全部発注しました。

石田氏の記事ですが、結局氏の人間論を中心とした人類学論には、氏が考えている以上に、形而上学が欠けている点をつきました。それ故、世界史を語っても、未来論を語っても、調査論を展開しても、それらは空疎にならざるをえない所以を記しました。自ら世界とは何かという問いを調査・研究の中から発しないで、常に体系を求める氏の遍歴は、そのような認識的欠陥に由来している旨をのべたので、あるいは石田氏はイカっているか、または私信であるということで安心しているか、どうかわかりません。そして自分がブッキッシュなタイプであるくせに、なぜ調査に出てくるかという点を、手前味噌的に書きつづり、「調査論――それは人類学者にとっていかなる経験（行動・認識の形態）か――」という論文を帰ったら書くと、宣言してしまいました。

小生は前々から、人間の自己のイメージ、社会的インターアクションについて、一文化の中に生きる人間は、パターン化されたドラマトゥルギーを持っている。これをプロセスとして外部的に観察し叙述する方法と、プロセスとして展開されない構造の型としてとらえることが、人類学・社会学の中で方法化されるべきではないか（人類学者と調査の対象との関係も、このようにして客観化されうる）と考えてきましたが、ジョスにいる時、カリフォルニアからきた人類学者にその話をしたら、「それはものすごくいいポイントをついている。もっとも最近アメリカでE. Goffmanという人類学的社会学者が、このような点から問題を展開しているが、それは彼の奥さんが演劇に精しいことにもよるのだろうが、それにしても、俺にはお前がどうして日本にいたらisolateされないのかわからない」と言っていました。奥さんに「Look！　この男はアイデアの泉だ」と言って、小生をよろこばせたのは、この男です。

現在Wukariについていますが、調査をはじめる前に、この男から借りだしてきた本や論文を三日間読みつづけて、それを送り返す予定です。それ故、町の外にある官吏の住宅地の中の、小ぎれいな小住宅に住んでいます。その後、町の中に住む予定。ではまた。

14 ウカリ（ナイジェリア）、発信日付なし／一九六八（昭和四十三）年一月二日着

不思議に思うかもしれませんが、この二、三日貴兄のことを考えていました。手紙がこないな――というのが一つ。このところ一月ほど手紙ひでりで、全然誰からもきませんでした。一月後はじめてきた手紙が、貴兄のとうちの奥方の二通だというのは、不思議な因縁です。でも昨日などは、貴兄のいままでの手紙を全部目を通して、読み直したほどです。

手紙がこないのは、講座論文が長すぎたので怒ったのかなと、独りで住んでいると、つまらない心配までします。とにかくあの文章は、いいものを書いて編集部における貴兄の立場を援護するということ以外は考えず、四月から七月まではフィールドにいてもカドゥナに出ても、ひまがあれば考え、七月と八月はそのための読書にほとんどの時間を投じ、九月に入っていつものごとく発酵を待って、一気に書きあげたもので、いいかげんなものを書きたくない小生としては、あれ以外に書きようがなかったということを他の編集部諸氏に了解いただいて、貴兄が肩身の狭いということにならないよう望んでいます。

貴兄のことを考えるのは、その他、考えごとで張り切っているときです。このところ、BBCでケンブリッジのエドマンド・リーチという（例のレヴィ＝ストロース論を『ニュー・レフト［・レヴュー］』（？）に書いた。英国では最もソフィスティケートされた）人類学者の、六週間にわたって毎週三十分ずつ放送されたリーズ記念講演の後半の三回をききましたが、小生の最近指摘した論点に非常に近いので、悦に入っていたところでした。

彼のポイントというのは、まず構造主義者として、人間のカテゴリー認識の原理としてのオポジション原理について、前半で喋ったようでした。小生の聴いた後半では、このオポジション原理が社会階級の固定と伝統・因習の固定に用いられると、人間社会の停滞をもたらす。教育の理念は、聖俗・善悪・優劣の固定化されたカテゴリーを自由に出入りして、人間・社会のイメージを拡大していくような人間を生みだすことにある（これは小生のいう知識人のイメージに合致する）。さらに最終講義では、自然科学においても、社会科学においても、講造論は現在の流行哲学であるが、人間の人間たる所以は、常にイマジネーション（＝フリー・アソシエーション）によって、固定した構造を超えたイメージを創出することにある。そこでも、E・M・フォースターを引用して、目に見えない世界に対する感受性を常に磨いていくこと、これだけが科学の支配（呪縛）から人間を解放していく途である、といった点（これは小生の講座論文のポイントではなかろうか、と思います）。

　E・M・フォースターは小生の論文で引用したでしょうか。E・M・フォースターに関するノートは、書く前にかなりとったのですが、書く過程で省略したのかもしれないと思っています。（もし引用がなかったら、あれでも短くする努力をしたという証拠になり、もしあったら、リーチと全く同じ点を引用したという点で、ちょっと愉快です。）このリーチの講演は、最近の『リスナー』に次々に出ているそうですから、ぜひ探して読まれることをおすすめします。

　このところ言語学の本をフィールドに持ちこんできて、かなり強くなっています。同時に、調査の重点も、言語学的な点に比重が移りつつあります。

一月の末まで現住地《ママ》にいますが、二月いっぱいは前に（四月）訪れた他の部族のヒョータン装飾の調査に費すつもりです。この部族のヒョータン（直径二〇センチ、半球）を二十ほど、民族博物館のために集めてきたのがあって、大変いいものなので、毎日眺めているうちにある日突如として、この装飾の細部はエレメントに還元できる、そしてエレメントの組み合わせの構造を抽出することができるという点に思い当たり、細かく写生して、分析したら、果たして思ったとおりのことが出てきて、大変気をつよくしました。帰国したら、「ナイジェリアのヒョータン装飾の構造論的分析」という論文を書くつもりです。小生が構造論を口にするとしたら、そんな形でやるということ。

一月前に、国学院で哲学を専攻しているという、少しまともな学生から、ファンレターが舞い込んできました。小生の「人類学の認識（何とか、題はもう忘れました）」に感動したそうです。精神分析の本は相当、研究所に発注しておきました。――『中公』にいつかのった、リースマンの「日本の知識人」の中で彼は、「日本の大学に求めたいのは、精神分析学と文化人類学の発展だ」といっています。帰ったらこの点で、せいぜい互いにセッサタクマしましょう。奥方からの手紙では、村武［精一氏］あたりが、『読書新聞』に人類学番付表をのせていて、小生の名前も幕下扱いでのっていたそうですが、読みましたか。

アメリカの社会学者でE・ゴフマンというのが大変面白い。ぜひよまれたし。また、Cicoure, L. A., Method and Measurement in Sociology（Free Press）も。

「講座・哲学」の原稿は完成した。しかし予定枚数を大幅に超えた原稿を送ってきた山口氏は、それを相当気にしていたのだった。

第10信では、まず「枚数および稿料で大変御迷惑をおかけして申し訳なく思っております。枚数については、前便で弁明したように、どうしようもありませんでした。あれで抑えたつもりです」と書きはじめている。が次には、講座という出版形式について文句をつけ、「本来、内容が形式（＝枚数）を決定すべきなのに、それが逆に転位している。物を書くという行為は、読者を筆者の思考に捲き込む過程を創造する、ある意味でのドラマであることは、貴兄も重々認めてくれると思います。／そのドラマが成立しない場合、それはチンドン屋以下の茶番劇になるのではないか」と憤懣をぶちまける。

そして〝解決策〟なるものを四つばかり示す。現実的には、提案㈢にあるように、私が可能な限り短縮する作業を行なったのであるが、それにも限度があり、結局「文化の個別的考察」の中では特別に長大な論文となってしまった。仕方なく私は、この巻の編集委員であった鶴見俊輔氏と生松敬三氏に、画期的な論稿であると思われるので、と諒解をとりつけ、個別的考察の冒頭に置くことにした。

ここでこの論稿の最終的な形を記録しておこう。タイトルは「アフリカの知的可能性」である。「岩波講座・哲学」第13巻『文化』に収録され、一九六八年八月に刊行された。内容は以下の通り。

一　はじめに
二　アフリカ哲学の基本的諸概念
三　自然の中の人間の位置
四　アフリカ世界における言葉の役割
五　アフリカ世界における時間と空間
六　アフリカの失われた世界と現代西欧の思想

第8信にある当初の構想（三八〜三九頁）とは大分異なり、すっきりした形に整序されてはいるが、それでも山口氏の力の入れようは十分に伝わってくる。

ところで、こうした措置は、私の方では、ごく事務的にかつ迅速に行なったつもりだったのだが、遠く離れたアフリカの山口氏には簡単には伝わらなかった。したがって、第11信でも「ところで、講座の方はいかがですか。前の枚数で悲鳴をあげてきた以後の手紙（もし書かれたのならば）はまだよんでいませんが、どうにかなりましたか。どうなっても異議はとなえないつもりとは、前便で明言したとおり」と書いてきた。

そして第14信では、何と次のように書いてきたのである。

不思議に思うかもしれませんが、この二、三日貴兄のことを考えていました。手紙がこないな——というのが一つ。（中略）

手紙がこないのは、講座論文が長すぎたので怒ったのかなと、独りで住んでいると、つまらない心配までします。とにかくあの文章は、いいものを書いて編集部における貴兄の立場を援護するということ以外は考えず、四月から七月まではフィールドにいてもカドゥナに出ても、ひまがあれば考え、七月と八月はそのための読書にほとんどの時間を投じ、九月に入っていつものごとく発酵を待って、一気に書きあげたもので、いいかげんなものを書きたくない小生としては、あれ以外に書きようがなかったということを他の編集部諸氏に了解いただいて、貴兄が肩身の狭いということにならないよう望んでいます。

必死に弁明する氏の姿が目に浮かんでくるではないか。ここには〝柳田に弟子なし〟とか〝文化人類学の東西の手配師〟と言って、日本の学界全体を相手にケンカを売るような戦闘的な氏の姿勢を重ねることができない。

そういえば、第10信では「しかし、石田英一郎氏の解説で貴兄に叱責を受けたあとなので、貴兄の内容審査にはどうやらパスしたらしいのには、いささかホッとしています。貴兄の依頼によるものは、どうやら小生、全力投球する仕組みになった傾向があります。その点、枚数オーヴァーの責任の一半は、貴兄にもあるのではないか、と思っています」と、何ともしおらしい態度を示した山口氏であった。

しかし続けて「日本的風土の中で書くことの空しさについては、すでに語ってあるところです」と書く山口氏の孤立感は覆うべくもない。それは、第11信では「大塚君の言うように、小生はやはり当分日本に帰らない方がいいのかもしれない」とか、「小生はどうもこのところ、故国でより、異国で話の合う人間が多くなり、好かれる度合いが多くなった気配があります。日本に帰ったら、ますますきらわれるのではないかと思っています」とか、「どうせ故国の人との意志疎通は、二、三人の人を除いては、考えていないことですから」「故国には、まだまだ憂いが多すぎる。せめて貴兄からだけでも、爽快な便りをまつことしきり」といった章句になって表現される。

四十年近く経過した現在、これらの手紙を読みかえすとき、氏の壮絶ともいうべき孤立感がひしひしと伝わってくる。山口氏が本を読めばよむほど、勉強すればするほど、日本の知的風土との懸隔がはなはだしくなるという事態に、遠くアフリカの地でどうしようもなく立ちすくんでいる氏の孤影が頭をよぎる。学校を出てから数年しか経っていない当時の私に、果たして氏の孤立感をどれだけ理解できたか疑問であるが、山口氏はそのような頼りない私にしか同感を求められなかったことを思うと、表現しようのない複雑な感情にとらわれる。そして氏の悲痛な叫びに十分に応えられなかったことを申し訳なく思う。とともに、平凡な表現だが、天才的な人間はそうした孤立感の中でさらに大きくなっていくのだな、という感懐を抱かざるをえないのだ。

第一章を閉じるに当たって、山口氏が孤立感にさいなまれつつも、しばらく後の大きな飛躍のために、本人が意識していたか否かは別として、どんな〝準備作業〟を行なっていたのかを、私なりに考えてみたい。

第一は、山口氏の学問を率直に評価し、面白いといってくれる、異国の研究者たちとの出会いである。こうした出会いは、日本では得ることのできないものであった。アフリカから帰国して以後は、林達夫氏をはじめ、山口氏の実力を評価する人が少しずつ出てきたとはいえ、この時点ではほとんど皆無であったのは、先に見た通りである。

ジャン＝クロード・ミュラーについては、先に触れたので省略しよう。ここでは、同じくジョスで出会ったロドニー・ヴラサックについて見ておこう。彼はカリフォルニア（大学）のバークレー（校）の人類学者だった。言語学、心理学、哲学の領域を横断的に幅広く研究していたようで、とても面白い。だから山口氏はつられて、自分のアイデアを次から次へと話すことになる。それに対してヴラサック氏は「この男はアイデアの泉みたいな男だ」という。彼の論文コピーを一週間かけて五十篇も、山口氏は読破するのだ。山口氏の考えとよほど通底するところがあったのだろう。「したがって、学んだというよりコンファームしたと言った方がよいだろう」ということになる。

こんなことは、日本の研究者との間に生じたことは一度もなかったはずだ。山口氏が、どちらかと言えば軽く見てきたアメリカの人類学に、このような人物がいたとは！　氏は「人類学的認識において、アメリカはこの四、五年目ざましい展開をとげ、その多くが僕の考えてきたことと合致するのにおどろいています」。ヴラサックも同様に、「日本でアイソレートされていて、お前はよくそこまでひとりでいろいろと考えたな」と驚きをかくさない。

またカドゥナでは、カナダのアフリカ史専攻の研究者と会い、意気投合する。二人とも演劇が大好きだったからだ。彼にはロンドンに家があるので、帰りにロンドンに寄れ、「もし寄らなければ裏切りとみなす」とまで言われる。そして毎日芝居を見て歩こう、と提案された。おまけに彼の家にいつまで居候してもよい、とさえ言ってくれるではないか。

率直に自分の意見を聞いて、評価してくれるだけでなく、いつまで居候していてもよいと言う。それはヴラサックの場合も同様だった。学問的に有益な意見の交換が可能と知れば、いつでも胸襟を開いて接してくれる異国の研究者たちに出会った山口氏の感激は、どれほど大きなものであったろう。私が思うに、氏は大きな感激を味わうと同時に、自らの知的好奇心と人類学にとどまらぬ該博な知識こそが、世界を舞台に活躍するための必須の武器であることを認識したに違いない。これ以降の山口氏のグローバルな知的放浪の旅において、それは随所で証明されることになるだろう。

だからここで、山口氏の行なった〃準備作業〃の第二として、〃知的居候術の習得〃をあげることは、けっして山口氏の名誉を汚すものではないと信じる。

そして第三に、孤立感にさいなまれながら自問自答して彫琢した理論構成を、〃準備作業〃の一つとして、指摘しておきたい。

まず、専門の人類学についてであるが、石田英一郎氏の仕事に関わって、次のように述べる(第13信)。

……結局氏の人間論を中心とした人類学論には、氏が考えている以上に、形而上学が欠けている点をつきました。それ故、世界史を語っても、未来論を語っても、調査論を展開しても、それらは空疎にならざるをえない所以を記しました。自ら世界とは何かという問いを調査・研究の中から発しないで、常に体系を求める氏の遍歴は、そのような認識的欠陥に由来している……

また、それに続けて次のようにも書く。

小生は前々から、人間の自己のイメージ、社会的インターアクションについて、一文化の中に生きる人間は、パターン化されたドラマトゥルギーを持っている。これをプロセスとして外部的に観察し叙述する文法と、プロセスとして展開されない構造の型としてとらえることが、人類学・社会学の中で方法化されるべきではないか（人類学者と調査の対象との関係も、このようにして客観化されうる）と考えてきました……

そして第14信では、E・リーチのラジオ講演に関わって、左の如く記したのであった。

彼のポイントというのは、まず構造主義者として、人間のカテゴリー認識の原理としてのオポジション原理について、前半で喋ったようでした。小生の聴いた後半では、このオポジション原理が社会階級の固定と伝統・因習の固定に用いられると、人間社会の停滞をもたらす。教育の理念は、聖俗・善悪・優劣の固定化されたカテゴリーを自由に出入りして、人間・社会のイメージを拡大していくような人間を生みだすことにある（これは小生のいう知識人のイメージに合致する）。さらに最終講義では、自然科学においても、社会科学においても、構造論は現在の流行哲学であるが、人間の人間たる所以は、常にイマジネーション（＝フリー・アソシエーション）によって、固定した構造を超えたイメージを創出することにある。そこでも、E・M・フォースターを引用して、目に見えない世界に対する感受性を常に磨いていくこと、これだけが科学の支配（呪縛）から人間を解放していく途である、といった点（これは小生の講座論文のポイントではなかろうか、と思います）。

このように見てくると、後に展開される華麗とも言うべき山口氏の理論の端緒が、これらの手紙には数多くちりばめられていることを、認めないわけにはいかない。

もう一つの例として、ヒョータン文様の構造分析について触れておこう。第14信には、二十ほど集めてきたヒョータン（直径二〇センチ、半球）を毎日眺めているうちに、「ある日突如として、この装飾の細部はエレメントに還元できる、そしてエレメントの組み合わせの構造を抽出することができるという点に思い当たり、細かく写生して、分析したら、果たして思ったとおりのことが出てきて、大変意をつよくしました」と記す。そして帰国したら、「ナイジェリアのヒョータン装飾の構造論的分析」という論文を書くつもり、「小生が構造論を口にするとしたら、そんな形でやるということ」とも書く。

それは、第9信で、「講座・哲学」の論稿では「日本のLévi-Straussブームを考慮して、あえて一言も触れませんでした。小生には唯一人の人間が生き甲斐なんてことは、とても考えられない」と書いたことと対応する。事実、後にL＝S〔レヴィ＝ストロース〕と親しくなってから、L＝Sのゼミでヒョータンの構造分析を行ない、山口氏は大変ほめられることになる。

第四に、右に見た人類学の理論構成のみならず、驚くべきことに山口氏は、この時点で既に文化の一般理論と言っても過言ではない次元での、さまざまな模索を行なっていたのである。

例えば「狂気論」（On folly）だ。第12信では「いわばirrationalityを日常生活に分散した形と、そのインテンシファイされた形において、捉えようとするものです。社会学および人類学の理論的前提は、人間をその合理性においてとらえようとするのに対して、小生のは文学的用語として埋れてきたfollyに、ホイジンガがHomo Ludensにおいてplayに与えたような意味を与えようと思うのです。制度あるいは儀礼をこのように考えるのは現象学的でもあると思うし、調査の一つの重点ともしています」と書く。こうした氏の視点が、後に幾重にも展開されていくのは周知のことであろう。

次に、それと関連して述べておきたいのは、氏の精神分析学に対する関心だ。以前に氏は自分の見た夢を分析していると書いてきた。第7信で山口氏は、フランツ・アレクサンダーの『精神分析学史――史前時代から現代まで』に興味を持ったとも書いている。また第10信では、「小生は、精神分析は神秘主義スレスレのところを飛翔し、メタフィジクスの深淵をかいま見る危険を冒すべきであると信じており、判じ物的主知主義には不賛成」と書いている。後者は、私が当時関心を持っていた精神分析のあり方に対する警告のようだが、今となっては詳細は不明としかいいようがない。ただその直前にゴーラーへの言及があり、これも私の関心に対する一つの応答であることからすれば、山口氏は、中途半端な精神分析学の応用などに対して、厳しい批判を持っていたことがうかがわれる。

しばらく後に、ユング派の訓練を受けてきた河合隼雄氏と意気投合していた氏の姿を知る私にとって、広い意味での精神分析的手法は、氏にとって十分に魅力のあるものであったと思われる。氏はそうした関心を、時間をかけて熟成させていたのだろうと思う。

このように山口氏は、ナイジェリアにおける孤立感にとらわれたフィールドワークを続ける過程で、後に花を開き、実を結ぶ壮大な理論の構築のために、異国の研究者と胸襟を開いて語り合い、人類学および文化の一般理論に関わるいくつかの理論構成を試みていたのだ。その意味で、山口氏にとっての〝フィールド〟とは、文字通り調査の対象としてのそれであると同時に、いやそれ以上に、自らの内なる思想の発酵の場として存在しているものであった、と言うことができる。

第二章　飛翔への階梯

1

15　パリ（フランス）、発信日付なし
／一九六八（昭和四十三）年三月三十日着（エア・レター二枚）

前略　ナイジェリアを発って消息をくらましたので、またまたあの野郎と思っているのではないかと思います。三月一日にローマにきて、四日間本屋回りだけして、パリにきました。本日は二十四日ですから、もう二十日いたことになります。今回は大層居心地がよくて、ついつい長くなっています。

パリでは人類学博物館に毎日通って、倉庫に入れてもらって、例のヒョータンの模様を摸写する仕事をやっていました。博物館の倉にはふつう入れないのであるけど、アフリカ研究部の主任であるドランジェ女史が、小生のヒョータン模様の構造分析にいたく興味をもって、あらゆる便宜をはかると言ってくれて、実行してくれているのが、居心地のよい理由の一つ。

次に生活ヒを大変安くあげている。これまでは、ユースホステルに一日三百円払って泊まり、食ヒは一日四百円くらい。したがって基本的には、一日千円くらいであがったのが、第二に居心地のよい理由の一つ。第三に、ユースホステルには毎晩フランス人の女の子がきて、小生の発音矯正・喋ることの手ほどきをしてくれたのが、その一つ。

第四に、同じ世代のフランスの人類学者たちとすっかり親しくなったこと。これは「ラ・パンセ・ソーバージュ［野生の思考］」という人類学専門の小さな本屋と親しくなったこと。このオヤジは四十前後の人で、いい意味でラディカルな男で、この人が、店にくる人類学者に紹介してくれたこと。それからジュズつなぎに知りあった人類学者たちが、大変話があって、数度会っているうちに、一度、朝の四時まで話して、泊まりこんでしまった家の人類学者が、どうせパリにいるなら、俺のところに居候しろというので、そのまま居候をきめこんでしまったこと。（今回は本当に居候専門でした。）

これらの人類学者は、レヴィ＝ストロースの直接の指導で育ったわりに、二代目のエピゴーネン的なヒ弱さがなくて、インテレクチュアルな意味で、日本の回りの人類学者に全然ないダイナミズムがあって愉快です。レヴィ＝ストロースとこれらの人々との間には断絶があって、僕の知っている限りでは、「調査者」しかいない感じです。

僕が居候している人は、三十五歳でほとんど同じ年。イデーの遍歴もきわめて似通っている。二年間ソロモン群島で調査して、小生が前に日本に帰る二月前に、日本に二週間たち寄ったけれしあっています。

ど、八月の休みだったので、人類学者に会わなかったということ。毎日毎日いろいろなことを話しあっています。

例えば、「前の旅行で感心したのだが、ヨーロッパで安くあげようと思っても、基本的に一定の空間に対する権利を確立しなければ、〝私〟はアイデンティティを確保できず、無に還元される。コーヒー屋にいって払うのは、ここではコーヒー代だけではなく、テーブルと椅子を含めた一定の空間である。したがって一度権利を確立したら、店主は〝私〟の空間には干渉しない。これが一杯のコーヒーで五時間、六時間もねばれて、それがここでは当たり前である理由だろう。日本では、それは不可能ではないが、不自然なことである。それは、コーヒー屋の空間は店主のパースナリティの延長であって、コーヒーだけが、〝私〟の延長である。日本の空間はアモルフなもので、常に〝私〟が接する対象に添って感じとられる。私はそれを一定容積に切りとって買いとるのでなく、関係を確立することによって、〝私〟は相手の空間にとけこむだけで、その時〝私〟は独自な空間としては存在しない。家の構造一つをとっても、その違いは感じられる」

（以上、エア・レター①）

というと、

「たしかに、それは面白い観点だ。というのは、そのような観察は現象的には簡単だが、それを空間に対する感覚の違いとして受けとめた点が、さすがに日本出身だけある。それがとりもなおさず、例えば土地所有を研究する場合に、ヨーロッパの研究者の盲点でもあるし、〝人間関係〟という場合にも、研究者自身の意識を対象化する重要な視点になりそうだ。この点をもう少し考えてみようではないか。」

……というわけで、話がどんどん発展していきます。小生が居心地がよいといったのが、けっしてパリボケしたのではないということは、わかっていただけたと思います。

それから先日は、人類学博物館のすぐ近くに日本大使館があることがわかったので、行って在留邦人名簿の中から中村雄二郎という名前を探しあてて、電話連絡したら、すぐ話しにこないかというので、ルクサンブルグ《ママ》公園の裏にある中村氏の下宿を訪ねて、十一時半から五時半頃までぶっ通し喋って、仲々愉快でありました。想像したように構造主義について一生懸命に読んでいました。

「構造主義」と言えば、パリでは全盛の感じで、まるで気違いさわぎだという感じがします。いろいろな雑誌が次々に特集をやる。僕はどのくらい論文が出ているかと思って、ノートをとってみたら、もう六、七十くらい構造主義かレヴィ＝ストロースについて書かれた論文がでています。その活気、軽薄さは、さすがヴォルテールの国であることを感じます。この中から本当にいいものを見出すのは至難の業です。

幸い、いい人類学者たちは調査と整理の方に忙しく、読んではいるものの、お祭り騒ぎにはまき込まれていないようですし、小生もヒョータンがあるので、帰ってもとくにわいわい言う気はありません。中村氏は、『中公』で特集をやり、『「朝日」ジャーナル』で石田氏も参加して座談会をやったと言っていましたが、お祭り騒ぎを遠くから、あまり精度の高くない望遠鏡で見つめて、見よう見まねで踊ってみようという程度をどのくらい越えられるかに、関心があります。もともとこちらで気違いさわぎであるから、それでいいようなものであるにしても、帰ってから巻き添えを食わないように気をつけたいと思います。

例えば、もう三冊本がでています。

Yvan Simonis : Claude Lévi-Strauss ou la "Passion de l'inceste"

J. B. Fages : Comprendre le structuralism

J.-M. Auzias: Clefs pour le structuralism

日本ではもう翻訳が出ていますか？

居候ついでに、日本に帰ったら読めない論文を、これから少し読んでいきたいと思います。中村雄二郎氏は、石田英一郎を罵倒していたので、もともとあの程度の爺さんに期待した方が悪いのだと言っておきました。小生の見るところ、石田コワモテの風潮を作った元凶は、荒正人、鶴見俊輔、それに中村雄二郎、それからダラシない日本の人類学者たちをあげておきました。

では、飛行機事故にでもあわなければ、四月の中頃に、神保町に再び雄姿をあらわします。コーヒーを通じて、人間関係を再び確立しましょう。ロンドンからも一回くらい、長島［信弘氏］と会ってのちお便りするだろうと思います。では奥方によろしく。

山口

16　パリ（フランス）、発信日付なし
／一九六八（昭和四十三）年四月着（はがき、到着日不明）

その後いかがですか。小生は居候癖が身について、結局当地に一月いてしまいました。当地にきた時はアフリカスタイルの夏着でふるえていたのに、このところすっかり春らしくなって、当地の一番良い季節というのを満喫しています。

相変わらず人類学博物館通いをしていますが、その間いろいろな人に会って、愉快な対話を（基本的には）英語でしています。中村雄二郎氏に言わせると（その後もう一度会って、九時間話しました）、「あなたは通りがかりだから英語でのびのびと話せていい」ということだそうです。

居候先の人類学者に彼を会わせました。「小生の見たるところ、現在のフランスの若い人類学者で一番活気ある一人に御紹介いたしましょう」という触れ込みで。この友人は、フランスに人類学を教えに一、二年こないかと、しきりに小生を口説いています。大塚説によると、彼の申し出は受けいれるべきであろうけど、「僕は欧米の人類学を脅すために自分に何が欠けているかをよく知っているつもりだから、その話はありがたいが、あと五年待ってくれ。必ずくる」と言っています。

（3行削除）

（その他おそろしく人類学と日本文学の古典に通じているポーランドの美術批評家と親しくなりました。）ではまた。明日から二、三日、地方に友人と行ってきます。

第15信では、「四月の中頃に、神保町に再び雄姿をあらわします」と書いた山口氏だったが、結局お得意の〝知的居候術〟を発揮して、四月中もパリにいることになる。

その間、決定的な出会いを山口氏は経験した。一つは、「ラ・パンセ・ソーバージュ」というユニークな本屋を介して、フランスの若き人類学者たちと知りあったことである。それは山口氏に愉しい知的交流の場を提供すると同時に、やがて彼らを通してレヴィ＝ストロースと知り合い、フランスで講義する機会にも恵まれるきっかけをなすものであった。その詳細は、以後の山口氏の手紙自体が明らかにしていくので、ここでは省略する。

しかしドコッペ氏との出会いについてだけは、第15信で簡単に触れられているが、より詳しく山口氏自身の言葉を聞いておこう（「故ダニエル・ド・コッペとの出会い」『比較文化論叢――札幌大学文化学部紀要』第10号、二〇〇二年九月。後に『山口昌男ラビリンス』国書刊行会、二〇〇三年、に収録）。

二〇〇二年二月に電話があり愕然とした。三日前にド・コッペ氏が亡くなったとの知らせだった。そこで、私はド・コッペ氏［と］の出会いを想い出した。

一九六八年三月、私は、アフリカ、ナイジェリアにおける二度目の調査からの帰途、パリに立ち寄った。知り合いもなく、パリ市内の安いホテルも知らないので、サン・クアンタン（パリ市北の郊外）のユースホステルに宿泊してパリに出撃した。パリ市内を歩いたのはこれで二度目である。一度目は、一九六五年。これもナイジェリアのイバダン大学で教えて、帰国の途に立寄ったのであった。そのときにはイギリスとフランスの間を行き来した。一度目のフランス訪問のときには、特にアカデミックな関係の接触を持たなかった。

今回は、地下鉄オデオン駅で降りて、オデオン座の方角へ向って歩いていた。東側に「野生の思考」という新しく開店した書店が目に付いた。（中略）そのハンサムな青年は、自分はパリ大学のナンテール校で人類学を教えているものだけれども、外へ出て向いの喫茶店で話していきませんかと言ったので、渡りに船とばかりに、「それは良い。私は調査の帰りだが、調査の結果を話してみましょう」と言った。二人（私は三十七歳、彼は二十六歳くらい）は、二階のカフェに腰を下ろして話しはじめた。フランス語を喋るのはあまりなれていないので、英語で喋るのを許してもらいたいと言って、私はナイジェリアのジュクン王国での調査の話をした。彼はダン・スペルベルという名前で構造論の人類学の若い論客として代表的な存在であった。十二時間ほど喋って、明日また会おうといって別れを告げた。

次の日の昼、知人を連れたスペルベルと、その近くの喫茶店で一緒に食事をした。僕は主に調査の話をした。その日の夜、宿にダニエル・ド・コッペ氏から電話がかかってきた。明日五時頃サン・ミッシェルの泉のところでピックアップするから待っていてほしいと言われた。そこへド・コッペ氏が現れて、ジャン・ラトゥシュの家に行き、そこの四、五人とビールを飲んだ。一時間後、パトリック・マンジェの家に移った。人数はだんだん増え十人くらいになっただろうか。その後ジャンヌ・ファヴレというブルターニュの魔女の研究で知られるようになる人類学者のところに行ってワインを飲んで午前三時まで喋っていた。「エヴァンス＝プリチャードという人類学者が最近亡くなったが、私もオックスフォードに滞在していた」という話をしたら、そこにいた女性が、エヴァンス＝プリチャードの助手をしていたという。午前三時になって、各人を車で送ったド・コッペは、もうユースホステルも閉まっている時間なので、今日は自宅に泊まりなさいと言うので、私はその日ド・コッペのアパートに泊まった。

朝になって、朝食をとると、ド・コッペがユースホステルまで送っていくと言ってサン・クアンタンのユースホステルまで連れて行ってくれた。そこで、ド・コッペが「荷物をもってこい」と言ったので、どういうことかと聞いたら、これからは自分の家に泊まれと言う。「フランス人は自宅に人を泊めたがらないのではないか」と問うと、「僕は人類学者だから」と答えた。その後私は、ド・コッペのアパートに一月ぐらい滞在した。

ちょうどその頃ナンテール大学は学生運動がはじまっていた頃で、学生騒乱といわれていたが、実際にははでな運動の兆しはみられなかった。研究会が各所で行われていて、その一つの研究会で自分の調査について発表した。

それからもう一つは、哲学者の中村雄二郎氏との出会いである。それからほぼ二十年近くも後に、山口氏は『季刊・へるめす』という文化雑誌の編集同人を、中村氏や磯崎新、大江健三郎、大岡信、武満徹といった諸氏とともにつとめることになるのだが、この当時には思いもつかぬことであったろう。構造主義を一生懸命に勉強している中村氏らに対して、「お祭り騒ぎを遠くから、あまり精度の高くない望遠鏡で見つめて、見よう見まねで踊ってみようという程度をどのくらい越えられるか」と多少批判的ではあったが、これ以降、中村氏とは、後に述べるように〝例の会〟とか〝都市の会〟に共に参加し、「叢書・文化の現在」を一緒にやり、岩波新書『知の旅への誘い』（一九八一年）を共著でまとめるなど、国内ではもっとも気心の知れたパートナーとなる二人であった。

ただ、当時パリの知的世界を覆いつくしていた構造主義の隆盛に対して、すでに見たように中村氏は自らの関心から積極的に関与しようとしていたのに比して、山口氏はあくまでも一線を置く態度を崩していない。その点、流行にとらわれずに自らの思想を恃む山口氏の姿勢は一貫していたと言うことができる。もっとも中村氏にしても、この時から五年も経たないうちに、岩波新書の『哲学の現在』を書いて、独自の思想を形成するに至る。そしてそれ以降、まことに大胆に自らの哲学を切り開いていくことになるのだが。

このように見てくると、二人ともに大きな足跡を日本の思想界に残すことになるとはいえ、最初の出会いの時点における違いには、大変興味深いものがある。また、これはずっと後になって触れることになろうが、九〇年代における中村氏と山口氏の仕事のあり方について考えると、人間の生き方の不思議を思わずにはいられない。二人の仕事に約四十年の間、編集者として伴走してきた私としては、この間の状況を可能な限り正確に記しておく必要がある、というよりも記す義務がある、と思わざるを得ないのだ。

ところで、山口氏に戻って上記の手紙を見るとき、驚くべき事実を発見しないわけにはいかない。それは、世界的な学生〝叛乱〟の火元であった一九六八年のパリの社会状況について、全く触れられていないことだ。ナイジェリアでは、そして後に述べるティモールでも、いやでも国際政治の激流に翻弄されざるを得なかった氏であったが、手紙に見る限り、六八年パリについての記述はなにもない。恐らく、当時のパリは、社会状況の混乱以上に、山口氏にとっては画期的な知的出会いの場だったのだと想像される。

二〇〇三年に国書刊行会から刊行された大冊『山口昌男ラビリンス』の、冒頭の対談「アフリカを探して——二十五年の対話の涯に」では、対談相手の今福龍太氏が執拗に食い下がって、六八年当時のことを聞き出そうとするのだが、どうしても左に引用するように、ある種のあいまいさを脱することができない。

今福　えーっと、確認なんですけど、六八年っていう年、特別な年は先生はどこにいて何をしておられたんでしたっけ。

山口　一九六八年は、僕は、アフリカの調査は六六年からなんだけどね、二度目のアフリカ調査から帰ってきてナンテールにいたわけよ。

今福　六八年五月はパリにいらっしゃったんですね？

山口　三月頃から。

今福　五月革命はパリで目撃されたんですね？

山口　ちょっと待って、ちょっと……。えーっとね、えーっと……。

今福　六六年からアフリカで二度目の調査。
山口　六七年、六八年春、そうなんだ。
今福　六八年春に、パリに行かれた。
山口　それで一九九七年、パリに来て、それは石塚君（［札幌大学］文化学部、石塚純一氏）がその跡を全部追ったんだよ、そういう個人神話的な場所を石塚君に案内して歩いたのね。
今福　それが六八年の話ですね？
山口　六八年の春。で、そこの出会いがあって、それがきっかけになってナンテール（パリ大学第十分校）にも遊びに行った。その頃はすでに学生反乱のはじまりの時期だからね。それで、別れて帰るときに、ナンテールに教えにこないかと。いや、フランス語なんて喋れないからやるわけにいかないって言ったら、フランス語が喋れるか喋れないかは大した問題じゃない、（後略）

結局、今福氏は次のようにまとめざるを得なかった。

だからね、やっぱり六八年のパリでの山口先生のそういう人間関係の作り方とか、振る舞いはどこか非政治的なんですよね。つまり、それは狭義な意味での非政治的なものであって、それが逆にフィールドのあちこちで政治の現前みたいなものに立ち合っているという部分と非常にバランスをもってるような気がするんですよ。

それから一年、今度はエチオピアに舞台は移動する。

2

17 アディス・アベバ（エチオピア）発信日付なし

／一九六九（昭和四十四）年十月十五日着

前略

御無沙汰しました。日本を離れた気楽さからすっかりボッとして、家にもまだ一通しか手紙を書いていない始末で、せりか書房刊行予定の小著のために、序またはあとがきは何かバカバカしくなって、全然書く気がしないで放ってあるので、久保覚氏はあせっていることと思います。出る前に、中村雄二郎氏の「あとがき」なるものを読んだことが、深く影響したのではないかと思っています。（日本離れの気分は、相変わらず爽快です。二年間住みついている画家と知り合い、カラカイ合っています。）

やっと調査許可なるものがでて、二、三日中に南部へ向けて出発する予定です。といっても、はじめてでなくて、実は先月の末に一度、許可無しで密かに行っているのです。

こちらへきて、昨年パリで最初に知りあった人類学者ダン・シュ［ス］ペルベルが、アルバ・

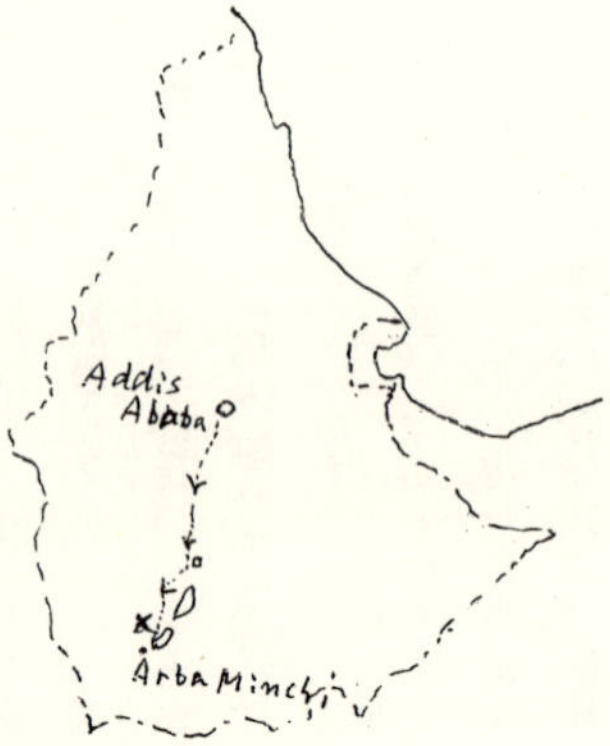

アディス・アベバからアルバ・ミンチへ

ミンチという町の近くにいるということを、大学のエチオピア研究所長に聞いたので、そちらへ行く予定のアメリカの社会学者のジープに便乗して、アルバ・ミンチという町に五六〇キロほど走って出かけたところ、それらしい男が二〇キロほど山岳地帯を上っていったところから時々町に現われるという情報をえて、ジープでひどい山道を登っていったところ、山間の村落のマーケットにぼうぼう髭を生やした男が突ったっていたのを見て、昨年パリで会った伊達男とずいぶん違うなと思ったが、「ダン」といったらポカンとしている。「俺だ、マサオだ」といったら、しばらくして、「ああ、マサオ」と空ろな返事。「全然予想していなかったので、何のことやらさっぱりわからなかった」ということでした。「お前はまた、気楽にやってきたものだな」ということから話がはじまり、ダンは、トドロフ編の『構造主義とは何か』に寄稿した後、チョムスキーの『カルテジアン言語学』を訳して、今年の四月、エチオピアにきたということ。

この辺りには、ほとんど調査されていない部族が二十ほどいて、現在、近くにアメリカの女の人類学者、イギリスの人類学者（半分フランス化している男で、昨年パリで会っている）が調査しているが、お前も加わって、国際的チームでやらないかというので、二日間話し合った末、小生も参加して近くで調査することになったものです。山の頂き近くの地帯で、下に湖を二つ望んで眺望は絶景。頂き近くといっても、一面の芝生と竹藪が続き、気候は寒いくらい涼しく、大変ぜいたくなところです。小生が「国立公園の人類学者グループ」と呼ぶこのチームに、これから加わるところです。

テープレコーダーは、「ソニー」の他に、こちらで「フィリプス」の極めて性能のよいのを買い、バッハのオーボエ協奏曲、モーツァルトの歌曲集、モーツァルト（父）、テレマン、アルビノーニ、ヴィヴァルディのトランペット協奏曲等々のカセット・テープを買いこみ、乗りこむところです。アジスにいる間、大学図書館とエチオピア研究所で、けっこういろいろと読みました。N・ブラウンの『ヘルメス』があったので、細かくノートを取って読みましたが、小生のヘルメス論の方がいくらかよいようです。インドネシアはいかがでしたか。ではまた。（木村［秀彦］君、米浜［泰英］君、内藤［佼子］女史、松島［秀三］氏、『文学』編集部によろしく）。

一九六九年に山口氏は、雑誌『文学』に「道化の民俗学」の連載をする（一月～八月）。それに先立って、「講座・哲学」の論稿の内容をふくらませる形で、『未開と文明』（平凡社）の解説を書いていた。そろそろ氏の活躍が始動しようとしている時期であった。

ここで『未開と文明』の目次を見ておこう。なぜなら、ここには後の山口氏の活躍の基になる氏の思想の核を垣間見ることができるからである。そしてついでに言っておくならば、無名の山口氏にこの巻の編集・解説の役をふり当てた林達夫の慧眼を、山口氏は裏切ることがなかったことも。

第6信で書かれていたA・マックグラシャンを除けば、人類学者で取り上げられているのは、レヴィ＝ストロースと石田英一郎とE・リーチの三人だけである。この人選は非常に象徴的だと言えるのではないだろうか。以下の山口氏の手紙によって、その理由は自から明らかになるはずである。

ところで、ここにエチオピアのフィールドワークが入ってくるのだ。しかし山口氏は、このフィールドワークについて触れることはほとんどない。これは不思議なことだ。氏が「国立公園の人類学者グループ」と呼ぶ人類学者たちとの共同研究は、あまり面白くなかったのではないだろうか。おまけに上記の手紙に記されている、アルバ・ミンチの奥地でのダン・シュ（ス）ペルベルとの邂逅と、先に触れた『山口昌男ラビリンス』における今福龍太氏との対話中の、次のような記述とはずいぶん異なっている。

山口　それでその調査の中で、ダン・スペルベルが調査に行っていて、彼はお母さんっ子だから、毎日もう淋しくて外へ出れなくて、ビニールの窓ガラスの中で勉強して『ル・モンド』紙が来るのだけを毎日待ちわびている生活を送ってた。そこへ行ってちょっとのぞいたら、「あれー！　マサオだ。なんでこんなところにいるの？」って言うから「去年パリでお前の調査地に行くから、会いに行くって言っただろう」と。それからずっと彼とひと月ぐらい一緒にいて……

思うに、山口氏にとってエチオピアのフィールドは得るところの少ない、印象の薄いものだったのではなかろうか。私の記憶でも、エチオピアに関しては、足のかかとに入り込む寄生虫にやられて往生した、といった類のことしか聞いたことがないようだ。

そしてそれから一年、山口氏の大奮闘の時代が始まる。

3

18　パリ（フランス）、発信日付なし／一九七〇（昭和四十五）年十二月二十九日着

前略

七三頁［『アフリカの神話的世界』初版］のアバヨミ・フジャ『四千個の……』は、『千四百個……』の誤訳です。

もう少し落ちついたら、もっとゆっくり便りします。あと十五日くらい。

講義は

　政治組織の構造論的分析

　―アフリカの王権をめぐって―　　二時間

日本の民俗における神話的な思考とコスモロジー　　一時間

です。ではまた。

山口

人類学の友人でDumezilの分析をやっているPierre Smithが吉田［敦彦］氏のことを話していました。吉田氏によろしく。高橋巌氏の住所を教えて下さい。

19　パリ（フランス）、発信日付なし／一九七一（昭和四十六）年一月十六日着

明日は第二回の講義なので、取急ぎ次の点を、

①印税はやはりフランスの方に送っていただきたく思います。銀行の口座は

M. YAMAGUCHI Masao

N° C107763

Banque de l'Union Parisienne,

87, Av. des Ternes, Paris 17e.

です。

②リストは十七日に発送します。

魔女たち［岩波書店編集部の女性二人］は三十日に突如として現われました。ホテルへ呼ばれて、どこか案内せよとのことであったが、メトロで二十分のところを乗りちがえて一時間かかったところをみても、こちらのガイドとしての実力のほどがわかるでありましょう、と実力のほどを披

露。

田畑［佐和子］氏の方はそれであきらめて、くたくたに疲れたから寝たいというところ（夜六時）、もう一人のモスクワ議員団の方は、時間がもったいないから、どこかへ行きたいと言う。北京の方は、ではカキ料理でも食べたいという。小生は、まだ一人でセルフ・サーヴィス以外のところへ入ったことがないからだめだと、お役目辞退。結局、コンコルド広場とやらへ御案内、川をみて、あの建物は、あの建物はと少し大きな建物を見るたびにモスクワさんの御下問。小生は今まで気にしたことがないので、エリゼ宮でしょう、シャイヨー宮でしょうと二つ言ったらレパートリーはおしまい。その後はこんなに建物があると思わなかったと嘆息。結局、彼らも連れが一人ふえたようなものだと気がついたころ、ホテルに着く。

彼女ら荒れくるって、川田［順造］先生に連絡がつけばよかった、山口さんは教えにきたのですか！　どうして川田先生が教えないのですか？　とこづき回すありさま。ロビーに戻って翌晩のスケジュールをひねり出そうとしていると天の祐け、ＩＣＵ［国際基督教大学］で同じ頃長［清子］女史のゼミにいた石井［潤子］嬢という（顔はよく覚えていた）のが、「山口先生でしょう」と近づいてきたので、彼女らをあずけてさっさと退散。ちなみにあの晩だけ降雪。彼女らがさるとすぐに雪は融けました。よろしく。ではまた。

20　パリ（フランス）、発信日付なし／一九七一（昭和四十六）年一月二十三日着

［寄贈者については、］これ以後の刊行分の寄贈を減らし、今更の借りの返済のため、けっこう増えてしまいました。明後日の第三回の講義をひかえて、激戦です。

第一回　政治と演劇

第二回　神話的空間としての権力

第三回　王権の象徴性

論文のホンヤクです。

ではよろしく

山口

［このあと、寄贈者リスト二枚分続く］

21　パリ（フランス）発信日付なし／一九七一（昭和四十六）年二月十二日着

前便はあわただしくて失礼しました。

忙しいというのは事実で、小生にとって毎週二時間のフランス語の講義ノート作製は、ほとんどアニメーション映画作製のようなものです。たっぷり二日かけて作ったテキストをドコッペと討議して、さらにフランス語化して、それをタイプに打ち直して、数人の友人と小生の助手をつとめる女の子に配布しているうちにあわただしく時がすぎていきます。

講義は次のような具合いに進行しています。

第一回——政治と象徴—序論

第二回——南アメリカ・インディアンの首長制における「文化」と「自然」

第三回・第四回——王権の演劇論的構造、〝王権の象徴性〟の翻訳を中心に

第五回——身振りと政治的現象——アニュアック族（エチオピア＝スーダン）の村落首長制

第六回——Bedřich Bauman "G. H. Mead and Luiji Pirandello: Some Parallels between the Theatrical and Artistic Presentation of the Social Role Concept" in *Marxism and Sociology* ed. by Peter Berger, Appleton-Century-Crofts, N. Y. 1969 の紹介

以後、シルックの王権と世界観、ケネス・バークの紹介、A・シュッツの紹介、ジュクンの例と続くはずです。

今回買ってきた『レ・タン・モデルン』は、〝人類学と帝国主義〟という特集です。青木［保氏］の訳したK・ガフの論文のホンヤクを中心に、頭の堅いのが何人か書いています。ドコッペと話して、小生はこういうことにはけりをつけてこちらに来ているから、いささか興ざめだ、という意見を伝えておきました。現在どうもフランスの知的エネルギーは低下しているとしか思えない出版傾向が見られます。しかし、ナンテールのスタッフの反動攻勢の巻き返しはすさまじく、ドコッペは包囲されている形で、こちらにとばっちりが飛んできはじめています。例の如く、博学戦法によるミスティフィカシオン［目くらまし］で、いずれ敵になりそうなやつはそれとなく

煙に巻いておびやかしています。やはりどこにいても、矛をおさめるということはできないように思われます。

本の件ですが、第二陣として、六本佳平、米山俊直（甲南大）、村武精一（都立大）に送っておいていただけませんか。戦略的おくらせです。やはり「セリカ」[『人類学的思考』]は出ないのでしょうか。久保覚からは、一度も連絡がありません。では回りのオバサマ、オジサマ連によろしく。

22　パリ（フランス）、発信日付なし／一九七一（昭和四十六）年二月十三日着

まずお便りについての感謝と、本を送って下さったことへのお礼と、今は土曜日の昼前で時間が切迫していることと、島崎［道子］女史に石井嬢のあて名は

Mlle Junko Ishii
Hôtel du Grand Balcon
52, rue Dauphine, Paris 6^e

とお伝えいただきたいことと、［山口］一信氏に、井上光晴氏の受けとりは、来る前に愚妻に出しておいてくれとたのんだのをどうしたときいたら、つい出しそびれて、空港で出そうと思って持ってきてしまって、今ここ（パリ）にあるということでした。どうも失礼とお伝えいただきたいと思います。

この両氏には、また改めてお便りします。

何せ、毎週十八ページのタイプで講義テキストを作るのに必死で、時間がつまっています。この手紙の続きをすぐ書きます。時間の関係で、この手紙もまた思想家的になってしまいました。

敬具

23　パリ（フランス）、発信日付、一九七一（昭和四十六）年三月六日、十一日／同年三月十七日着

前略　先日はお便りありがとうございました。追って六本君から航空箋で五行ほどの便りがきました。本は受けとった。前に買って読んでいた。堅くなって書いているが、所々地が出ている。自分は岩波に博士論文の出版原稿を渡さなくてはならないから、忙しくてこれ以上は書けない。

……という内容でした。

先週土曜日に□□□□夫妻にあるパーティで会いました。一日前に新書お送りいただいた時に、すぐ彼の家に持っていったけど留守でしたので置いてきましたが、この本については一切ふれず、夫妻で岩波の『思想』に原稿の依頼を受けたという件を、興奮してしゃべっていました。

見本に最近の『思想』を送ってもらったが、皆乏しい文献でやっている。それに較べると、フランスは文献が豊富だといいばるから、文献のあるなしはテーマによるし、植民地関係の文献が多いのは当たりまえで、それは帝国主義的支配の一形態だと告げておきました。それに一たび英語、

ドイツ語の文献を探そうとすると、かなり不便なところだとも言っておきました。

（14行削除）

ドコッペは、「今日お前の同志のあの□□□□に人類学博物館であった」といった調子で話します。「□□□□、フランスで何しているのだ」というから、「博士論文を書いている……というけど、事実は日本向けの□□□□□□□□□□□に専念している」と言ったら、「お前は知らないだろうけど、博士論文には二種類あって、一つは大学内、一つは国家的規模で、□□□□のやっているのは前者で修士論文程度のもので、そんなことのために呼ぶ奴も呼ぶ奴だが、くる奴もくる奴だ。そのくらいなら、お前みたいに博士号なんて取ろうと考えたこともないと威張っていた方がよい」と言っていました。

ところで、小生はフランスのアフリカニストと称する連中に現在利口な奴はあまりいないというわけであまりつき合わず、オセアニアをやっている奴とか、南アメリカのインディアン専門とかいった連中とばかりつき合っていますが、先日ナンテールの同僚のピエール・スミスという男に会ったら□□のことをきかれました。ピエール・スミスは最近デュメジルのことを書いた男で、吉田［敦彦］氏をよく知っています。□□をどう思うかというから、「親切で、あいそがよくて、いい男だ」と言ったら、「それだけしか言わないところを見ると、お前は奴にネガティブだな。彼のサークルのアフリカニストの間では、彼は理論的に全然ナッテないともっぱらの評判だぞ」というから、「俺ももっとフランス語がしゃべれるようになると、お前たちと同じことを言うのだろう」と言っておきました。

その日は、クロード・タルディッツという、カメルーンで富川［盛道］氏たちに会ったというアフリカニスト（ドコッペによれば、単純にオッチョコチョイ）のパーティでした。三十人くらい集まっていましたが、小生は西スーダン（ドゴンやチャド）をやっている人たちを、西アフリカのジョーキング・パターン、トリックスターと得意の領域に引き込んで、さらにドン・ジュアン伝説について、すごいフランス語でぶちまくりました。この間ムッシュ□□□は沈黙、帰りに「回りの人は山口さんの博学に完全に圧倒されていましたね。よく二カ月でフランス語あれだけしゃべりまくるようになりましたね」と全面降伏をしていました。この種の話はこれにて。

ナンテールの講義はシリュックの王権とコスモロジーを終えて、次週から二週間にわたってケネス・バークの政治象徴過程論――ナチスとユダヤ人の問題を中心に――という奴をやります。学生はかなり小生のペースに巻き込まれているようです。

ナチス・ヒットラー関係の本は多くでていますが、最近買ったのでは、Saül Friedländer, L'Antisémitisme Nazi, Histoire d'une psychose collective (Seuil) が面白かった。Jean-Michel Angebert, Hitler et le tradition cathare (Robert Laffont) は、ヒットラー・ナチとカタラン［カタリ］派の問題点をついたもので、文献的に少々あやしいところもありますが、ヨーロッパの三島が秘教を拠り所として出てくることを示しています。それでこのところ、カタル《ママ》派の文献（フランスは意外に多い）を少しずつ買い集めています。多分これは将来、高橋［巖］氏や柏倉［?］氏とも話しあえる問題だと思います。

前にロンドンの古本屋で、三〇年代にイギリスの民俗神話学者ルイス・スペンスが書いた『ナチスと異教の伝統』という本を買いそこねて以来の関心ですから、ナチスの問題とともに、ヨーロッパの隠れた水脈の問題として、貴兄と関心をわかち合いたいと思います。

フランスでもこのところポスト・シアンス［科学主義以後］的雰囲気があって、占星術をはじめとして秘教の伝統への関心は大変つよく、その傾向は出版にも反映しています。しかしこれは選択を必要とする問題です。というのは、マニ、グノーシス、プラトニスム、カタル《ママ》はナチスが使って効果を収めているし、この点では澁澤［龍彥］＝種村［季弘］ラインの行きつくところを示しているからです。

毎週金曜日、講義が終わるとカルチエ・ラタンに直行して、本漁りをします。昨日の収穫、

(1) Fernand Dumont : La dialectique de l'objet èconomique (Edition Anthropos). 著者は必ずしも経済学者とはいえないが、経済現象を空間的な問題として押えようとしているところ共感を覚える。たとえば、第二部「経済的世界」第一章、経済の認識論から現象学に至る基本的問題の提示、(1)主観と歴史、(2)自然とモノ、(3)経済行為の現象学。第二章、経済的宇宙の生成、(1)意味作用の空間から経済空間へ、(2)伝統社会——意味作用とプラクシスの未分化、(3)技術社会——意味作用とプラクシスの剝離、(4)歴史的総合体としての経済的宇宙。第三章、経済における行為とインテンチオナリテート［志向性］、(1)消費、(2)労働……といった具合いで、のぞいてみて、大変刺激的なので舌なめずりしています。何となく「経済的プラクシス」の問題は、小生の知的宇宙の中で場を得てなかったので、少々興奮しています。

(2) Jacques Toussaert : Le sentiment religieux en Flandre à la fin du moyen âge (Plon). フ

ランドルの宗教生活を中世末に焦点をあてて、実証的に、しかもビヴィドに描いています。祭式としての行列・行進にかなりのページが割いてあり、バフチンのカーニバル空間を裏づけるものとして、非常に役に立ちそう。

(3) René Guénon：Formes traditionnelles et cycles cosmiques（Gallimard）. ルネ・ゲノンは最近は［雑誌］nrfの〝イデー〟にも le règne de la quantité et les signes des temps という自由奔放なプラトニスム的空間・時間論を出していますが、この本はエッセイ集で、エリアーデの時間論批判とか、アダムの両性具有性について、カバラ論、カバラと数の学問、秘教（ヘルメティック）の伝統、ヘルメス論、などが載っていて、これもいくらか面白そうです。フェステギュエほど厳密でないが、思想性と通俗性の中間スレスレといった感じです。

(4) Alxandre Koyré：Mystique, spirituels, alchimistes du XVIe siècle allemand（"Collection idée"）. これもいずれそちらで簡単に入手できると思いますが、パラケルススについての一章があります。

(5) Jean Markale：L'épopée celtique d'Irlande（Payot）. アイルランドの英雄伝説のさまざまなサイクルについて、特にフィンの冥界訪問についての分析が面白そう。マルカルは、アンドレ・ブルトンの協力者でもあったケルト神話の研究者。

(6) G. Dumézil：Heur et malheur du guerrière の新版と Du myth au roman.

(7) Gilbert Durand：Les structures anthropologiques de l'imaginaire（Bordas）. 長く品切れだったものの新版。文献リストは長いが、よく検討してみると、ずいぶんずさんな選択であることがわかった。読んでの感想はいずれまた。

その他講義用、人類学関係、四、五冊あわせて、二万円の散財。前に買ったものでは、Michel Serres：Hermès, ou la communication（Minuit）がずばぬけて愉快でした。ヘルメスといっても題だけで、数学的コミュニケーションを扱った哲学的論文集ですが、「ドン・ジュアン――ヘルメスの出現」という最終章は、トリックスター、ドン・ジュアン神話を論じていて、小生の「モーツァルトと第三世界」と非常に近いので愉快に思ったわけです。いずれ、この論文をつかって小生の奴を拡大して、また『ディオジェーヌ』に寄稿しようかと考えています。

こういったところが近況で、□□□□□□□□□□□よりは、少しましではなかろうかと愚考しています。

斉藤［?］氏の書評は大げさなもので、これだから日本を逃げだしてよかったなと思っています。人類学者の山口憎悪はいっそううつのっていることと思います。

ところで、どうしてそういうことになったのか、〔『アフリカの神話的世界』の〕地図でドゴンはオート・ヴォルタに入ってしまいましたが、マリ共和国のニジェール河湾曲部内です。レヴィ＝ストロースの『蜂蜜から……』は Du miel でした。お詫びしたいと思います。こちらでは最近、ワントーの神話の言語学的採集の本が一冊でました。

商売ぬきの手紙はつい気楽になって長くなります。そこで止めのために商売のお願いを一つ。ニューヨークのウェンナ＝グレン人類学財団（今住所が見当たらないので、後便にてお報せします。もっとも、東大の人類に係りの人がいるから、電話できけると思います）に、三冊送っていただけないでしょうか。船便でよろしいです。これは援助を受けたものの義務ですので、あとがき中ウェンナ゠グレンというところに赤線を引いておいていただけないでしょうか。もし、著者名、タイトル（The Mythical World of Africa—A Study in Trickster Mythology of West Africa）、出版社名、刊行年をカード化して、入れておいていただけるとありがたき仕合わせ。

最後に一つ、役に立つ情報。最近、こちらで、ヴァンサン・モンテイユの『インドネシア』という本が出ました。このヴァンサン・モンテイユというのは、西アフリカ西スーダンの歴史にくわしく、アフリカについても数冊の本のある人間、シャルル・モンテイユというフランスのアフリカ史学の親分だった人の息子です。一年間インドネシア大使館の文化参事官だったそうですが、第一級の書き手です。

［以上、三月六日］

この手紙［を］書きかけのところで、三月八日付のお便り入手。手続きの件、来週くらいにやってお送りします。北沢［方邦］氏の書評は、たしかに、あれだけ罵倒された人間の書いたものにしては、わかっちゃいないという部分もあるが、敵意を表面化していな［い］と思います。それに面白いということと、学問的レベルを下げていないという点では、貴兄の意図はまさにあたったと、他人事の如く、企画の良さという点で、改めて脱帽。本来なら書評のこの点、新書の範囲での冒険という点が強調されるべきでしょう。しゃべり方がフランス的になっていますか。

［以上、三月十一日］

第18信を山口氏は、一九七〇年の暮れに、パリで書いている。パリには、パリ大学第十分校（ナンテール）の客員教授として招かれてきたのだった。氏はフランスに向けて出発するまでに、かろうじて岩波新書『アフリカの神話的世界』の初校を校正することができた。しかしながら、氏が都立大学大学院で書いた修士論文「アフリカ王制研究序説――アフリカにおける王権のパターン」を基にして、一気に書き下した原稿は、一般読者を対象とする新書としては、非常に不完全なものと言わねばならなかった。だから初校を見たといっても、無数の疑問点が残り、文章は生硬な部分の多いものだった。

　前著でも書いたように、天才的な山口氏の思考は細部のつじつまにこだわらずに飛翔する。しかしそれを書物として定着させるためには――特に新書のような啓蒙書の場合――誰かが手を加えなければならない。担当の編集者として、私はこんなに直してもよいのだろうかと、自分でも心配になるほど朱を入れた。しかもそれを再校の段階で行なったのである。言うまでもないが、こうした作業は、著者と編集者の間に完全な信頼関係が成立していなければ難しい。同様な作業を私は、以降二十年間にわたって行なってきたが、山口氏との間でトラブルになったことは、幸いに一回もなかった。

　しかし、考えてみれば、これは非常に特殊なことであったと言わなければならないだろう。同じ岩波新書の場合でも、ある著者の原稿の「者」という漢字を「もの」と朱字を入れたことがあったが、そのために私は著者に謝罪し、会社に対して始末書を書かなければならなかった。この伝で行けば、山口氏の原稿の場合には、始末書どころか腹でも切らなければならなかっただろう。『アフリカの神話的世界』の校正を必死にしなければならなかったおかげで、私は山口氏の構想力の雄大さと思想のユニークさを肌で感じることができた。まだほとんど無名といってよい一人の文化人類学者が、哲学者が行なうような文化のダイナミズムについての理論を構築するとともに、アフリカと新大陸を結ぶ壮大な文化移動の新しい視点を提示できるなどと、誰が考えたであろうか。山口氏のこの新書が刊行されてから間もない頃、臨床心理学者の河合隼雄氏と引き合わせたことがある。河合氏もまだ無名の時代であったが、『アフリカの神話的世界』の内容をめぐって、二人は十年来の知己の如く、親密に語り合っていた。例えば、神話に登場するトリックスターの役割について、といったことを。

それを見ていて、私は学問の分野は異なっていても、人間の存在に関わる本質的な事柄については、脱領域的な知性を持つ研究者ならば、共に語り合うことができるのだという確証を得た思いがしたものである。そうした時の山口氏は、日頃口にする、日本の知的世界における孤立感などは少しも見せずに、口角泡を飛ばす勢いで喋りまくっていた。先に書いた哲学者の中村雄二郎氏が音頭を取って、後に〝都市の会〟という研究会をつくるが、山口氏も河合氏もそこに参加したのだった。

それはともかく、一九七一年一月に『アフリカの神話的世界』を出した山口氏は、三月に『人類学的思考』（せりか書房）を、そして七月には『本の神話学』（中央公論社）を上梓する。それは山口氏が、深い孤立感をバネに身内にため込んできた該博な知識を、一挙に放出したもののように思えた。

　ここでも『本の神話学』の目次を確認しておく必要があるだろう。それはこの本こそ、山口氏の該博な知識のありようを示した最初のものであるからだ。少なくとも私は、この本の一章一章を執筆する山口氏のそばにあって、氏の知的興奮を共にしたことを忘れることができない。今でもこの本の〝文献案内〟にあげられている書名の数々を見るだけで、あの至福の時がよみがえってくる思いがする。

二十世紀後半の知的起源
　1思想史としての学問史　2ピーター・ゲイの『ワイマール文化』　3精神史の中のワールブルク文庫
ユダヤ人の知的熱情
　1ユダヤ人の知的環境　2構造とかたち　3知の存在形式としての亡命　4受難と知的熱情
モーツァルトと「第三世界」
　1モーツァルトの世紀　2二十世紀オペラのアルケオロジー　3音楽的思考
「社会科学」としての芸能
　1政治とその分身　2政治の論理と芸能の論理　3シェイクスピア劇における芸能の論理　4見世物小屋としての世界

もう一つのルネサンス
1蒐集家の使命　2世界の本とルネサンス　3ルネサンスと本の世界　4カバラの伝統
――ゲーテ、フロイト、ボルヘス
補遺　物語作者たち
文献案内

ところで、日本で新しい知的ヒーローの誕生に知識人たちが目を見張っていた時に、山口氏は日本を離れて、ナンテールでの講義を必死にこなそうとしていた。

パリにおける山口氏は、三十人くらいの人類学者のパーティで、「西アフリカのジョーキング・パターン、トリックスターと得意の領域に引き込んで、さらにドン・ジュアン伝説について、すごいフランス語でぶちまく」ったりしていた。ここには、これから展開される山口氏の、世界を股にかけた活躍の前哨戦を見る思いがする。こうした山口氏を支えてきたのは、ドコッペ氏をはじめとする数人の若い人類学者だった。彼らは、フランス語も充分に話せぬ山口氏の特別の才能を見抜き、氏に活躍の場を用意したのだった。

とはいえ、「ナンテールのスタッフの反動攻勢の巻き返しはすさまじく、ドコッペは包囲されている形で、こちらにとばっちりが飛んできはじめています。例の如く、博学戦法によるミスティフィカシオンで、いずれ敵になりそうなやつはそれとなく煙に巻いておびやかしています。やはりどこにいても、矛をおさめるということはできないように思われます」（第21信）とも書いてきたのだった。

今から思えば、こうした状況の中での、ドコッペ氏をはじめとするフランスの若い人類学者の学問に対するフェアな姿勢が、どれほど重要で意味のあることであったか、畏敬と感嘆の念を禁じ得ない。もし彼らがいなかったら、その後の山口氏の活躍はあり得なかったかも知れないのだから。

私自身はこのような点にこそ、国境を越えた学問の素晴しさを感じるのであるが、一方山口氏はパリにいる日本人研究者について、口を極めて批判をし続ける。それは本質的に当たっている批判であることが多いと思うのだが、中には山口氏のキャリアからする、人類学の優等生に対するひがみとしかとれないものがあることも確かである。山口氏ほどの天才にしてそうなのだとすれば、他人に対して正当な評価を下すことがいかに難しいことであるか、改めて考えさせられてしまう。

4

24　パリ（フランス）、発信日付なし／一九七一（昭和四十六）年五月十日着

たいそう長く御無沙汰いたしました。スペインでは息ぬきしすぎて、貴兄には御迷惑をおかけしました。

送金の件、イライラしているのではないかと案じています。

実は、例の書類どこでもらって申請してよいのかわからないので、大使館の文化課へ行ってたずねたところ、大使館の人がこの件について税関関係に質した結果、送金は日本で一〇％引いてあれば一〇％こちらで引くことになり、もし引いてなければ二〇％引くから同じことであるという返答で、大使館の説明では、例の協定は大口の金額移動のためか、フランス人のためのものであるとのこと。また彼らの助言では、送金はプライベート・レベルで、四親等までが一人が五〇〇ドルずつ送れるから、そちらで送るようにした方がよいのではないかということです。

それで誠に恐縮ですが、少し貴書店の方でプールしておいていただけないでしょうか。実を言うと、帰りの旅費をナンテールが出さないというので大喧嘩したのですが、結局人情薄きフランス人のために敗退したので、こちら持ちになることになりました。新書の［印税の］プールのあることは、大助かりになりました。

それで、日取りが決まりましたら航空会社の方に、どうやって払うかという点について、また連絡いたしたく思うのです。留守宅は老母だけなので、この点混乱するおそれがあるので。

せりかの『『人類学的思考』』は分捕りましたか。「せりか」からは本を送ってきただけで何の手紙もなく、もちろん献呈先の問い合せもないので、そのままになっています。少々後味のよくない本の出方です。長島［信弘］君が『日経』にのった〝神話的世界〟の書評送ってくれました。この原稿料でせりかの本を買うなどと、こちらが泣きたくなるようなことが手紙には書いてありました。

敬具

25　パリ（フランス）、発信日付なし
／一九七一（昭和四十六）年五月二十八日着（エア・レター三枚）

拝復　お便り拝見しました。

せりかの件については、小生はかなり立腹して、久保覚に対する不信感をつのらせています。まず、こちらへ来てから一度も便りなし。もちろん本もいつ頃でるとも、誰に送ればよいかの問い合せも全然なし。自分で便りしたくなければ社員に書かせることができるはず。したがって、長島君からも買おうかどう［しようか］迷っているという便りあり。小生の出費において請求してくれと言っておきました。続いて石井進氏より便りあり。偶然のことから（彼の家で小包が紛失した事件があって、本のくれそうなところに電話したところ）、せりかではまだ送っていませんが早速といって送ってきたとのこと。先週、岡正雄氏がパリに来ていたのできいたところ、まだ届いていないとのこと。中村平治にも多分いっていないことだろうと思います。

こういうわけで、小生の立腹の程度おして知るべし。多分、今後せりかで本を出すことをよすのではないかと思います。あの本は、小生の時間もなかったこともあるけれど、誤植が山ほどあり、全然小生自身が親しみを持っていません。『道化の民俗学』もせりかで出すのはよそうかと考えています。小出版社、運動としての出版という小生の志は、やはりちょっと久保覚のようなトラック部隊の前では、オセンチに過ぎたのではないかと考えています。

あの本に関していえば、全く、久保覚とせりかの宣伝に彼が使っているという感じが濃厚です。

例えば、小生が書いた各論に引用された本で、せりかで出たものには積極的にせりかの名前を勝手に挿入してあります。まず論文の書かれた時期からいえば、おかしなことになります。次にそれはよいとして、それなら小生の志としても、他社についても同様でありたい。それをしなければ、全く宣伝文書としての刻印を受ける。

そんなわけで、小生は書評には無関心です。高橋［康也］氏のも、前の由良［君美］氏の評同様、ポイントが外れると、自分の本の書評という感じがしません。

ところで本については、山口の収入から引いて一冊送れといってきた、と電話して下さい。もう一つの方法。小生、せりかと平治に便りして、三十部研究所に確保して、研究所から送るようにしたいと思います。したがって、せりかが寄こさなかったら、平治と連絡して下さい。とにかく、これはちょっと我慢ならないことです。

ところで林氏の［『著作集』の］月報はもうでたのでしょうか。もしでていたら、平凡社大沢［正道］氏にでも電話して送っていただけないでしょうか。林達夫老にはくれぐれもよろしく。

（以上、エアー・レター①）

ところで貴兄の便りでは、スペイン旅行の件は御存知なかったように感じますが、これはおかしなことで、小生はナンテール通信を発行しており、第三号までこれは送ってあり、第三号はかなり長文のスペイン紀行を送ってあります。そもそも、貴兄から通信の反響が全然ないのは、少々おかしいと思っていました。第一号に送り先を銘記し、青木保は落としたけれど、貴兄の名は真っ先に入っています。この点については、配布の責任が阿藤［進也］になっているので、もし貴兄にいっていなければ、改めて今までの分を送らせて、その上で、通信は発行停止にしようと思っています。小生の好意がこのようにねじ曲げられたのは、たまったものではありません。この点について、できるだけ早い機会にお報せいただけないでしょうか。

お願いがあるのですが、小生の今年度の講義〝政治の象徴人類学〟は、こちらで本にしないかという話が進んでいます。それで、もし〝日本で一番大きい出版社〟が翻訳権を欲しいといっているという事実があれば、話はいくらか進みやすいと思います。機会があれば、古荘［信臣］氏あたりに聞いていただけませんか。この中には、ドコッペのもの、小生の助手の女性のカーニヴァル論が入る予定です。

小生の滞在延長は本日教授会で承認を得、多分二年になると思います。それで休み中に、『アフリカの神話的世界』『道化の民俗学』をどしどし仏訳してしまおうと考えています。

最近、ジャン・スタロビンスキーの『大道芸人の芸術』という本を読みました（一昨年の暮れ発行）。これは十九世紀ロマンチズムと道化のイメージの関係の分析ですが、最後のところで、ヘルメスとアルレキーノの重なりを論じているところ、全く興奮しました。彼も両者の両義性と境界性を論じているのです。ただこの本は、ロラン・バルトの『シーニュの帝国』同様、スキラの叢書で出ているので、小生の論とくらべると、少し簡単にすぎると考えます。ともかく、独りできり開いてきた世界が、スタロビンスキー（バンスキーではないそうです）に二年先んじていたのは（吉本［隆明氏］の十年のように独りよがりでなく）愉快なことです。

現在は古本屋で「ルル」の関係の本を漁っています。御存知の如く、「ルル」はシェンベルクのオペラにもなった女性ですが、コメディア・デラルテの残滓の中から燃えあがった、焔の如き存在で、世紀末のトリックスター＝魔性＝彼岸性を論じるのに恰好の対象です。〃青い天使〃[の]モデルでもあり、全く実在性と神話性の区別を（以上、エア・レター②）

取り払った生き方をした道化的芸人でありました。道化一般に関する資料もその後集まっています。そういったわけで、古本屋漁りには、全く興奮しています。

出版については、日本よりもフランスで何とかなるだろうという見透しで、日本の出版界に関する関心は今のところ喪失しています。

（8行削除）

しかしこれは、岩波的形式主義の趣味によく合っていて、『思想』の編集部はさすが己れの真の味方をよく知っている、と感心しています。

前の便りにも書いたように（知っているのは貴兄だけです）、旅費の件で主任教授、学長相手に大喧嘩したので、延長の件はだめだと思っていたのですが、小生の講義が学生に大変評判がよかったので、あちら側の意見は変わったようです。これは学長と会見した時に学長も言っていたし、ダンピエールも結局はこの点が大きいと認めていました。岡正雄氏にこの話をしたところ、後々の行動の自由を確保するためには、初めに大喧嘩して自分の力で立場を確立したほうが、恩に着せられたような恰好で遠慮しながらいるよりはよいという、さすがは狸の意見を述べていました。

映画はこのところ、ジャン・ヴィゴーと、フェリーニを見たり、資料を集めたりしています。すでに書いたかも知れないけれど、『カイエ・ド・シネマ』のエイゼンシュタイン特集にエイゼンシュタインの自伝の断片がのっていて、その中にエイゼンシュタインがいかに、モスクワ大学の図書館でページの切っていない『アメリカン・アンソロポロジスト』の中の、フランク・カッシングの〝ズニ族の象徴と世界観〟の論文をみつけて読んで興奮したか（デュルケム、モース、ワールブルク、カッシラーにエイゼンシュタインが、カッシングの読者として加わったわけです）、が述べられています。少しずつ〝エイゼンシュタインと人類学〟を論じる機が熟していきます。

お嬢さんの誕生お目でとう。全くうらやましい。小生は前々から言っていたように、女の児がほしくてしようがないのです。奥方によろしく。例の如く、あまり日本には戻りたくないけれど、時々〝珈琲館〟で貴兄と無限にしゃべりたくなる時がないでもない。この手紙はそれに替るものの一部。

敬具

（以上、エア・レター③）

26　ロンドン（イギリス）、発信日付なし／一九七一（昭和四十六）年七月八日着

前略　御無沙汰しました。木村［秀彦］氏の手紙によると、お宅のお子さんの名前が決定したとか。二人の子供をもって、すっかりお父ちゃんのポーズがきまってきたのではないかと、小生も厳しい批判者を失うのではないかという、怖れと期待を持っています。

塙〔嘉彦〕君から電話がきたと思いますが、ナンテールの二年延長が文部省レベルで（それも大学の書類が遅れた——書類は大学から六月三日に文部省についたのに、省内で回っていて六月九日の委員会に間に合わなかった。故に大学の書類がおくれたことになるという、話にならないバカバカしい論理）却下。家族は自前で帰るのでよろしく。

小生はあまりバカバカしいので、二日前からロンドンに来ています。残っているゼニをかきあつめて来て、本の馬鹿買いをしています。昨日と今日は、ずっとワールブルク研究所で書庫の自由出入りを許してもらって、時を過ごしていました。今日の午後は、所長のゴンブリッチと様々の話をしました。ゴンブリッチのこと、ワールブルクのこと、ザクスルのこと、道化と幻想絵画のこと、ユダヤ知性と「かたち」の思考のこと等々。ゴンブリッチもオーストリア生まれで、一九三六年に亡命したユダヤ人だと言っていました。ゴンブリッチは、最近研究所から『アビ・ワールブルク』という大冊の本を出しました。これにTLS〔『タイムズ文芸付録』〕で匿名のきびしい書評が出たのは読みましたか。あれはウィントでないかと所員にきいたら、残念ながらそうらしいと言っていました。

二週間前のTLSでは、演劇特集にバスター・キートンをはじめとしたサイレント喜劇のスターのトリックスター性を説いていた人間がいたので、会って話したら、何を話してもこちらの方が知りすぎているので、しまいに彼は笑いながら、道化に焦点をあてて本を書こうと思っていたのにいやけがさしてきた、と言っていました。本といえば、その他シュトッケンシュミットの『ブゾーニ』というのが、最近英訳がでていたので買いました。

ところで、ワールブルク文庫の中で、ワールブルクが持っていたとおぼしき人類学の本を、片っぱしからメモをしておきました。かなりあるけれど、片よっていて、バスチヤン、フロベニウスはあるけれど、不思議とバッハオーヘンは無いといった具合いです。この問題も話しました。ピーター・ゲイの話がでて、ゴンブリッチもあの本（『ワイマール文化』）はすごくよいとは言えないにしても、大変好感の持てる本であることは確かである、と認めていました。文庫には来たことはないそうです。こういったわけで、焼けくそ旅行も結構愉しく過ごしています。

今のところどうするとも決めていませんが、来年の一月からサンパウロ大学で人類学を教えないかという誘いも受けているので、カリブ海で、ティ・マリスとエシュと蜘蛛のアナンシの行方を追いながら、ブラジルでバイア関係の資料を集めて、九月か十月に日本に帰るのも一興と考えています。

『ディオジェーヌ』は今月末に最終稿を渡して、次の号に出ることになっています。

木村氏によろしく。原稿はできて、手許に持ってきているので、フランスへ帰り次第送るとお伝え下さい。

山口

大塚兄

27　パリ（フランス）、発信日付なし
／一九七一（昭和四十六）年七月三十一日着（エア・レター二枚）

拝復

お便りありがとうございます。お金のことは御心配をおかけしました。あの連中の無責任さも困ったものです。塙君からは、阿藤君にあとはまかせたからという連絡があったので、そちらには塙か阿藤のどちらからか、当然連絡がいっているものと思ったからです。塙君は、チャーター機ならお任せ下さいといっていたので依頼したのですが、いざという時にはやっぱりないという回答。そこで、こちらでドコッペが駆けずり回って、とうとう小さい旅行社で東欧経由のルートなら、秘密契約で大人だけ四割引きくらいのがあるということで、ロシアの「エアロ・フロット」で帰ったのです。

ところが、いざ別れてから、見送りのドコッペ夫妻と「エアロ・フロット」の飛行機はどこを探してもない。ちょうど発つ時間に飛んでいったのが、チェコの飛行機でした。「とにかくソ連圏のことはわからない。この調子では、東京に着くまでに、フサコ［山口氏夫人］の中身はすっかり変わって、ルイジとタクム［山口氏の長男と次男］は洗脳をうけてしまうかも知れないから、帰ったらよく気をつけろ」とドコッペの冗談。愚妻に会われたことと思います。旅費はこちらでドコッペから借りましたから、あとは愚妻におまか《ママ》せします。

「ワールブルク」のパンフレットは、あれだけ見ていても面白いもので、貴兄なら面白さを頒て

ると思って託しました。実を言うと、V・モンテイユの『インドネシア』という、前に宣伝した本も貴兄にと思って買ってあるのですが、ちょうどドコッペが見せろと言うので、彼のところへ行っています。小生の帰りのせつ。

「ワールブルク」が本を買えないというのは、多分虚説であろうと思います。小生は、古いものから新しいものまで、書架をたんねんに二日にわたって見てきたから、そういえます。この問題は微妙なので、ワールブルクのような古版本やエッチングのコレクションの多いところでは、新しいものを追いかける必要はそれほどないといえます。それより、□□氏のようなブルーノ研究者が、イエーツの『ブルーノと秘教の伝統』を、広島大の本を持ち出しのままに使っているという方が、はるかに淋しきことではありませんか。

「ワールブルク」の問題は、結局イギリスではいい美術史の研究者、ワールブルクの精神の継承者たる研究者が少なくて、宝の持ちぐされになっている、というところにあるだろうと思います。ゴンブリッチにも、〝ハンブルク〟では「ワールブルク」文庫は反セミティズムの中で孤立していたけれども、今日イギリスの中では別の孤立を強いられているのではないか。「例えば人類学者は全然関心を示さないでしょう」といったら、「それはたしかにそうだ」と相槌をうっていました。

サンパウロ行きは、多分やめるでしょう。というのは、前にも書いたかもしれないけれど、ドコッペと他四人で東インドネシアの共同調査を企画してきたので、多分来年五月か六月から始めることになるかもしれない。そうすると、エシュとアナンシを追跡して、カリブ海からブラジルに行くのも魅力的であるけど、インドネシア調査の準備という点からいうといくらか不利になるので、それにレヴィ＝ストロースも大人物であると思わないので、未練は残るけど、行かないと思います。

昨日、川田順造氏に会いました。第一次博士論文ができたので見せるというので。岩波の緑川［亨］さんという人は大変立派ないい人だ、と絶讃するので、「そんな人知らない」と言いましたが、また貴兄の出世のさまたげになるでしょうか。『展望』は御存知□□氏の頭の悪さという簡単な問題です。一信氏に八つ当りしてスマヌと言って下さい。（以上、エア・レター①）

ユダヤ系の思想的インパクトについての関心は、かなり深まっているように思いますが、貴兄が前に便りの中で触れていたThe Jewish Expressionというペーパーバックの本、やっと最近こちらで入手して、読んでいます。ショーレムの、ユダヤ人とドイツ人の中でのゲーテ研究の本質的コントリビューションは、ほとんどユダヤ系学者によってなされているというのは、日本のドイツ学者によって展開してもらいたいテーマです。

このところフランスでも、ユダヤ系のアイデンティティの問題が強く意識されてきて、続々と出ていますが、知的に透徹したものは、さすがに少ない。また、わけのわからないオッカルティズムの本もどさっと出ているのは、今日のフランス人の自信喪失につながっていて結構であると思うけれど、両者がこだまし合うと、何か次のファシズムはフランスに発生するのではないかという、不吉な［予］感にとらわれないでもありません。フランス人が前よりもはるかにショーヴィニスティクになっていることは確かです。

ハーヴェイ・コックスの『道化の祭り』の仏訳がでて、やっとこの本を入手しました。言ってしまえば、貴兄の推すところのパイパーと小生の道化＝知識人論を一緒にしたようなもので、それにピーター・バージャーを横目で見て、ラディカル神学を論じるとこういうことになる、という本であると思います。結局コックスは、たいしてオリジナルであるわけはなく、具体的な知識分野では確実な判断に欠けるうらみはあるにしても、我々の如き本キチガイであることに間違いはなく、本に対するカンはバツグンによく働くというのが、平均的な見方かも知れない。小生が〝王権の象徴性〟で触れたフィリップ・スレーターの『ミクロコスム』や〝学生と瓢箪〟で触れたトマス・シャシュの『精神病の神話』なども包括しています。

王権といえば、『ディオジェーヌ』の原稿は、最終的に「神話のシステムとしての王権」という題で、二日前に最終稿を作りあげ、今ドコッペが文章に手を入れています。中味は大分変わって、インドネシアの王権神話についてかなり挿入しました。いずれ今年の末くらいには貴兄の手許にとどくことになるでしょう。

今は『ロンム』(L'HOMME)に寄稿するために、「ジュクン族の王権と象徴的二元論」について原稿をつくりはじめています。これが終わると、コックスとスタロビンスキーとウィルフォード三人の道化論をとりあげて、『クリティク』に寄稿するための原稿つくり。その後八月一杯、ドコッペと〝政治の象徴人類学〟に手を入れる作業。ドコッペの公算では、ガリマールの人間をよく知っているから、ガリマールで出そうということです。『アフリカの神話的世界』は、その後の時間次第です。離日後の自己顕示のプログラム。

□□□□には、前のあの本をやったけど、何も言わず。来週この人が帰国するから、そのうち貴兄にも波紋が及ぶでしょう。

（3行削除）

小生もバカバカしい闘いを多次元的に展開するのは、少々あきがきています。人生キビシイネというのが、ドコッペと会う時に出る言葉です。「己れに状況がキビシイ時には、敵にもキビシイということを忘れない方がいい」というのが、彼の口ぐせ。では皆様によろしく。

山口生

（以上、エア・レター②）

さて、岩波新書『アフリカの神話的世界』の印税をどこに送るか、すったもんだするのだが、最終的にはご覧の通り、岩波書店の方でプールしておくことになった。この間の事情について、先に引いた『山口昌男ラビリンス』で山口氏自身どう言っているか、氏の言葉を通して、明らかにしてみよう（同書、一四頁）。

山口　『アフリカの神話的世界』っていうのはいま社長の大塚君（岩波書店）が作ったんだよ。まだ大塚君が出世ボケしない時期に。

今福　それは大塚さんが岩波に入ってまだそんなに経ってない頃じゃないですか。

山口　パリに行くことになったら、フランスは曲者だから何が起こるかわからないからね、どこかで新書でも一冊出しといてね、印税をとにかくキープしておいたほうがいいですよと、その頃まだよく気の廻った大塚君が。向こうに行ったら果たして、うちの家内と類児（長男）の旅費を出さないと言いだしたから大ゲンカになったんだけどね。それで結局あの本の印税を送ってもらって、その問題はなしにして、ナンテールの同僚たちにいばりまくって帰ってきた。

この山口氏の発言（二〇〇三年）の内容は、手紙のそれと違っている。山口氏は演劇を愛するあまり、物事を劇的に語りたがる癖があるのではないだろうか。私自身に関わる〝出世ボケ〟云々はどうでもよいとして、まだ二十代の、世間のこともよく分からない青年が、「フランスは曲者だから何が起こるかわからない」「どこかで新書でも一冊出しといて」「印税をとにかくキープしておいたほうがいいですよ」などと「よく気が廻」るものだろうか。当の本人がそんなことはあり得ない、と思うのだから、これはやはり山口氏のレトリックとして理解してもらう方が妥当なことだろう。

同様なことが、エチオピアのアルバ・ミンチにおけるダン・スペルベルとの邂逅に関してもあったのは、先に見た通りである（八七頁）。

こうした山口氏の姿勢はささいなことだ、と一笑に付してしまうことは、もちろん可能である。

しかし、私にはどうしてもそうすることはできない。それは、ずっと後になって、嫌でも触れなければならなくなるだろうが、九〇年代の山口氏の仕事をどう評価するかということに関わる、本質的な論点の一つがこの氏の姿勢である、と私は思うからだ。いま仮にそれを一言で表現するとすれば、〝山口氏は歴史家ではない〟ということになるのではないだろうか。この問題については折に触れて立ち戻るつもりなので、ここではこれだけに止めておきたい。

それはともかく、山口氏のナンテール校客員教授の二年間延長の話は却下されてしまう。手紙の文面からだけでは、却下の背景について十分に理解することは難しいかも知れない。しかし、そこに山口氏に対するやっかみとか憎悪の感情をかぎ取ることは容易にできる。山口氏が同学の優等生に対して特殊な感情を抱くように、ナンテールのフランス人同僚たちが、フランス語もまともに喋れないのにそれなりに学生たちの人気を得ている山口氏に対して、特別な思いを持つとしても、何ら不思議ではない。

私は四十年間の編集者生活を通して、アカデミズムにおける嫉視と策謀をかなり体験してきた。しかし、それだからこそ、林達夫が山口氏の『思想』論文一篇だけによって、全く無名の山口氏に対して〝半世紀に一人生まれるかどうかの天才だ〟と判断した事実を、何よりも大切に思う。それと同様に、先にも書いたように、仮りに語学的な問題があったとしても、山口氏の真の知識と才能を見抜いて、支援を惜しむことのなかった、ドコッペ氏他の若きフランス人人類学者たちに、心からの敬意を表したいと思う。

ところで、客員教授延長を却下された山口氏が行なったのはどんなことであったか。ロンドンに出かけて行って、本のやけ買いをすることだった。そしてその延長上にワールブルク研究所との関係ができ、美術史家E・H・ゴンブリッチの知遇を得ることになる。それからほぼ十年の後に、山口氏は日本でゴンブリッチと対談することになるのだが、そのための伏線が延長却下という不幸な事態の結果として張りめぐらされるとは、これこそ氏の書物に対する愛情が産んだ賜物としか考えられない。私はこの点にこそ氏の純粋性を見る。だからこそ、山口氏が他人に対してどんなに罵倒の言葉をはき、自らの特異な才能を汚しかねなく見えてしまう時があったとしても、氏の本への変わらぬ熱情が存在する限り、私の氏に対する信頼が揺らぐことはなかったのである。

ところで、私が岩波書店を退職する時（二〇〇三年）まで、いつも手元にあったワールブルク（ロンドンに移ったのだから、英語読みでウォーバーグか？）研究所の案内パンフレットが、どうしても見つからない。三十数年前に確か、山口夫人が社まで〝おみやげ〟として持参してくれたのだと思う。研究所の沿革の簡単な記述と研究所の蔵書の分類を記した、わずか二十頁にも満たぬ小冊子で、ホチキスでとじた粗末なものだ。しかし、私にとっては、それは一つの宝物だった。なぜなら、そこにはワールブルクの精神が息づいていたし、同時にワールブルクの意図を汲み、さらにそれを展開させようと試みる山口氏の壮大な企図を、間接的にではあれ、読みとることができたからである。

思い起こせば、当時の私たちは、多少なりともワールブルクと関係のある、ゴンブリッチ、E・ウィント、F・ザクスル、あるいはF・イェーツ、パノフスキー等の本を熱心に読んでいたものだ。そこに通底していたのは、後に述べるであろう一種ネオ・プラトニズムへの志向であったと言えるかも知れない。三十年経つうちにすっかり黄ばんで、よれよれになってしまったパンフレットを、何としても探し出さなければ、と思っている。

ワールブルク研究所のパンフレットを届けてくれた山口氏は、手紙の中でも同様な啓蒙精神を発揮している。例えば、私が氏への手紙で書いたと思われる、アメリカの神学者ハーヴェイ・コックスについて。私は学生時代以来、キリスト教神学に興味を抱き、あれこれと読んできた。当時は相当ラディカルな神学を唱えていると思われたH・コックスについて、興味を示したらしい私の手紙に対して、山口氏はさりげなく次のように書く。「結局コックスは、たいしてオリジナルであるわけはなく、具体的な知識分野では確実な判断に欠けるうらみはあるにしても、我々の如き本キチガイであることに間違いはなく、本に対するカンはバツグンによく働くというのが、平均的な見方かも知れない」と。続けて、フィリップ・スレーターやトマス・シャシュも視野に入れているしね、と書いている。つまり、真に独創的とは言えなくとも、君の言うように、それなりにやってるじゃないか、と私の意見も一応は認める姿勢を示してくれるのだった。

ついでに言っておけば、一般的に既成宗教に対して関心を持っているとは思われていない山口氏だが、第13信で書いているように、カール・バルトの書物が邦訳されることについて賛意を表しているのは興味深い。

ところで、ナンテールの延長は却下されたものの、山口氏にはブラジルのサンパウロ大学へ行かないかという話がもちこまれる。何せあのレヴィ＝ストロースの『悲しき熱帯』が生まれた場所である。山口氏の食指が動かないはずはない。第26信では、「カリブ海で、ティ・マリスとエシュと蜘蛛のアナンシの行方を追いながら、ブラジルでバイア関係の資料を集めて、九月か十月に日本に帰るのも一興と考えています」と書いている。つまり『アフリカの神話的世界』で提示した視点を、さらに深め広げようという意図である。

しかし、第27信では、「サンパウロ行きは、多分やめるでしょう。というのは、前にも書いたかもしれないけれど、ドコッペと他四人で東インドネシアの共同調査を企画してきたので、多分来年五月か六月から始めることになるかもしれない」「それにレヴィ＝ストロースも大人物であると思わないので、未練は残るけど、行かないと思います」と書いてくる。そして結局は、未練を残しつつも、東インドネシアの調査を行なうことになる。あきらめた南米やカリブ海については、やがて招かれて行くメキシコを根拠地にして歩き回ることになるのだが、これはさらに先のこと。

この時期、山口氏はフランス語で論稿を書きまくった。『ディオジェーヌ』『ロンム』等の雑誌のためだ。ナンテールでの講義のために必死に努力した結果の産物と言って、誤りではないだろう。この場合も、山口氏の論稿をブラシュアップしたのは、友人のドコッペ氏だった。山口氏を支持し、支援しようという友人の輪は、さらに広がって行く。以下にその状況を具体的に見てみよう。

5

28　キヴァーヴィル（フランス）、発信日付なし／一九七一（昭和四十六）年八月二十五日着

拝復

ナンテール通信を廃刊にしたのと、パリを出る時感ちがいして、航空郵便を二十五部買ってきてしまったのとで、手紙を書く条件は比較的あります。

七月末からノルマンディ海岸に引きこもっています。ドコッペと政治の象徴人類学のテキストをまとめるという理由ですが、毎日涼しい日がつづくので、本を読む方に熱中しています。

これまで、急いで読んでゆっくり読むひまのなかった、ケネス・バークを比較的丁寧に、それからピーター・バージャーの Social Construction of Reality とともに、アルフレート・シュッツの著作集三冊も、読み通しました。もっともシュッツには、昨年出た Alfred Schutz: On Phenomenology and Social Relations, 1970, University of Chicago Press という要領のいいダイジェスト版もあり、これもパリを出る直前に手に入れたので読みました。この本は、御存知の Morris Janowitz 編の "The Heritage of Sociology" シリーズの最新の一冊です。B５判三百二十七頁の本ですが、七千円もするので、どういうわけかといぶかりましたが、ついに曳かれて

買いました。The Stranger という文章は、ユダヤ人シュッツの面目がよく現われていて仲々面白いものです。

その他、ドコッペが姉の昔のボーイフレンドで、現在ローマ思想史を専攻しているけれどヴェルナンのグループに属している人から、Vernan, Marcel Detienne, Vidal-Naquêt などの論文の抜き刷りをゴッソリ借りてきたのを、片端から読みました。

このところ、構造人類学の刺激による、フランスの古典研究の躍進には、目を見はる思いをしました。ドコッペも彼らは今ルネサンスを生きている、と感歎をともにしています。ヴェルナンの論集の中の L'organization de l'Espace の部に Hestia—Hermês : sur l'expression religieuse de l'espace et du mouvement chez les Grecs というエッセイは、炉の女神 Hestia と泥棒神 Hermês に現われた二元論的世界観の分析で、小生がヘルメス論を書いた時、この論文を読んでいなかったのは何とも残念ですが、視点の近いのにいささか嬉しくなりました。

もっとも、小生のヘルメスそのものの中に二元的世界観を見るという方法は、捨てたものでないと思うので、いずれ機会を見て、ヴェルナンのグループで論じてみるつもりです。というのは、ドコッペの姉の友人が、彼らのグループのゼミに加わらないかというので、秋から加わるつもりだからです。この点については、ナンテールの哲学の教授のクレマンス・ラムヌー女史という人が、やはり Athêna との対比でヘルメスの対を得て、二元的世界観を現わす傾向を論じています。ラムヌー女史は Prêsocratique［ソクラテス以前の哲学者たち］の専門家ですが、バシュラールの愛弟子だった人で、人類学とフロイトにも強くて、たのもしいお婆さんです。

ナンテールの教授のパーティで向こうから小生を探して話しかけて、「私の学生であなたの人類学の講義に出ている連中が、とても面白いというので、一度お会いしたいと思っていたのですよ」と言ったのがきっかけで、いろいろと話しました。その前はあまり読んでいなかったのですが、その後まとめて読んで、『ディオジェーヌ』に送った「神話のシステムとしての王権——綜合の試み」の中でも引用しました。

林［達夫］氏の月報［著作集各巻付録「研究ノート」］の、小生の一文の載った号は、活字では愚妻が送ってよこしたので、はじめてよみました。□□□の□□□□□ぶりに改めて呆れました。川田氏のは大いにサポートした方が出世のためになる。ワールブルク［の案内書］は貴兄のためにと、もう一部もらってきたので、喜ばれて幸甚。『本の神話学』は、どうせ何を言おうとしているのかサッパリワカラヌという反応だろうと思うので、貴兄の励ましで充分。

草々

29　キヴァーヴィル（フランス）、発信日付なし

／一九七一（昭和四十六）年八月三十一日着

前略　本日、思いたって、中公に手紙を書き、『本の神話学』の送り先の追加リストを送りました。その中に大塚久雄氏を加えておきましたが、他意はなく、貴兄が大塚氏が新書の方を面白いといったという理由だけですから、機会があったらその旨お伝え下さい。

本日は、昨日一日中テニスをしたので、右手が麻ヒして思うように書けません。この家の隣りには、ドコッペの妹の別荘があり、その家にはテニスコートがあります。この家からは、回りに樹がたちこめているので遠望は利きませんが、妹の方からは低地を越えて遠くになだらかに走る丘が見えて、ノルマンディの風景の典型なのだそうですが、ひどくのんびりとした気持ちになります。

ドコッペの家には、現在彼の家族と、ドコッペ夫人の妹（ドイツ人）と、夫人の親戚のグラスゴー大学に行っている女の子が来て住んでいます。この女の子は、母方がドイツ系で、父方はスコットランドとイタリア系、それにフランスに親戚があるといったEEC的な系譜で、幼い時から夏休みはこれらの国で過ごしてきているので、独仏伊を自然に喋るという言語的にはぜいたくな娘で、まるでサーカスで育った人間みたいだといったらフクレたから、昨日は近くの映画館にフェリーニの「道化師たち」を見につれていきました。

ところで、パリを出る前に買ってきた、Joël Lefebvreという文学史家の『中世末ドイツにおける狂人と道化』という題の、おそろしく精密な文献批判と高度の知的感受性とが見事に統一された本を読み了わりましたが、この中で最終章が、オイレンシュピーゲル神話にあてられています。このオイレンシュピーゲル論は大変面白く、小生が〝文化の中の知識人〟を書いた時、求めてみたされなかったものを充分に満たしてくれました。あの時オイレンシュピーゲルに触れながら、トリックスター神話としてのオイレンシュピーゲルを論じた研究のないのをもどかしく思っていましたが、ユングが少し触れたのをのぞけば、この本が最初のもので、結論及び視点は小生のエシュ論に近く、大変気に入りました。

トリスタン↓オイレンシュピーゲル↓ファウスト↓ドン・ジュアン↓シェークスピア劇の王権と道化を結んでいくと、〝ヨーロッパの神話的世界〟の奈辺に位置するかが浮かび上がってきます。

その他、ドコッペとの共著予定の〝政治の象徴人類学〟のために、ファルスタッフの部分を拡大して、〝大道芸の中の政治〟という題で、「「社会科学」としての芸能」をフランス語化しました。講義テキストの章を追加しているわけですが、この次は歌舞伎についての一章を加えて、〝政治の中の悪の問題〟という題で論じてみるつもりです。

日本の皆様には申し訳ないけれど、ここでは八月中一度も暑いと思ったことがなく、毎日十月はじめの気候で、やはりこの国は恵まれすぎているところがある。この国の人間の繊細さと倨傲性は、そんなところからも来ているのかなと考えています。

では回りの皆様やお宅の方々によろしく。

敬具

30　アントニー（フランス）、発信日付なし／一九七一（昭和四十六）年十月九日着

前略

その後お変わりありませんか。小生パリに戻ってきて、南の郊外（ルクサンブルグ《ママ》から電車で二〇分）のアントニーという町の、前ナンテール同僚のアパートに独居生活をはじめています。好きな時に寝て、好きな時に起き、食べたいものをたべ、心ゆくまで本をよみ、本を買い出しに

出かけ、サイレント映画を片っぱしから見るという罰のあたりそうな自足した生活です。ドコッぺの家に一部屋、こちらに三部屋のアパート、ドコッペは特に書架をつけたから、本は両方に分散し、週のうちの二日くらいはドコッペの家、あとはこちらと往還しています。その日の買い出し次第で、（本を買ったあと）どちらの書架に納めようか、と迷うところ、二人の女性の間を迷うようなものと考え苦笑します。

昨日は、人類学博物館と同じシャイヨー宮にあるシネマティークで、キートンの『将軍』の三度目を精細なメモをとりながら観たあと、ぶらぶらと当てもなく、オデオンの方へ歩いて行きました。するとある横丁にちょっと気になる本をショウウインドウにならべた小さな古本屋がありました。

入ってみると六十くらいの老婦人がいて、十九世紀の児童本を中心に扱っているということなので、見ると、サーカス関係の本がごっそりとあり、その他、十九世紀から二十世紀はじめにかけて出た、魅惑的な本がごっそりとあり、全く興奮して、夢中で二時間、その小さな古本屋で過ごしました。結局買ったのは、サーカス関係四冊、『王と演劇』『ジル・ド・レ』、マレット『諸部族の生活と習慣』（写真満載）、「ルル」（〝リュリュ〟）に関する本一冊、カローについて一冊、十九世紀アルルカン役者の自伝、ヴィルヘルム・ブッシュの色つきマンガ本一冊という次第で、大変充足した気になりました。特に話していて、小生が世紀末の道化的踊り子「ルル」に関心を持っていることを知ると、この老婦人は古いルルを描いたポスターを一枚プレゼントだといってくれました。

ぶらぶら歩きでこういう店にぶつかる限り、こういう人種が残っている限り、今日つまらない人間が多くなっているとしても、この町はまだ捨て切れない味があります。この老婦人は、自分はコレクショヌールだと言っていましたが、まさに十九世紀から二十世紀にかけて、子供の世界、路上の庶民の世界を媒介として、本の中に定着されたイメージを拾い集めているという感じで、理想の古本屋に出会ったという感じでした。因みに店の名も「レ・ベル・ジマージュ」Les Belles Images。

この本屋との出会いに気をよくして、その後東のはずれの劇場にいって、Spite Marriage というキートンの長尺ものの最後のを見ましたが、これでキートンの長尺物十三本、全部見終わりました。木村［秀彦］氏に註はあれでよい旨と、新住所をお伝え下さい。加藤［亮三］氏に企画はどうなっているかもついでに。では、また。

31　アントニー（フランス）、発信日付なし
／一九七一（昭和四十六）年十月二十日着（エア・レター二枚）

拝復　ルクサンブルク《ママ》公園駅の近くのプレス・ユニベルシテール・ド・フランス［P・U・F］の洋書部（英語が主）にしばらくご無沙汰していたので、出かけてごっそりと買いこんできたところで、アパートに近づいて、こういう本の馬鹿買いした時には、多分大塚君から手紙がきているだろうとカンを働かせて帰ってきたら、果たして一通の手紙がありました。

実はストライキで十日間、南の郊外アントニーに閉じこめられたあとの、最初のカルチエ・ラタン行きです。郊外といっても、ルクサンブルクまで急行で十分ですから、前のレヌカンの地下鉄三十五分より地の利を得ています。

十日間アパートに閉じこもって、L'HOMMEに寄稿するジュクンに関する論文にかかりきりになっていたあとで、一昨日ニュースで、結局地下鉄の動力労［組］はむりやり働かされることになったときいて、気の毒と思いながらまた明日から馬鹿買い行ができるなと考えて、ウィスキーとコニャックとビールをのみながら、三時（朝）まで時間をつぶして眠り、昨日朝九時半頃眼をさまして、冷蔵庫から冷やしたエビアンを取り出してぐっと飲み、さてと思ったらくらくらとしてトイレにはっていき、吐き出して、さては小生もとうとうロカンタン［サルトル『嘔吐』の主人公］的体験を知ったかと思ったら、ものすごい下痢で形而下的現実にもどされて、それからリンゴを食べても吐き、少しでも水気をとると吐き、夕方四時半頃まで頭痛と疲労感におさえられてベッドにへばりつき、ようやく六時頃お粥を作って塩をふりかけて、気を少しとりもどしました。

そこへドコッぺから電報がきて、「エレル、うまくいった」という文面。何のことかわからないでしょうけど、エレルというのはエコール・プラティク・デ・ゾート・ゼチュード［EPHE］の第六部門（人類学・非ヨーロッパ歴史研究部門）の主任で、スト第一日に会った人物です。ドコッぺを通じて、研究員採用を（十月から十二月まで）申請していた相手で、面接の結果、月二十万の研究費を三カ月に亘って出すということです。

インタビューの時に彼の言ったのは、「ナンテールの貴君に対するやり方には賛成できないところがある（彼はナンテール人類学主任のダンピエールが大嫌い。ところでダンピエールは、ナンテールは権力支配だけで教えず、エコール・プラティクだけで教えているから、小生の採用はダンピエールに対するものすごい面当てになるという、ドコッペ戦略の勝利です）けれど、それは全く無関係で、私個人のあなたの研究に対する関心から研究費を出すことになるでしょう」と言っていたのが、実現したわけです。

その時の話では、条件はつけないけど、政治人類学の本を出すつもりなら、EPHEのサポートで、ムートン（オランダ［の出版社］）から出すように手配しましょうと話があっさりきまり、持ち込みのために、日本の翻訳を付帯条件につける必要はなくなりました。その時いろいろと話して、EPHEから出ている『社会科学情報』という雑誌に、「人類学の現象学的展開」という論文を寄稿する約束になりました。『ディオジェーヌ』は最終原稿を八月に渡したので、英訳のこともあり、最近号でなく、次号になりました。

ところでドコッペの電報があって、研究費が少し楽になる見通しがつくと、どうしても気になっていたジュクン行きを考え始めて、一月から三月にかけて行ってこようかと考えだすときりなくなって、調査のことをいろいろ考えはじめて眠れなくなり、とうとう朝の七時半から八時半まで少しうとうととして、九時に起きて、粥の残りをたべて、さてと、ルクサンブルグ駅へと出かけた次第でした。一時半までに一度帰ってくる予定なので、本日午前のねらいはP・U・Fの洋書部だけということで、P・U・Fへ赴いたというわけです。以下②へ続く。

（以上、エア・レター①）

買い込んできたのは、

①Harry Levin, The Power of Blackness（Vintage Book）. アメリカ古典文学と非現実のかかわりについてのシャープな分析。

②Sylvia Beach, Shakespeare and Company. セーヌ左岸にある（少しはずれているのであまり知られていない）古本屋のオヤジの伝記。ジョイスを世に出した男。

③Patrick Power, A Literary History of Ireland. アイルランドのコークで出たアイルランド文学史。小さい本であるが、貴重な情報を満載。

④William Empson, The Structure of Complex Words. 日本で研究所に入れてあるが、手元におきたくて。The Praise of Folly, Fool in Lear などを収載。

⑤G. Bateson and Jurgen Ruesch, Communication : The Social Matrix of Psychiatry. 題の示す如く、長島が最近『中公』に載せているコミュニケーション＝社会・儀礼構造とクロスするところ大いにあり。（長島のものは川田順造の討議に居眠りした罪滅しに入れるつもりはないですか？）

⑥Needham, Structure and Sentiment. ハードカバーを日本に置いてきたので、線びき用に。

⑦Theodor Reik, Myth and Guilt.

⑧Paul Roazen, Freud, Political and Social Thought（Vintage Book）.

⑨ Wilhelm Reich, The Murder of Christ（The Noonday Press）. これらは、ドコッペとの共著の政治の象徴人類学の、罪劫、犠牲、贖罪、鎮魂と政治の章に大いに使うはず。

⑩ R. W. Smith（ed), Guilt（Doubleday Anchor）. K. Burke の Guilt as Social Drama などを収録。

⑪ P. Berger, A Rumor of Angels, Modern Society and the Rediscovery of the Supernatural (Doubleday Anchor). 御存知バージャー、リアリティのマージナル領域の分析。

⑫ G. E. Daniel（ed), Myth or Legend. 大多数はつまらないものであるけれど、E・R・リーチの「聖ジョルジと竜」論がのっているのが拾いもの。

⑬ 最後に大物。Gerald Reichel-Dolmatoff, Amazonian Cosmos, Chicago U. P. これは七千円する。最近のアメリカの本は高くてかなわぬ。先日買った、小さいシュッツの論集も同じ値でした。この本は、南アメリカのトゥカノ・インディアンの世界観の、象徴的二元論に基づく分析です。レヴィ＝ストロースも絶讃という折紙つき。ところでそのレヴィ＝ストロースもミトロジーク［神話学］第四巻『裸の人間』を出したから、本日午後これから出かけて買う予定。

一時半までに一度帰ってきたのは、ラジオでモーリス・ナドーの対談の第六回目（毎日放送）があるからです。全部テープにとってありますが、ブルトン、ベケット、トロツキー、フローベル、サド等、彼が人に先がけて評価の先鞭をつけた人々について語り、大変面白い。今日はこれから午後、また本屋を歩いて、イギリスの古本屋リストを注文、マルクス兄弟の映画を見て、夜は別宅ドコッペ宅に行き日曜日まで一緒に過ごし、帰ってくるという予定。（以下9行削除）

（以上、エア・レター②）

上記の数通の手紙を読んで思うのは、これがいつもの山口氏の姿だ、ということだ。客員教授の延長却下に関わる、大学内のマイナー・ポリティクスに腹を立てるのも山口氏の一つの姿であるのは勿論だが、私にとっての氏の真の姿は、書物に熱狂する姿以外に考えられない。そして私の知る限り、山口氏ほど本の内容そのものに関心を抱き、内容自体によって本の評価を行なう思想家はいない。よく愛書家といわれる人がいるが、そうした人々は書物の内容よりも、稀少性とか装丁とかに関心を抱く場合が多いのではないかと思う。

　書物の内容とは、言ってみれば、思想である。思想に関心を持つ山口氏は、だから、物としての本に対するフェティッシュな関心とは無縁である。よく愛書家が口にする、本の触感とか手ざわりについて氏が語るのを聞いたことが、私には一度もないのだ。ナイジェリアのフィールドワークをしているときに、「講座・哲学」の執筆用に自宅にある Tempels の Bantu Philosophy を取ってきてくれ、と依頼されたことがあった（第5信）。その時山口氏は本の厚さは一五〇ミリと記していた。しかし、それは言ってみれば、思想の容器に対するあくまでも即物的な表現であって、手ざわりなどとは全く関係がない。だから氏にとっては、どんなに立派に造本された本であっても、内容に見るべきところがなければ、意味を持たない。同様に、その本が有名な出版社から刊行されているか否かも、ほとんど関係ない。

今、ほとんどと書いたのには意味がある。それは、かつて氏が無名の頃に、〃運動としての小出版社〃ということを考えていたことがあったからだ（第25信参照）。氏の最も初期の著作の一つ『人類学的思考』を、氏は新興のせりか書房から刊行した。これまでの手紙に、せりか書房の久保覚氏に対する不満と怒りが縷々述べられているが、当初は動脈硬化した大出版社に対抗する一つの戦略として、氏はこの小出版社に肩入れしていた。事実、久保氏は、現象学や文学批評に関する研究会を意欲的に組織していて、私も山口氏に連れられて参加し、ずいぶんその恩恵にあずかったものである。しかし久保氏は山口氏の期待に応えなかった。と言うより、応えられなかった、のだと思う。私の知っている限りでも、久保氏は編集作業の傍ら、金策に走り回っていた。

だから、山口氏は本来的には、小規模でも良質な書物を刊行する出版社に肩入れする気持ちを強く持っていたのだ。しかし、度重なるトラブルを経験することによって、そうした思いを捨てるに至る。とすれば、残された唯一の方法は、親しい編集者がいるか否かが、当該の出版社に対する好悪の判断の基準にならざるをえない。

十年ほど後に、山口氏と親しい編集者が集まって、新宿西口のバー「火の子」で飲む会を、月に一、二回開いていた。通称「ダイサンの会」と言われたが、それは私と三浦雅士氏が呼びかけて飲む、大塚と三浦の会という意味であったようだが、第三土曜日に開く会だという説もあって、定かではない。

会の名称の由来はともかく、そこには数多くの編集者が顔を出した。女性からあげると森和（人文書院）、吉田貞子（思想の科学）、男では朝川博（音楽之友社）、小野好恵（青土社）、藤野邦夫

（小学館）、間宮幹彦（筑摩書房）、安原顯（中央公論社）、坂下裕明（中央公論社）、三浦雅士（青土社）、それに私（岩波書店）といったメンバーだった。勿論、編集者以外にも研究者や画廊経営者、新聞記者、評論家なども加わっていたのだが、主力はやはり編集者だった。

また私は、山口氏が他社の編集者と会う時に、よく同席させられたが、相手が若くてかわいい女性編集者の場合には、相手がきちんと対応できないと——知識の点や編集技術の面で——厳しく扱って、時には泣かせてしまうこともあった。だからウラ若い女性編集者からは恐れられていた節がある。しかし、心を許した編集者には、というより氏は編集者にしか心を開かなかったようにさえ思うのだが、わけ隔てなく何でも相談した。そんな訳で、いずれ氏の手紙で見ることになる（第73信）が、後に中央公論社の塙嘉彦氏が若くして逝った時、山口氏の悲嘆がどれほど大きく深いものであったか、筆舌に尽くすことはできない。

編集者と同様に、山口氏が大きな親近感を抱いていたのは、古本屋であろう。ドコッペたちとの交友のきっかけをつくった、「ラ・パンセ・ソーバージュ」のことは前に見た。第30信に出てくる「レ・ベル・ジマージュ」の女主人もそうだ。後に中南米の各地で、山口氏は面白い古本屋を何軒も発見する。なぜ氏が古本屋の主人と仲よくなるかと言えば、古本屋はその所蔵する本によって自らの好みと思想を明確に表現しているからであり、それが山口氏の関心ある領域と重なる場合には、たちまちにして無二の友人になってしまうからに他ならない。こうして得た友人たちを世界各地に持つ氏は、やがて国内の同類の人種に目を向けることになる。が、それはずっと先のこと。

「レ・ベル・ジマージュ」などで買い集めた資料が、十年以上も経った後に、『季刊・へるめす』創刊号の巻頭論文「ルルの神話学——地の精霊論」として発酵してくる。こうしたプロセスに立ち合ってみると、山口氏の知的持続性に改めて感嘆の念を抱かざるを得ない。もっとも、担当編集者の辛い感想がそれで消えてしまう訳ではないのだが。——例えば、外国に出かける度に、当時の金で百万円を下らぬ金額を、印税の前貸しという名目で各国の古本屋に支払わされるのだから。それが一回ならともかく、十回近くにもなると、〝その度に上司に頭を下げ、経理担当者にモミ手をしなければならないんだよ〟、と愚痴の一つも言いたくなったことをよく憶えている。

しかし、山口氏が本来の姿に戻って、本の話を書いてくる時、氏の手紙はもっとも精彩を帯びる。一冊一冊の評の形を通して、そこには氏の思想が垣間見えてくるのだが、ときには、より鮮明な形をとって氏の思想が、あるいは思想の萌芽が、語られる。例えば第29信では、ジョエル・ルフェーブルの『中世末ドイツにおける狂人と道化』について語っている。特に最終章におけるオイレンシュピーゲル神話に、山口氏は魅せられる。そしてそこから、「トリスタン→オイレンシュピーゲル→ファウスト→ドン・ジュアン→シェークスピア劇の王権と道化を結んでいくと、〝ヨーロッパの神話的世界〟の奈辺に位置するかが浮かび上がってきます」と続けるのだった。

このように、本についての山口氏の批評は、とりもなおさず、氏の思想の彫琢の過程でもあったのである。私はこの過程に二十年以上も直接的に関わりをもつことができた。改めて、稀有な幸せであったと思わずにはいられない。

と同時に、私自身つい忘れてしまいがちなのであるが、山口氏はやはり文化人類学者である、ということに思いを致す必要がある。第31信で、研究費の捻出に展望が持てるようになってすぐ考えたのは、やはり調査のことだった。「どうしても気になっていたジュクン行きを考え始めて、一月から三月にかけて行ってこようかと考えだすときりなくなって、調査のことをいろいろ考えはじめて眠れなくなり、とうとう朝の七時半から八時半まで少しうとうととして、九時に起きて、粥の残りをたべて、さてと、ルクサンブルク駅へと出かけた次第でした」ということになる。

ここで思い出すのは、第9信で、哲学講座の原稿を書き上げた時点での山口氏の次の言葉だ。「これまでは、この原稿と古文書館の仕事があったので、カドゥナにいても別にあせらなかったのですが、今や再び村へ還るときがきた、と思っています」（傍点、大塚）。思えば、山口氏にとっての調査とは、文化人類学者として行なういわゆる〝フィールドワーク〟と、本の探索という〝フィールドワーク〟が、立体的に、あるいは有機的に、組み合わされたものであったのではないか。第31信の場合でも、調査のことを考えて眠れなくなり、朝一時間ほど仮眠して出かけて行ったのは、P・U・F洋書部で本を買うためだったのだから。

第三章　表舞台への登場

1

32　アントニー（フランス）、発信日付なし／一九七一（昭和四十六）年十二月十日着

ながく御無沙汰いたしました。

インド・パキスタン戦争勃発で、我が友平治は更に脚光を浴びて寧日暇なく飛び回っているのではないかと、推察しています。

小生の方は、『ロンム』に寄稿するジュクンの王権と世界観の比較的長い論文を書き終わって、塙君の編集する『エスプリ』の日本特集号のために、天皇制について書いています。今日は少し冒険して、ゲザ・ローハイムの王権とregression［退行］についての精神分析的視点を導入して、書いています。これが終わると、エコール・プラティク・デ・ゾート・ゼチュードで出している『社会科学情報』という雑誌に、「人類学における現象学的視点――ジョーキング・リレーションシ

ップの問題をめぐって」という論文を寄稿する約束になっています。

この間ドコッぺと共著の『政治現象の人類学』のために、「政治と祝祭」という章——エリザベス朝の政治的ミクロコスモス——を書きました。この本は、ナンテールの講義十八回分のテキストに加えて何とかなると思います。こういう努力は、日本語で書かなくてもすむようになるための、小生としてはかなり必死の努力です。

エコール・プラティクの客員教授（Directeur d'Étude Associé）になった条件として、どこかで一回講義してくれというので、レヴィ＝ストロースのゼミで一回発表することにしました。期日は一月十日。二時間もたせなくてはならないから大変です。

最近、「世界歴史」［講座、岩波書店刊］の最終巻が送られてきたので、内容を眺めてつくづく憂鬱な気分になりました。エスタブリシュメントの一部になりきった日本のマルクシズムの知的停滞を改めて見せつけられ、小生の孤立の度の深さも痛感しました。

ハーヴェイ・コックスの本が訳されても、知的文脈がわかって読む人間は、日本では二、三人しかいないと思います。もちろん訳者の、貴兄の教えてくれた見出しの訳し方からみて、全然わかっていないという感じです。フランスのジャーナリズムの軽薄さも相当なものだけど、人間の出入りが多いから、どこかで救われているという感じですが、日本のボケぶりは小生などが多少久保に協力してみても、どうにもならないところに行きついていると思います。その久保も日本的人間関係を逆手にとるところがあるから、何とも困ったことです（小生の印税も支払う素振りなし）。

このところ、コメディア・デラルテ関係の本の蒐集からすすんで、〝十八世紀ヴェニスの祝祭的世界〟についての本を買い集めています。タヴィアニ『演劇の魅惑――コメディア・デラルテとバロック的世界』（一九七一）は大層面白く読める本ですが、最近の収穫は、フィリプ・モニエ『十八世紀のヴェニス』（一九〇八）という本で、これは河岸の屋台で八百円くらいで見つけたものですが、コメディア・デラルテやゴッツィについてくわしく、ヴェニスの祝祭とカルナヴァルが政治的世界・精神の世界と密接な形で共生したことを、生きいきと情熱をこめて書いています。帰って調べてみたら、これはどの文献目録にも載っている最重要の本とわかりました。

その他ゴルドーニ、ダポンテ、カルロ・ゴッツィの自伝、ヴィコに関するものを集め、絵画ではピエトロ・ロンギ（仮装を中心に描いた）について集め、音楽では、むしろヴィヴァルディよりこの世界に近い、ペルゴレジーの喜歌劇のレコードを集めています。小生の住んでいるこのアントニーは馬鹿にしたものでなく、明日この町の劇場でピッコロ・テアトロ・ディ・ミラノが「アルレキーノ・恋と食慾」を演じます。いずれにしても、このほかヨーロッパの祝祭についての文献はかなり集めたから、ヴェニスに焦点をあてて、祝祭の場としての都市の問題を、いずれゆっくりと考えようと思っています。ではまた。

33　アントニー（フランス）、発信日付なし／一九七二（昭和四十七）年一月五日着

拝復　相変わらずの勉強ぶりがうかがわれるお便りに接し、編集者失格の様子がうかがわれます。というのは、何といっても、少し勉強すれば執筆者というのがいかにバカであるかということがよくわかってくるから。執筆者の方で少し勉強すると、出版社というのがいかに無定見な存在であるかということ（これはフランスも同じ）がわかるのと同じです。

昨日ラジオを聴いていたら、ミシェル・ビュトールが文化と知識人といったテーマで話しており、各文化の中には必ずマージナルな部分に位置を占めて、マージナルなことによって被害をうけるが、そのために価値体系を自由に作り変える能力をもった道化的存在があり、思想家・芸術家はこのような存在をプロトタイプとして持っているものです、というようなことを喋っていました。今頃何をねぼけているのだ、というのが小生の意見ですが、一年後には活字になり、二年後にはビュトールの道化・知識人—芸術家論として日本で崇拝の対象となるでしょう。

セイチェント［十七世紀］のヴェニスといえば、先日、小生の住むアントニーに、ピッコロ・テアトロ・ディ・ミラノがやってきて、アルレキーノの抜すいをやりました。舞台がはねてから、役者達が観客との交流のために質問を受けつけると言いました。誰も質問しなかったので、小生が皮切りに質問をしました。これがきっかけとなって、終わっても、座長格のアルレキーノ役者フェルチオ・ソレリと親しくなり、ソレリは小生のアルレキーノに対する視点に関心を持ち（特に象徴性とアルレキーノの神話性）、いろいろと話しました。挙句のはて次の日に、別の町で行なう公演に招待してくれて、結局二日に亘って話しこみました。ソレリは、お前の研究をフランス語かイタリア語で読みたいというから、そのうち翻訳すると約束しました。これで小生のアルレキーノ論も実学となるきっかけをつかんだわけです。

十八世紀ヴェニスといえば、十九世紀末にヴァーノン・リーというイギリスの才女が二十歳そこそこで『十八世紀のイタリア』という本を著し、これが名著で、今でも時々言及されています。ヴァーノン・リーは生涯の大半をフィレンツェで過ごしたわけですが、小生この女性に興味を持って、彼女に関するものを集めています。今迄のところ、エッセイ集（仏訳 Genius Loci, 地の精霊という大変よいイタリア都市論がのってはいるが、もちろん岩波講座では言及されまい）その他、Les épées de l'effroi という幻想小説集の仏訳も手に入れました。彼女について書かれたものには、一冊の本がありますが、これは未入手。愉快なのは、チェコのストラクチュラリストの流れを汲むウェレックの Discrimination というエッセイ集を買って読んだところ、その中に、Vernon Lee, Berenson, and Aesthetics という文章がのっており、この文章によると、Mario Praz を世に出したのは他ならぬ Vernon Lee であるということを知りました。

このところ読んだものとしては、Irving Buchan (ed), The Perverse Imagination—Sexuality and Literary Culture (New York University Press, 1970) ——あるいは岩波書店随一のポルノグラフィ研究者である貴兄の管見に入っているかも知れませんが、面白い論集です。ノーマン・ブラウンの Éros vs. Tanatos や、Bataille の Érotisme の抄も入っていて、古今、米欧とりまぜていますが、そろそろ岩波新書でも、『ポルノグラフィ』という本くらい出すべき時にさしかかってきているようです。知的刺激の残っている数少ない領野でしょう。

この本の中で、Wayland Young の In Despite of Christendom という文章の中で、ルネサンス・ユマニストの Antonio Beccadelli の Hermaphrodite という本のことが書かれています。

Beccadelli は ルネサンス・ユマニストの最初の系譜に属する人間だそうで、こう書かれています。

"He was in the mainstream of humanist learning; the hermaphrodite of the title is an emblem of that hobbyhorse of humanist philosophy, the reconciliation of opposites."

[彼は人文学の主流にいた。両性具有という書名は、人文哲学のおはこである、対立するものの融和を象徴している。]

この本はコシモ・ディ・メジチに捧げられているというから、どうもルネサンス研究は底知れぬところがあります。林達夫先生に探せといわれないうちに、探してみてはいかが？　残念ながら、初版（一四二六）はラテン語で書かれています。しかし、豪華な編集室で頭の空ッポな人間にかこまれて、机に足を挙げて、しかめ面して読むには格好の本と見うけたり。なおピエール・フランカステルが賞讃してやまぬ Pietro Aretino も The greatest erotic writer in Christendom として論じられているから愉快。□□□で知られる某ルネサンス・イタリア歴史小説女史に、チェザーレ・ボルジアもよいが、Aretino について書いてはいかがと示唆するのも一興。

天皇論は、中途で止まっています。ハナワ君に小生宅にある Roheim の Animism, Magic and the Divine King (1930) を送るように依頼したのにまだ届かないのも原因の一つ（これはその後到着）。この本は十年前に、変なきっかけから古書展で入手した本の一つ。前便で書いたかも知れませんが、Paul A. Robinson, The Freudian Left—Wilhelm Reich, Geza Roheim, Harper Colophon Books は仲々面白い。特に、ローハイムの部分は抜群で、こういう本に現われる人類学批判の方が、人類学者自身によるものよりもはるかに鋭いという現象がみられます。

（7行削除）

ところで、お待たせした『ディオジェーヌ』は七二年一月に出る号にのるそうですから、そちらにあると思うけど抜きズリを送ります。その他、レヴィ＝ストロースのセミナーで発表する原稿はタイプで五十枚くらいのものになったので、これはL'HOMMEに寄稿します。『エスプリ』が終わったらEPHEの雑誌のための「人類学における現象学的アプローチ――joking relationshipを中心に」を書き、という予定です。

アフリカ行きの話は日本で広まっているらしいけど、自前で行くという事実について心配してくれる人のなきを不思議に思う。これは、前のこぼれ資料を集めるためのもの。資金があれば帰国途次カリブ海を回って、ハイチ・ジャマイカをぜひ訪れたいと考えています。

ところで、EPHEの所長（第六部門、人文社会科学）とは大変親しくて、（彼はゴンブリッチの親友であることもあって）、上記の雑誌に「日本人類学の知的貢献の可能性」という論文をも書いてくれとたのまれました。難しいと言ったら、どうしてというから、自分のことを書いたら終わりになる可能性があると言ったら大笑いして、それでもいいよ、といった調子の人間なので、小生の立場を極めてよく理解しています。中公『歴史と人物』二月号に□□□のエリザベス朝の思考空間という□□□な文章がのっています。「道化の響宴」のブームにのろうとする最初の試みでありましょう。インチキ道化のハビコル季節になってきたと思います。ではまた。

34　アントニー（フランス）、発信日付なし
／一九七二（昭四十七）年一月二十五日着（エア・レター二枚）

前略　先日は二冊の新書とお便りありがとうございました。昨日のレヴィ＝ストロース・ゼミを控えて、少しあわただしかったのでお便りおくれました。

ゼミの結果は、客観的にいって大成功なのだそうです。まず始まる前にゼミの部屋で待っているとL＝Sが入ってきて小生の方へ来て、「やあ、ムッシュー山口《グシ》」と握手して、「あなたのテキスト読みました。素晴しい《トレ・ベル》分析です。感歎しました」と言って、始まりの紹介にも「見事な(admirablement fait) な分析」と絶讃しました。

小生はその後一時間半、めちゃくちゃに喋り（ドコッペによれば、文法は確かだが、diction〔語法〕がかなり乱れたフランス語）、その後四十分討論しました。L＝Sがあまりほめたので、フランスのアフリカニスト（イギリスにほめられたい連中ばかりで、ろくなのがいない。それにアフリカ研究であっさり構造分析をやってL＝Sに認められたのは、小生が初めてとあって）はすっかり頭にきて、飛びかかってきたけれど、小生はバッタ、バッタと（パタ、パタくらいか）なぎ倒し。

この間L＝Sは一貫して小生を支持。例えばC・タルディッツというカメルーン研究の、五十歳でL＝S研究室の最年長の男が、「貴君はジュクンの王殺しについてのべているが、確とした証拠はあるのか」というのに対し、「問題は住民がそう考え信じていることであって、近代法的

に罪状成立の証拠を示すことにはない」と言うと、L＝Sが「その通り。これはフォーク・エピステモロジーのレベルの問題なのであって、歴史的事実が問題なのではない。住民が信じていたら、それはもう立派な〃社会的事実《フェ・ソシアル》〃なのだ」と言葉を引きとるといった調子。L＝Sの信頼を一挙に獲得（例えば、L＝Sが「具体的な事実の精緻な分析であるとともに、広い理論的視点から問題が出されている」と言う）したので、さえないアフリカニストたちのシットを一挙にかってしまった。ドコッペによれば、フランスのアフリカニストのバカさ加減をさらけ出させる劇的効果がよく利いたのだろう、ということです。貴兄の危惧した如く、コレージュ・ド・フランスのポストを譲りかねまじき勢い。

（以上、エア・レター①）

というわけで、日本からきた□□□（時たまL＝Sのところへきて、「先生、人類学はどうやって勉強したらよいのです」などという□□な質問をする、□□□□□□□存在）は全く消しとんでしまう立場を確立。この論文はつづいてL＝Sの編集する『ロンム』に載ることに決定。いかに某氏が□□な形で対抗意識をもっても、手の届かない地点を確保。これでしばらく無駄な手続きをせずにすみます（たとえ、某書店にあの□□のファンが何十匹いようとも）。

鶴見［俊輔］氏の本は、新人が書いたなら面白くよめる本であるけど、氏のものだということになると知的密度の粗さ（典型的な例、三九頁）と、知的オポチュニズムが目だって、興ざめ。マシースンを論じる（ノーマンの死のメロドラマ的受容を前提として書いた□□□□がめだつ）

くらいなら、多少苦労してもジェームス・アジェー（Agge）あたりを論じた方が、はるかに高い密度を確保することができたのに、と感じます。ついでながらマシースンの『批評家の責任』については、まだあまり□□になっていなかった増田義郎が『文学』でかつてかなり長く論じているのを氏が知らないらしいのは、残念。□□□□である以上仕方なし。

第二章は□□□□□□□□的姿勢のみ目立って取るところなし。（6行削除）小生が昭和二十年、中学一年の時に、生まれてはじめて読んだ小説以外の本が、鶴見祐輔『北米遊説記』という本でした。

河合［隼雄］氏のは、氏の姿勢が身近に伝わってきて、大半は共感をもって読みました。ただ、エディプス・コンプレックスについて、氏がマリノフスキーによる批判の批判の今日的到達を伝えてないのは少し残念。Paul Roasen, Freud; Political and Social Thought（Vintage Book, 1970, $1.95）には、この点的確な叙述あり（p. 45–46）。長島［信弘氏］はさり気ない顔していたそうですが、その日愚妻に電話して住所をたしかめ、便りしてきました。

（以上、エア・レター②）

紆余曲折を経て、エコール・プラティクの客員教授になった山口氏は、その条件として、レヴィ＝ストロースのゼミで発表することになった。

この間の事情を後に（二〇〇二年九月）、山口氏自身、次のように説明している（「故ダニエル・

ド・コッペとの出会い」)。

（前略）自分に落ち度はないが、自分の問題が親しい人への圧力という感じで問題になったので、私は家族の分の旅費は、『アフリカの神話的世界』（岩波新書、一九七一年刊）の印税百万円ほどで払うからと言って、無理やり問題を解決した。

その後、社会科学高等学術研究院のセンター長であるシェファー氏が、このセンター所属になりませんかという提案をしてきた。半年はフランスに滞在する滞在費と給料を出すからと言って保障してくれた。「実は、ナンテール大の人類学科長のド・ダンピエールにあなたが一発食わせたということが我々の間に話題になっているのです。ダンピエールには日頃嫌な思いをさせられている、それで、その話を聞いて快哉を叫んだのです。社会科学高等学術研究院に推薦したのはそれ故です。これで、あなたはレヴィ＝ストロース教授と同僚になりましたから、レヴィ＝ストロースのコレージュ・ド・フランスで一度公開講義をしてください」と言った。そこで私は日を定めて、「ジュクン族の王権と二元的世界観」という講義を行った。そのときいろいろな質疑応答があったが、ピエール・ブルデューに調査した北アフリカの家の空間的利用と、家屋の比較について質問されたのは印象に残った。

構造主義の流行の中で、いわばその本家本元ともいうべきレヴィ＝ストロースのところで実力の程をためそうというのだから、人類学者なら誰でも有頂天になるだろう。最初の紹介のときから、レヴィ＝ストロースに「見事な分析」と絶讃された山口氏は、一時間半めちゃ、、くちゃ、、に喋りまくる。そして「すっかり頭にきて、飛びかかってきた」L＝Sの弟子たちを、「バッタ、バッタと（パタ、パタくらいか）なぎ倒」す。その結果、山口氏の言葉を借りるならば、「L＝Sの信頼を一挙に獲得し」てしまう。しかしそれ故に、「さえないアフリカニストたちのシットを一挙にかってしま」うことにもなるのだった。

私の知る限り、日本人の人類学者で他にL＝Sのところで神話の構造分析をやって賞讃を得た、という話は聞いたことがない。山口氏の得意はいかばかりのものであったろうか。おまけに「この論文はつづいてL＝Sの編集する『ロンム』に載ることに決定」。だから「いかに某氏が□□な形で対抗意識をもっても、手の届かない地点を確保」できたと言う。人類学の優等生に対して、氏はここに至って初めて、明白な形で優位に立つことができた。これまで見てきた手紙の中でも、あれだけルサンチマンを丸出しで、恥も外聞もなくぶつけてきた相手に対して、これでようやく「しばらく無駄な手続きをせずにす」む立場を築くことができたと思う山口氏。これはどうも、私のような凡人には分からぬ、天才のみが持つ苦悩なのかも知れない。

ところで考えてみると、林達夫にしてもレヴィ＝ストロースにしても、山口氏の特異な才能を見抜いたのはいずれも大家であり老齢に近い世代の人であった。やはり同世代の人々の間では、ずば抜けた才能を正当に評価するのは難しい、ということなのだろうか。

山口氏はこれだけL＝Sに評価されたというのに、ここに載せた手紙の中では相変わらず、ドコッペとの共著『政治現象の人類学』に関わって、「こういう努力は、日本語で書かなくてもすむようになるための、小生としてはかなり必死の努力です」と書いているのだ。そして「講座・世界歴史」の最終巻を手にして、「内容を眺めてつくづく憂鬱な気分になりました。エスタブリシュメントの一部になりきった日本のマルクシズムの知的停滞を改めて見せつけられ、小生の孤立の度の深さも痛感しました」とも書くのだった。

ここで山口氏の言う「エスタブリシュメントの一部になりきった日本のマルクシズムの知的停滞」については、私自身当時の知的風土を思い返すとき、認めないわけにはいかない。しばらく後に、帰国した山口氏は独自の文化理論を構築することによって、戦後日本の社会科学の基本軸をなした〝講座派か労農派か〟といったマルクス主義的発想を、一挙にくつがえしてしまうのだが、それはまた別に論じる機会があるだろう。

L＝Sに絶讃されて有頂天になった山口氏であったが、一方で氏は着々と将来への布石を打つことを続けていたのであった。それは十八世紀ヴェニスへの関心であり、ピッコロ・テアトロ・ディ・ミラノとの接触であった。いずれもコメディア・デラルテの研究から生じたものであったが、こうした出会いこそが山口氏の真骨頂をなすものであったと思う。なかんずくピッコロ・テアトロのフェルチオ・ソレリと知り合ったことは、山口氏の演劇的世界をさらに広げる契機となった。

例えば、ヴァーノン・リー。彼女の名前を聞くだけで、当時の山口氏の十八世紀イタリアへの強烈な思いが、一挙に再現されるようにさえ思う。タヴィアニとかモニエの本について、氏はどれほど情熱を込めて語ったか。ゴルドーニ、ダポンテ、ゴッツィ、ロンギといった名前が何回口にされたことか。ヴェニスの祝祭やカーニヴァルがどんなに身近なものとして感じられたことか。ヴァーノン・リーやベレンソン、そしてマリオ・プラーツ、さらにイタリアに魅せられたその他の美術史家たち、果ては英国のゴードン・クレイグに至るまで、イタリアを愛した人々を、山口氏は愛したのだった。

私が送った岩波新書――それらは私が編集したものだ――に対する厳しい批判。特に鶴見俊輔氏に対しては、これでもかこれでもかといった具合いにパンチを浴びせる。当然のことながら、鶴見氏に対して、私は山口氏とは異なる評価を抱いているのだが、それにしても、毛並みの良い人に対する山口氏の批判は、とりわけ厳しいように思うのは、私一人だけであろうか。河合隼雄氏に対してはそれなりに評価するのだが。

私はこれらの手紙を読み返しながら、山口氏の深い孤立感とそれに見合うかの如き強烈な自負、そして十八世紀イタリアに象徴される知的ユートピアへの憧れを、今さらながらに思わずにはいられないのである。

2

35　ローマ（イタリア）、発信日付なし／一九七二（昭和四十七）年三月一日着

前略　しばらく御無沙汰いたしましたが御元気ですか。小生は、昨日朝パリを発って、ミラノに参り、午後はミラノの新本屋で、クローチェのコメディア・デラルテ論（全集収録）とか、チェコの構造言語学・文学理論の指導者ムカロ［ジョ］フスキーのイタリア語訳、その他チェザーレ・パヴェーゼの神話論的分析、イタリアで出ているセミオロジー［記号論］関係を買い込んで発送を依頼。夜は、ピッコロ・テアトロ・ディ・ミラノでフェルチオ・ソレリ夫人に会い、ヴェデキントの「ルル」（地霊とパンドラの箱）のただの券をもらい、四時間の公演をみました。

これで「ルル」の研究はさらに具体的になりました。前にも便りしたように「ルル」は十九世紀末サーカスの女道化のイメージが広がり、「ルル」を作品化したパントマイム、小説がいろいろと出た中で、同じ頃、サーカスの座付きの何でも屋としてヨーロッパ公演について回ったヴェデキントが、この題材を形象化したものです。これは前にも書いたように、ヴェデキントをきっかけにイメージが固定するとともに、パブストの映画、アルバン・ベルクのオペラなどにきたえられなおしたもので、二十年代の反日常的女のイメージは、「ルル」をめぐって形成されたといっても過言ではない。この「ルルの神話」はいずれまとめますから、御期待を乞う。

今日の朝は、ミラノの中央病院にいってコレラの第二回注射（第一回は五日前にパリで）。イタリアでは十日後でないと第二回はやれないことになっているから、あと五日までというのを無理やり回らないイタリア語の舌で説得し、やっと功を奏してお尻にうたれ（フランスは背中）、荒《マ》っぽい《マ》のが午後十一時の今でも痛みが残っています。

昼は、フェルチオ・ソレリ宅に招かれ、食事。ピッコロ・テアトロのコメディア・デラルテの日本公演の可能性について語り合いました。これは読売を通じてやる予定。朝日のスノビッシュなローヤル・シェークスピアといい対照になるでしょう。

午後は、「フィンツィ」という演劇関係の古本屋で時間をつぶし、古本漁りの醍醐味を味わいました。そもそもこの古本屋は表通りに店を出さず、アパートの中に大きな二部屋続きの書庫を持っています。こんなのを探しているのだと、パリで作ってきたコメディア・デラルテ、十八世紀ヴェニス関係の本のリストを示すと、「これは本格的だな」と、六十すぎた主人が、あちらこちらから、どんどん取り出してくれる本の山から予算を考えながら選び、最後に十五冊くらい十万円見当を買い込み、イタリア書房を通じての発送を依頼。コメディア・デラルテ関係が多いけれど、その他コメディア・デラルテとカリカチュアとかサーカス、ヴェニス（十八世紀）関係などを買い込みました。

現在ローマ空港にいて、ナイジェリアへ飛ぶ夜間飛行の便を待っています。知的放浪の癖が身につきすぎてしまって、末はどうなるのかとさっぱり見当がつかなくなりつつあります。

ナイジェリアから戻るのは四月中旬、五月二日にもう一度レヴィ＝ストロース［の］ゼミで

〝瓢箪分析〟の発表をやり（これはレヴィ＝ストロースが大変興味を持って、一応話したら〝それは本当にいい材料を集めましたね。またやりませんか〟ということで決定）、その直後、つまり五月上旬に帰国の予定です。

ではまた

山口

大塚兄

36　ヴェニス（イタリア）、発信日付なし／一九七二（昭和四十七）年四月二十八日着

（絵はがき、ティエポロの「道化と軽業師」）

ティエポロの絵はがき

前略　お元気ですか。小生は暑さに閉口しながらナイジェリアから戻って、現在はヴェニスに四日の予定で滞在しています。ヴェニス国際人類学映画祭という祭りにドコッペ夫妻の作品が出品されているので、野次馬としてきているまでの話です。昼はゆっくりと年来の課題になりつつある十八世紀ヴェニスの祝祭的世界の再現に時間を費し、夕方から人類学記録映画のタナおろしといった具合に、のんびりと滞欧気分の仕上げをしています。

37　オクスフォード（イギリス）、発信日付なし
／一九七三（昭和四十八）年八月八日着（エア・レター二枚）

前略　御無沙汰いたしましたが、お元気でしょうか。小生は七月のはじめのシンポジウムは無事つとめあげ、その後オクスフォードに滞在して、アイバ［合庭淳］氏の仕事にはげんでいます。シンポジウムは時間が発表五分、質問は五人分コミという忙しさ。とにかく、一週間に七十以上の論文をこなすというわけで、論文の少ない部会はよかったのですが、小生たちのは午前中に八つ集中して、時間切れでした。

小生の論文については質疑は、リーチが賛成演説をぶってくれただけで時間切れ、あとで個人的にいい論文だったという人には、何人か出っくわしました。しかし、何せ、こういうところでは演技力が、言葉とともに物を言うようで、スタンドプレーの点では小生のは迫力に欠けたと見なければなりません。七十も論文を渡されたら、会期中に一人が読むのは十―二十ということになると、大部分の人間は日本の天皇制などといっても題だけから読む気にならないのは当然で、そのような聴衆に五分で知的刺激を与えようとしても無理。

面白いと言ってくれたのは皆女性なのは不思議の極みで、次の発表者のバーバラ・ウォードは、報告の中で小生の論文を賞讃したばかりでなく、個人的にもケンブリッジへ招待してくれました。その他、ケンブリッジでガーナの北のマンプルシ王権を博士論文に書いたスザンヌ・ドラッカー

も大変刺激的であると言い、A・S・Aの『人類学と言語』の寄稿者の一人エリザベス・トンキンも、面白かったと話しかけてきました。また、アメリカからきた、「象徴」の部会で発表した二人の女性（一人はフィリピン、一人はヒマラヤのシェルパ族の調査者）も賛意を表してきました。というのは、彼らは熱烈なケネス・バーキアンであるからです。なお、バークといえば、今年の部会の一つにゴフマン流の「インターアクション理論」の部ができて、さかんにA・シュッツが引用されていました。中でも一人、ロンドンの人間は、レバノンの村落の「嘘つきジョーカー」という発表をしました。

しかし、一般にイギリスの人類学者は、構造分析の攻勢に直面して、全くかたくなになっている感じで、誰かがレヴィ＝ストロースを批判するとフォーテス、グラックマンなどが大喜びするのは、大してみたざまではありませんでした。若い世代の大半は、基本的にはゴマスリ的な人間が多く、特に三十代前半の、ちょうど講師として職を得た程度の人間に大したのはいません。ケンブリッジではリーチを除いては、ぱっとせず。ただ、キャロリーン・ハンフリーというブリヤート蒙古で調査した女性が大変よい。A・S・Aシリーズに発表していますが、彼女の論文をレヴィ＝ストロースのゼミで絶讃しておいたと言ったら、大へん喜んでいましたが、目ぼしいのは彼女くらいです。

人類学のどうでもいい話はそれだけ。次に小生の行動。既述の如く、学会のあとに一週間ケンブリッジに行きました。主に人類学科の図書館で資料あさりをしていたのですが、古本屋は二つしかなく、全くたいしたものはありません。しかし本はもう十万円程買い込んだので、アイバ君の方の前借りに切り換えることにしました。欲しい本が買えないなら死んだ方がましという方針を貫くことにしています。

人と芝居は結構たのしんでいます。『ユリイカ』の道化特集に翻訳をのせた、ハスケルとレーマン両氏に会いました。前者は父はディアギレフの研究家、妻は二十世紀初頭のロシア絵画の専門家。従って、アレクサンドル・ブノアとかレオン・バクストに強く、小生がハスケル宅を訪れた時は、奥方はロシアに里帰りしていませんでした。（以上、エア・レター①）

その2　しかし、オクスフォードの大学付属美術館であるアシュモレアム美術館の、二十世紀初頭ロシア絵画のカタログというのを彼女が出していて、それによると、道化関係の絵がたくさん所蔵されていることになっているので、美術館へ行って特別室でゆっくりと見せてもらいました。ハスケルは四十代後半の働きざかり、阿部良雄をセルズネックを介して知っているそうです。

それに対してレーマンは、七十近くの人で、フランス象徴主義を無意識の構造でとらえた本がありあます。現在は、〈文化学〉という精神史の分野を開拓すべく本を書いているそうです。林達夫的な人で、いろいろなことを知っています。リージェント・パークの向かいの、十九世紀にディケンズの住んでいた家に住んでいて、小生の座ったところがディケンズの書斎だったのだよと言っていました。現在は引退して、リンガフォン社の顧問をやっているので、日本は時々訪れるそうです。今年の十月にも行くそうですから会ってみたら如何。出版文化についてもいろいろ面白い見解を持っている人です。日本のリンガフォンを通して連絡をたのんでおけば会えます、多分。

オクスフォードでは、Much Ado about Nothing［から騒ぎ］, Measure for Measure［尺には尺を］, The Merchant of Venice［ヴェニスの商人］などをみて、ケンブリッジでは、John Osborn's Entertainer をみました。これは二〇年代の芸人文化の回顧のような作品ですが、大したことありません。

今住んでいるのは、ウルフサン・カレッジという新しいカレッジ（プレジデントはアイザイア・バーリン。ところで最近、バーリンがヴィコについて書いた面白い文章を手に入れました）にもぐり込んでいます。大きな家の一室を占領して月二万円の部屋代ですんでいます。このウルフサン・カレッジでは、昨年「構造主義」という連続講義を主催したのですが、最近ＯＵＰ［オクスフォード・ユニバーシティ・プレス］から本がでました。David Robey (ed), Structuralism, Walfson College Lectures, 1972, Clarendon Press, 1973 という本で、リーチやウンベルト・エコの論文が載っています。リーチのはキリスト説話とヨハネ説話の構造論的対応を述べたもので、小生のスサノオとヤマトタケルの対応論と少々似ています。

いろいろと本を買いこみましたが、中でも面白いのはフランスからのもので、Claude-Gilbert Dubois, Le Baroque, profondeurs de l'apparence, Larousse, 1973 です。バロック論を構造論的に再構成したもので、中でも、Sur une gravure de Jacque Callot:《Le tentation de Saint Antoine》の章は、カローの例の絵の分析で、小生が聖アントワーヌの誘惑のイコノロジーの分析を志していたので、大変愉快なことです。あとは James M. Symons, Meyerhold's Theatre of the Grotesque, Rivers Press, Cambridge, 1973 というのは題はいいが、中味はそれ程でもありません。昨日 Jean-Joseph Goux, Freud, Marx—Économie et Symbolique, Seuil, 1973 というのを手に入れました。最終章の Inconscient et Histoire というのが少し面白そうです。あと Mireille Marc-Lipiansky, Le structuralisme de Lévi-Strauss, Plon, 1973 というのが出ました。忙しいことです。近くのフランス文化館で、Offenbach の伝記を読んで、彼が若き日にコメディア・デラルテに熱中した事実を発見。十日に Royal Ballet が The World of Harlequin を上演。

草々

（以上、エア・レター②）

38　パリ（フランス）、発信日付なし／一九七三（昭和四十八）年十月二十三日着

前略　その後いかがお過ごしですか。大変御無沙汰しましたけれども、これは突発事故によるものです。オクスフォードの大変快適な環境で、多分、哲学叢書の前借りが無くなるまで本を買い読んでいたところ、九月のはじめに突如として青木［保氏］が現われたところまでは、前の手紙に書いたでしょうか。それからというものは、すっかり調子がくるってしまったのです。

オクスフォードに小生がいるということを知って、矢も楯もたまらず、というところはいいとしても、九月いっぱいべったりとつきまとわれてしまいました。彼は毎日散歩をしましょう、コーヒー屋で何時間も一緒にすごしましょう、という調子で、下手すると半日以上お付き合いしなければならず、閉口しました。これがパリに十月のはじめに来ても続き、解放されたのは、つい数日前でした。

いかに調子がくるったか想像できますか。彼は大変□□□□□□□な人だから、一緒にいても、結果的には小生が気をつかうことになってしまうのです。というわけで手紙を書く迫力を全く喪失して、合庭君にも貴兄にも失礼してしまいました。

今日は青木疲れから恢復するために、レヴィ＝ストロースに会いに行きました。トリックスターのこと、プラーハ学派のこと、マルクス兄弟のことなど、大変愉しく話してきました。別れる前に、『構造人類学2』という、出たばかりの本に、「親愛なる友に、トリックスターによる著作を捧げます」とサインしてくれました。

今の予定では、二十八日にアメリカに渡り、アフリカ学会でトリックスターについてぶち、ニューヨーク市立大（バッファロー）で「トリックスター研究について」と「日本民俗における異人」という二つの講義をやって、エリザベス・バーンズ（現在夫とハーバートに客員教授）宅に半月ほど寄生して十一月後半に帰国の予定です。ではまた。

「現在ローマ空港にいて、ナイジェリアへ飛ぶ夜間飛行の便を待っています。知的放浪の癖が身につきすぎてしまって、末はどうなるのかとさっぱり見当がつかなくなりつつあります」と書いた山口氏は、念願のナイジェリア再訪を果たしたようだ。四月中旬にナイジェリアから戻り、五月二日に再度レヴィ＝ストロースのゼミで〝瓢箪分析〟の発表をし、五月上旬には帰国する、という予定を氏は記してきた。しかし実際には、ナイジェリアから戻って後、イタリアやイギリスに行き、帰国は十一月後半のこととなったのだった。

それからほぼ一年後、山口氏は再び渡欧する。そして珍しいことに、山口氏はオクスフォードで行なわれた人類学のシンポジウムについて、相当詳しく書いている。これはめったにないことだ。一般に山口氏は、アカデミズム内部のことには触れたがらないからだ。やはりレヴィ＝ストロースに認められたということが、大きく影響しているのではないかと思う。おまけに、山口氏の報告について、英国の人類学界の大物エドマンド・リーチが支持してくれた。言ってみれば、仏英の大家からお墨付きを得たということに他ならない。そして何と、何人かの女性研究者たちから賞讃の言葉を浴びることになる。

興味深いのは、英国人類学における反構造主義の風潮についての氏の記述である。「一般にイギリスの人類学者は、構造分析の攻勢に直面して、全くかたくなになっている感じで、誰かがレヴィ＝ストロースを批判するとフォーテス、グラックマンなどが大喜びするのは、大してみたざまではありませんでした」。そうした英仏の人類学の動向の中で、山口氏は双方の大家から認められたというのだから、氏はかなり得意に思っただろうことが推察される。

そして、ここで記憶に留めておきたいのは、レヴィ＝ストロースやE・リーチといった人類学の大物との交流を、山口氏はこの後、自らの著作において殆んど記すことがないという事実である。それは氏の、人類学者としての真の意味での自負に由来する、と私は思うのだが、果たしてどうであろうか。

このように知的放浪の旅を続ける山口氏は、一方で氏の思想の理論的中核をなすことになる『文化と両義性』（岩波哲学叢書、一九七五年刊）の準備を着々と続けているのだった。「哲学叢書」というのは「講座・哲学」の執筆者のなかで力作を書いた研究者を中心に、新たに書き下しを依頼したシリーズだった。つまり、山口氏の長大論文は高く評価されていた、ということになる。

さて、ミラノでは、ピッコロ・テアトロのフェルチオ・ソレリ夫妻との交流を楽しみ、古本屋「フィンツィ」で十八世紀イタリア関係の本を買い込む。なかでもソレリ夫人にただ券をもらって、ヴェデキントの「ルル」を四時間もかけて見たことは、山口氏の「ルル」探求に決定的な影響を与えた。

こうして山口氏の、国際的舞台への初登場は、華やかな終幕を迎えることになる。ヨーロッパで得た多くの友人たちとは、さらに広がる氏の、知の放浪の途上で、様々な形をとって協働していくことになるだろう。

3

39　ブル島ワムラナ（インドネシア）、一九七四（昭和四十九）年十月三日発信
／同年十月十二日着

前略　離日以来一月御無沙汰しました。この一月は、殆んどジャカルターアンボンと行政折衝のために時間を使ってきました。

やっと現在、フィールドの目の前にきています。セレベスとアンボン・セラムの中間にブル島という島がありますが、それです。

ブル島の中央にラナ湖という湖があり、その周辺の集落が現在小生の目指しているところです。現在ワムラナという小村に滞在しています。ラナ湖はこれから歩いて三日間のところにあります。この周辺の住民は異教徒で、現在まで集めた情報では、政治構造をはじめとして象徴論的二元論の面で、かなりの調査ができそうです。

このブル島には共産党員の収容所があるので（点線の区域）、外国人は立入り禁止になっており、調査許可など出ないだろうといわれたのに、幸運にも許可（軍司令官の）がおりました。そればかりでなく、軍の飛行機

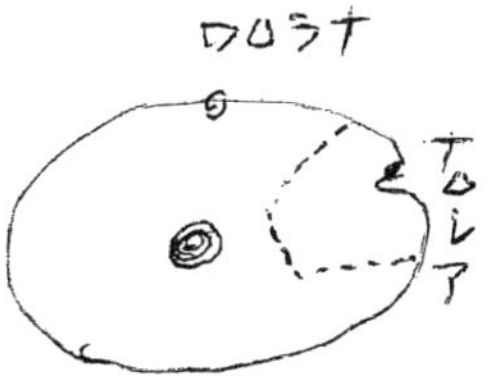

ブル島

に便乗してこの島にやってきました。

今のところ、奥地に入るポーター（六人くらい）が集まるのを待っていますが、あと二日くらいで奥地から到着すると思いますので、二日後に出発します。ワムラナでは、日本人とニューカレドニア婦人の混血児という木材工場の支配人の家にいます。この人はフランス語が自由なので、いろいろ話していますが、大変頭のよい活動的な三十九歳の人間です。顔は阿部良雄を日焼けさせたような人です。暇な時は、目の前に砂浜の良質の浜辺が広がっているので、毎日泳いでいます。夕方になるとビールとジョニ黒を飲んで、大変うまい食事をいただいてよく寝るので、日本の生活よりいいかも知れません。二、三カ月おきに山から降りてきて保養するようにすすめてくるので、そうするつもりです。

では、合庭君によろしく。ゲラは送ってきても、返すまでに半年かかると伝えて下さい。

敬具

40　ディリ（ポルトガル領ティモール）、発信日付なし

／一九七四（昭和四十九）年十二月五日着

前略　その後お変わりありませんか。
小生は、二カ月程インドネシアに滞在した後に、ポルトガル領ティモールにやってきました。インドネシアでは、一時はブル島の山中に隠棲したものの、土地柄は大変よかったのですが、調

査の観点からいうと、小生の目的とした二元論的傾向は殆んど消えうせて、象徴研究の点からいってそれ程深く突っこめるところではないという気がしたので、移動を決定しました。

ブル島での短い滞在期間でしたが、言葉は一応喋れるようになりましたし、ブル島を含むモルッカ諸島とティモールは島伝いに文化的に延長線上にあるので、これまでやってきたことは、ドコッペたちとの共同調査の観点からいって、いろいろと役に立つと思います。この他、悪魔追放の儀礼に立ち合うことができたのは、愉快な収穫でした。また、たしかホイジンガが『ホモ・ルーデンス』で論じ、小生が「未開社会の歌謡」の中で引用した、インドネシアのエンガ・フカというのがブル島にあったというのは偶然の発見で、この音楽をかなり採集してきました。

バリ島では一夜過ごしただけで（クタ海岸のバンガロー）すが、物価が安く、人柄もよく、インドネシアの他の地域とは外国のように違うと感じました。国家としてのインドネシアはどうしても好きになれそうもありません。ポルトガル領ティモールは予想したようにのんびりしていて、住みよいところです。今は首都ディリでポルトガル語の勉強をしながら（土地の言葉とともに）、向かいの島（アタウロ）に行く便を待っています。ではまた。

41　フローレス島（インドネシア）、発信日付なし／一九七五（昭和五十）年五月二日着

前略　御無沙汰いたしましたが、お元気ですか。これまで確か二回程お便りしたはずですが、一通も返事を受けとっていないところを見ると、小生が数回移動したため途中で紛失したのかと思います。

合庭氏の手紙によると、イタリアを訪れたそうですが、結果はいかがでしたか。

小生はブル島を一月で切りあげ、ポルトガル領ティモールに三カ月滞在した後、隣りの部族の調査をしているアメリカの PhD 学生と話してみると、二つの部族は言語・文化的に殆んど同じであることを識ったので、彼にフィールドを明け渡して、インドネシアに戻りフローレス島中部に現在滞在中です。この学生というのは、小生がニューヨークで会った Hicks というニーダムの弟子の弟子なので、関心と視点が殆んど同じなので、同じ文化に二人の人類学者は多すぎるだろうと結論したためです。ティモールでは構造的に面白くやれそうな部族だったので少々惜しいと思いましたが、意を決してフローレスに移りました。

三月いっぱい山中の神学校の図書館で、フローレス関係のドイツ語・オランダ語関係の文献を写したり読んだりした後、現在、村々に滞在して社会構造・儀礼の調査をしています。新年に村の司祭が縛られて、前年の塵芥・灰をかけられるという scape goat theory にぴったりの儀礼に出会って、小生の異人論に極めてよく適応するものとして、そのヴァリエーションを追っています。

日本の方の様子はラジオニュースが毎日聴けるくらいですが、知的な方面はどうなっているのか、さっぱり見当がつきません。貴兄の身辺には何か面白いことが現われていますか。講座文学の恐ろしくピント［の］外れた企画に日本とインドの神話について書けという連絡がきましたが、五月の締切りにはとても間に合わないという返事を都築［令子］女史に送っておきました。合庭氏の方はいかがですか。小生の校正刷で苦労していることと思います。よろしくお伝え下さい。林［達夫］老はいかがですか。小生時々、貴兄の忠告、インドネシアの調査がつまらなければいつでも引き上げた方がよいのでは、という言葉を想い出して気が弱くなることがありましたが、何とかがんばっています。貧乏調査行なので決して楽ではないことは確かです。ではお元気で。

草々

42　フローレス島（インドネシア）、発信日付なし
／一九七五（昭和五十）年五月二十九日着

拝復

久しぶりのお便りに接しました。このところ、昨年の花田［清輝］老に続いて、渡辺一夫と、小生のいない間に、小生の私しゅくしていた旧老師たちが世を去っているので、林老は如何にと思って手紙を読みましたが、別に何も書いていないので、老は相変わらずケロっとして、怪気炎を上げているのだろうと考えています。

小生のフィールド逃避行について卓見が述べてありましたが、大体御説の通りです。前にお便りした時には、少々不安定な気分でしたが、今はより落ちついています。何しろ、気分を他人に押しつけたり、なれあったり、ごますりあったりする関係から杜絶されているので、一人で気分を処理するのは仲々楽ではないことであると、時には日本的泥沼をなつかしく想い出さないわけ

ではありません。そのはけ口として、貴ノ花はもう三敗だなどと関係のない方でやきもきすることにしています。

現在のフィールドは、これまでで一番材料がスムーズに集まっています。神話と世界観では生のデータが集まっています。何かこれまでの小生の理論的関心の集大成のようなフィールドです。例えば、両性具有の神が現われたり、境界儀礼が盛んだったり、前の手紙にも書いたように、司祭を嘲罵する阿呆祭りがあったり、地母神を殺す、ケネス・バーク的な秘儀神話があったり、世界は一つの船だという宇宙観が現われたりしています。

貴兄の便りにフロイトへの関心が述べられていましたが、現在のトライブ［部族］の秘儀では、外から見ると男根のようであり、中を割ると女陰のようであるなつめやしの実を使う性的行事があり、祭場の中心の巨石が男根でそれを取り巻く平たい石が女陰だという説明があり、天地創造を交合で説明する神話や、天と地を繋いだ世界樹が巨石の男根と同じで、それを断ち切る神話は、母胎から臍の緒を切る生誕と対応し、それ故人は母胎に戻りたがるという母胎回帰を土地の人間に説明されたりして、キョトンとしています。

昨日はインフォーマント［被調査者］の老人から、日本人がこの文化を学びにくるのも、母胎に戻ろうとする行為だと告げられて、あっけにとられたところでした。現在のところ、小生の滞在している村に一人の「狂人」がいて、この五十五、六のオッサンが小生を日本軍の指揮官と思いこんで、どこへ行くにもついてきて護衛しています。手紙をとどけるメッセンジャーの役もしています。ふだんはAのような恰好をしていますが、小生の訪れる村に手紙を前もって届ける時

どこへでもついてくる〝護衛〟

は、軍帽の中に入れていきます［B］。いつも棒を持っていて、空手踊りに使います。気分が高揚すると、エイヤッと空手踊りを始めます。

小生がインフォーマントと話すときは、いつも側にいて、話に割って入ります。昨年から頭がおかしくなったので、仕事はふつう通りやるし、伝統儀礼や神話などもよく覚えているので、話に入ってくるのはいいのですが、途中でそれはじめて、気分が高揚して踊り出して、「日本軍は君たちの味方だ。決しておそれるでないぞ！《ジャンガン・タクツ！》 決しておそれるでないぞ、エイ・ヤッ」と踊るので閉口しますが、愉快でないことはありません。この頃は彼と一緒にエイ・ヤッと踊ることにしています。道化が新しく道化を得て王になっている阿呆祭りの一席。フィールドの余録とでも申せましょう。

本関係は、三月に神学校に滞在した時、一月間朝の七時から夜の十時まで、かなり満ちたりています。この事については、また書きます。「哲学叢書」ではいろいろお足労、眼労をわずらわしたそうで、ありがたく申し訳なく、恥しく思っています。ではお元気で。

43　フローレス島（インドネシア）、発信日付なし／一九七五（昭和五十）年七月四日着（エア・レター二枚）

拝復

一週間ほど山歩きをして帰ってきたところで貴兄の便りに接しました。物を言うのも億劫なくらい疲れ切って戻ったので、お便りは蘇りの助けになりました。

現在の調査地はほとんど山地なので、毎日崖を登ったり降りたりの旅が中心になっています。今回は基地にしている村の北西へ三〇キロほど山道を歩いてきました。例の「狂人」＝道化がぜひとも同行したいというので同行を許したところ、全く道化の二人連れという感じになって、道化理論をたっぷり実践することになりました。ストレンジャー性＝異形性においては、村人にとって双方いずれ劣らぬ異人でしたが、「狂人」道化の方がダイナミックな点において一歩先んじていました。

調査の道づれ、リオ道化

今回はリオ道化は、どこから手に入れたのか警察帽子を持って、村に入る時には、安物で金ピカのサングラスをかけて、手には例の建材の鉄棒で作った錫杖《しゃくじょう》を持ち、おそろしくいかめしい恰好で入って行きます。現在のインドネシアは全体主義国家で、村長というのが一般にものすごくいばって気取っています。これに対して小生の荷物運びの道化は、そういった気取りのポーズをいっそう誇張して拡大した演技で対面するので、村長たちはすっかりこの道化にのまれてしまって、いばる余裕を失ってしまいます。

彼がおもむろに、「私はレペ・ンブス署長」というので、ばれてしまいます。（レペ・ンブスというのは、リオ族起原の霊山・高千穂峰。）この「狂人」は二年前からおかしくなったので、現在は五十五くらいですが、語彙は豊富で、伝統的な歌や儀礼の詞章に精しいので、中途半端な知識の持ち主のインフォーマントは、彼に途中から言葉を奪われてしまいます。「狂人」の方が流暢な言葉で喋り、小生の方は片言のリオ語で喋るというおかしな現象になっています。しかしおかげで、疲れてあまり口を利きたくない時などは、この「狂人」がやたらに喋ってくれるので、助かります。

この「狂人」を同時にじっくり観察しましたが、「狂人」性は制禦装置が働かないところに現われます。つまり、「狂人」はいくつもの現実を用心深く同時に生きるということができない。次に言葉の持つ支配力に抵抗することができないので、このように語彙豊富な「狂人」は、喋っているうちに方向がずれると、そのままにその方向に曳きずられてしまい、日常生活のコンベンションの世界からずり落ちてしまう。録音した悲しい物語を聴かせると、オイオイ泣き出します。

とはいえ、この理論も彼に裏をかかれてしまいました。途中で石鹸を買ってくれというので、一つ買って与えました。帰りの途で水浴びをした時、石鹸を貸せというので、前に与えたのをどうしたときくと、「実は、前日立ち寄った村の遠縁の女に薄加水《はっかすい》とともに与えた」。好きなのかときくと、「大好きだ」と答える。頭のたりない男の話といえばそれまでですけれど、「恋のピエロ」的テーマでもあり、同時にこの女に与えるために小生に前もって石鹸をねだるあたりの計画性は、同時に潜在的現実を生きることができない（逆にそれ故、時にはより遠い現実の担い手になる）という小生の「狂人」理論をくつがえすものでした。貴兄の便りの、「狂人」に導かれてトリックスターになれというすすめにつられて、「狂人」のことばかり書いてしまいました。

ところで、カッシーラーの件で想い出しましたが、白水社の田村巌氏のところに、カッシーラーについての部厚いE・ウォルフ編の論集を四、五年前に貸したのがあります。小生からの連絡があったと言って、引きとってお読みになりませんか。十四、五年前、倉塚平氏を通じて明治［大学］から借り出した本ですが、田村氏がカッシーラー著作集を出したいと言っていたことがあるので、貸したものです。オルテガについては、小生もいろいろと本を買いためてありますので、そのうちオルテガ研究会でもやりませんか。二〇年代については、今でも「コクトーと二〇年代」というテーマを時に想起しています。

（以上、エア・レター①）

ところで、研究会ということで想い出しましたが、由良［君美］師匠はこの頃どうしていますか。この人物も本好きなところはよいが、□□□□□□□で何となく冴えないのはどういう訳でしょうか。それに（17字削除）の人とあっては、久保覚あたりに鼻づらを曳きずり回されるのが落ちというところになりかねない。やはり林老が壮年期にもっていた、き然としたところを求めたくなります。

林老といえば、小生のいないうちに小生の高校浪人時代の知的師匠・花田が去り、渡辺一夫逝き、日本も大分人間が減ってきたと思う折から、せめて知的人間国宝の林老には長生きしてもらいたいと改めて感じています。あの感受性と演技性はたしかに稀れなものでしょうから。田舎くささがないのが玉にきずという小生の筑摩の解説〔『近代日本思想大系26　林達夫集』の「解説」〕の結論は、わかり切った反歌にすぎません。ところで、林老と話すことがあったら、代わって弁明しておいてほしいのですが、例の名前をたくさん系譜的に連ねたところで、カロー→ヴァトー〔原文はヴァトーではなく、ティエポロ→ジロー〕→ゴッホとあるのは、カルロ・ゴッツィの誤りで、どうも編集の中島氏がゴッツィなどというのは聞いたことがないからゴッホの誤りだろうと、書き改めたものらしく思います。あの解説の中には、林老を囲む会のことを書こうかと思いましたが、どうもあまり冴えない人物ばかり集まった（一人一人は大人物なのかも知れないけれど、あやって集まるとパッとしないので、貴兄と小生が苦労したというのは如何なる訳か）感じなので、同窓会的な意味で触れるのはよしました。

青木保氏は大阪大へ転じるそうですが、彼からの手紙によると、A・A研〔東京外国語大学アジア・アフリカ言語文化研究所〕の「象徴と世界観の会」は、長島ペースで共通テーマ「権力」という形でやっているけれど、冴えないことおびただしいというのは残念なことです。小生がいないと、日本の人類学もすべてが□□□□□□□□がはびこる世界になると、青木調で書いてよこしていますが、もはやあまり関心のもてない遠い地点の事情です。この距離感はすべての事象に対して保っていきたいと思います。貴兄がわざわざ合庭君の病院にまでゲラを運んで下さった『文化と両義性』が、より多く売れているということ、他のはよほど売れないのだなと心配しています。たかが二百円他のより安いというだけで、小生のを選ぶところを見ると、不景気も思ったより深刻化していると感じたりしています。

小生が前の中継地に置いてきたトランクが二カ月ぶりで届き、中に三月に神学校に滞在していた時に書きとった本のリストが九月一日分まで埋められている岩波日記［手帳］が、手許に戻りました。それを開いて眺めていると、ハロッドの社会学、一九七一年、マクミラン、というタイトルが、書き込んでありました。その他目ぼしい本のリストを五十冊くらい、八月末の帰国にそなえて紀伊國屋と白水［社］に注文しました。その中の一つ愉快なのは、ベルギーの社会学者らしい、A・C・シーデルフェルト著の『道化の社会学』（一九七一年）というタイトルで、宮廷儀礼道化やティル・オイレンシュピーゲル神話の分析なども入っているといいますから、まあ面白い本の一つであろうと思います。

オランダ語については、今回の調査地について書かれたものの殆んどは、オランダ語とそれにドイツ語の辞典だけですので、いやがおうでも付き合わされました。

前に貴兄か合庭氏への便りに依頼したと思いますが、「文学」講座担当の都築女史からきた五月末の期限での依頼に、八月末帰国まで待ってくれるように書いて、併せて題の変更を希望した便り（二月末ティモールから）の返事に、未だに接していません。どうなったか聞いていただけませんか。（正直言って、この冴えない講座にはあまり書く気は起こらないので、そのまま編集部の方で忘れてしまったらその方がよろしいのです。）合庭兄は、その後「哲学叢書」の編集から離れましたか。はじめの四冊出したら叢書から離れるというので、最後の刊行ならという約束が泣く泣く最初に変えられた事情があるので、知りたく思います。ではお元気で。ついでながら、Gnüg, Hiltrud――Don Juans theatrische Existenz, Typ und Gattung, Fink, München, 1974 (DM36) というタイトル、林老に「もし洩れていたら」とお報せ下さい。小生は注文したので、後にコピーを差し上げてもよろしい。

（以上、エア・レター②）

一九七四年九月、山口氏はインドネシアの調査に向けて出発した。氏は七三年にヨーロッパから帰国して以来、今回の出発までのわずかな期間に、さまざまな仕事をしている。著作についていえば、七月に『歴史・祝祭・神話』を中央公論社から刊行した。この本は、後の『文化の詩学』（上・下、一九八三年）と並んで、私がもっとも好きなものだ。山口氏の該博な知識と伸びやかな感受性が相まって、歴史に材を取りながら、見事な知的宇宙を形成しているからだ。内容は左の通り。

第一部　鎮魂と犠牲

ガルシア・ロルカにおける死と鎮魂

祝祭的世界

―ジル・ド・レの武勲詩―

「日本的バロックの原像」の冒頭の文章を引用してみる。

歴史的実在人物であろうが神話的人物であろうが、これらの形象――ジル・ド・レ、フォルスタッフまたはドン・ファン――の共通に持つ特徴は、遊戯性、演劇性、反秩序、反時間性、交換の拒否、生の昂揚、死への至近距離、エキセントリシティという諸点にみることができる。日常世界の秩序はこれらの要素を道徳的刑事法的犯罪性と見なし抑圧することによって成り立っている。しかしながら、それはこれらの要素を間歇的に導入することによってしか成り立って行かないのだ。あらゆる世界において多かれ少なかれ「新しいもの《ニュース》」と考えられるものは、これらの要素のどの部分からか発しているのである。（五五頁）

こうした考え方で、バロックや「バサラ」に新しい光を当てた本書は、通常とは異なる意味で、歴史の面白さを存分に読者に提供したのであった。また第二部では、トロツキーやメイエルホリドを取り上げることによって、ロシア革命の本質と、そこに由来するさまざまな問題を剔抉することに見事に成功した。

ここで本書に言及する理由は、後に氏が刊行する歴史人類学の大著、『「挫折」の昭和史』（一九九五年）や『「敗者」の精神史』（一九九五年）との関係からである。いずれ詳しく論じることになるであろうが、予告篇的に言うならば、これらの文字通りの大著は、『歴史・祝祭・神話』ほどの緊張感と衝撃力を持っていないのではないか、というのが私の仮説である。

とまれ『未開と文明』（編著）、『アフリカの神話的世界』、『人類学的思考』、『本の神話学』、そして本書と、短い期間に立て続けに著作を発表してきた山口氏の活躍ぶりは、まさに林達夫の〝予言〟を証明するものだった。思えばその間、ずっと編集者として山口氏の知的エンジンのフル回転に伴走し、氏の喜びと悲しみの双方を体感できたのは、何と幸運な人生の一齣であったことか。

さて、肝心のインドネシアにおける調査についてであるが、手紙で見る限り、もう一つさえない。ブル島では、「小生の目的とした二元論的傾向は殆んど消えうせて、象徴研究の点からいってそれ程深く突っこめるところではないという気がしたので、移動を決定し」ている。ポルトガル領ティモールでは、アメリカのPhD学生にフィールドを明け渡してしまった。さて次に行ったフローレス島ではどうかというと、

現在のフィールドは、これまでで一番材料がスムーズに集まっています。神話と世界観では生のデータが集まっています。何かこれまでの小生の理論的関心の集大成のようなフィールドです。例えば、両性具有の神が現われたり、境界儀礼が盛んだったり、前の手紙にも書いたように、司祭を嘲罵する阿呆祭りがあったり、地母神を殺す、ケネス・バーク的な秘儀神話があったり、世界は一つの船だという宇宙観が現われたりしています。

と書いてきてはいる。しかし、これはどうもおかしい。できすぎのような感じがしないでもない。もし本当に面白いフィールドだとすれば、必ず山口氏得意のスケッチ入りで、具体的な記述がたくさん書かれているはずだと思う。ところが氏は、「昨日はインフォーマントの老人から、日本人がこの文化を学びにくるのも、母胎に戻ろうとする行為だと告げられて、あっけにとられ」ているのだ。とにかく象徴論的にできすぎのフィールドのように思えてならない。もちろん、これ

は人類学に素人の、しかも限られた手紙を通してだけの、私の一方的な観察にしかすぎないので、山口氏がそうではないと一言いえば、全てふっとんでしまう話ではある。そして後の手紙では、リオ族の分析について、世界各地での講演などで高く評されたという話も出てくる。

とは言え、これらの手紙の中で一番精彩に富むのが、絶えず山口氏について回る道化的人物に関わる描写であることは、誰の目にも明らかだろう。とすれば、フィールドそのものが迫力に乏しかった、あるいはその時点における山口氏の知見に、新たに加える発見の要素が少なかった（コンファームすることは多々あったにしても）、と見てもよいのではないだろうか。山口氏自身は、「貴兄の便りの、「狂人」に導かれてトリックスターになれというすすめにつられて、「狂人」のことばかり書いてしまいました」と言い訳はしているのだが。

ただし、公平を期するために言っておくならば、氏のインドネシア調査の成果は、『知の祝祭』（青土社、一九七七年）所収の何篇かの論稿で触れられている。「蛇の宇宙誌」「南海に日本文化の起源を探る」「舞踏と世界観」等である。特に「蛇の宇宙誌」では、フローレス島のリオ族のコスモロジーについて、相当詳細な分析がなされている。

ともあれ私の考えでは、そこには今回の調査行の間に刊行された『文化と両義性』が深く関係していると思うのだが、果たしてどうだろうか。『文化と両義性』は一九七五（昭和五十）年五月三十日に岩波書店より刊行された。担当編集者は合庭惇氏（後に静岡大学教授を経て、国際日本文化研究センター教授）。箱入りの地味な作りの本で、目次も次に掲げるようにそっけないものであったが、同時に刊行された中村雄二郎氏の『感性の覚醒』と坂本賢三氏の『機械の現象学』の三冊の中では、最も多くの読者を獲得した。その理由は、この本が山口氏の思想を、初めて体系的に述べたものであったからだ、と思う。基本的には、氏の象徴的二元論の考え方を叙述したものであったが、高度に抽象的な文章にもかかわらず、氏の思想は多くの読者にとって大変刺激的な内容として受け取られた。この本によって、論壇における山口氏の地位は確立したと言って過言ではないだろう。次に目次を掲げる。

ここに書かれた山口氏の思想は、ブル島やティモールやフローレス島でのフィールドの知見をはるかに超えるものであった、と私は考える。そもそも『文化と両義性』に盛られた内容に、さらに何かを加えるといったフィールドワークは考えにくいことなのかも知れない。とすれば、これ以降、山口氏が狭義の人類学的フィールドワークにほとんどコミットしなくなった理由も分かる。そして以後は、書物に加えて、生きた芸術家や思想家に対する広義のフィールドワークを積極的に展開することになって行く。

そして、ここで改めて確認しておきたいのは、ヨーロッパにおける知的デビューを果たした山口氏は、日本においても、ついに押しも押されもせぬ第一級の思想家として認められるに至った、ということである。

第四章　新大陸での冒険

1

44　サン・アンヘル（メキシコ）、発信日付なし／一九七七（昭和五十二）年十月七日着

前略
その後お元気ですか、少し身辺が静かになったことと思います。

小生の方は来て一週間のうちにアパート探し、毎日〔新聞〕のつまらないシンポジウム等に加わらせられたりしましたが、少し落ち着きました。その間に原稿を『海』に七十枚と『芸術生活』に二十枚を送るという、日本的スケジュールが続きました。

昨日は昼前、税関に荷物をとりに行って、午後は『グアダルーペの聖母』などを読みましたが、全然突っ込みが足りないと思いました。鶴見〔俊輔〕氏に求めても無理ですが。

本は、エーリッヒの『ロシア・フォルマリズム』（西〔スペイン語〕訳）、トゥニヤーノフ『詩

的言語の問題』（西訳）、『魔術的リアリズム』等々を買いました。しかし面白い翻訳はアルゼンチンやバルセロナで出ていて、知的には、メキシコは小説を除いてちょっと田舎臭いようです。

とはいうものの一昨日、散歩していたらアパートからそんなに遠くないところで画廊を見つけ入ってみたら、それは例のスペインのカーニヴァルばかりを描いたホセ・ソラーナのエッチング展でした。驚いて画廊の持ち主と話したら、彼も日本からそんな人間が飛び込んでくるとは思わなかったとよろこび、小生は多少額が張ったけれども一枚入手しました。しかしこの点では、大そう出だしがい《ママ》かったと思います。

画廊の訪問帖にサインを求められたので、サインをして、二十年前日本で画集を買って以来魅せられ続けてきたソラーナさんに、こんなところで会うと思わなかったので、大変嬉しいと書いておきました。見開きの反対側には、ルイス・ブニュエル夫妻がサインしていました。この画廊のオープニングの日にきたオクタヴィオ・パスの写真も見せてくれました。ソラーナの権威である美術史家やパスにそのうち会ってくれというので、意外に早くこういった人たちと親しくするでしょう。

こちらの生活はこんな具合いで始まっていますが、そのうち、市の周辺を少しずつ旅行しはじめようかと考えています。

途中ロス・アンゼルスに寄ってよかったと思ったのは、ゾッキ本屋でチェコ・二〇年代のサーカス・道化・見世物を中心に描いていたティシー（『道化の宇宙』に写真――手品師――を使いました）の画集を入手したことです。

こういう次第で、小生の世界は、また再び拡がり始めているようです。（3行削除）

山口

大塚兄

45　エル・コレーヒオ・デ・メヒコ（メキシコ）、一九七七（昭和五十二）年十月五日発信／同年十月？日着

拝復

『知の遠近法』のゲラとともにお便り拝受しました。いろいろと御気を配っていただいているようでありがたく思います。

小生はやっと回りの状態に目が届くようになりました。

前の手紙に書いたかどうか忘れてしまったけれど、ある日散歩しているうちに偶然ある画廊に行き当たり、窓から中をのぞいてみるとちょっと面白そうな版画の展覧会をやっているので中に入ると、それは小生の好きなスペインの画家ホセ・ソラーナのカーニヴァルを中心としたエッチングの展覧会でした。夢中になって見終わって画廊の主人と話すと、彼はメキシコの有名なヒロネッツラというシュールレアリスムの画家の弟でした。

あまり魅せられたので、手持ちの十六万円を投じて、一枚小さい仮面踊りの作品を買いました。ヒロネッツラ氏がサインしてくれるよう頼むので、来客簿に一頁小生がいかにソラーナに魅せられ

てきたかということを書いて反対側のページを見たら、ルイス・ブニュエル夫妻のサインがありました。前のページにはオクタヴィオ・パスのサインがありました。ヒロネッラ夫妻も話題が豊富なのでたちまち仲好くなりました。

その後、ある日また散歩の途中に立ち寄ったら、ヴィクトル・セルジュを知っているかというので、『ロシア革命の最初の一日』ほか大変なファンだというと、セルジュの息子が画家で、明日画廊に新しいエッチングのサインにくるから会わないかと言って、直ちに電話でヴラディというセルジュの息子とフランス語で話させられました。今は六十代だと思うけど、十代に父親とともに脱出したロシアについての記憶は鮮明で、二〇年代ロシアについてフォルマリストのこと、ブルガコフのことなど、いろいろと話し合いました。

ヴラディ（ヴィクトル・セルジュの息子）

それまでが先週水曜日のことです。金曜日は午後が暇だったので、比較的近いところにあるフリーダ・カーロという五〇年代の初めに死んだ女性のシュールレアリスムの画家で、リベラの奥さんだった人の美術館を訪ねました。フリーダ・カーロの絵は、二週間ほど前に市の中央の芸術ホールというところで回顧展をやっていたのを見て、仲々面白い画家だと思っていました。アンドレ・ブルトンが三〇年代にメキシコにきた時に絶讃したそうです。あるいはブルトンの『シュールレアリスムと絵画』に出てくるかも知れません。

（昨日ここまで大学で書いて帰宅し、ヒロネッラ画廊に遊びに行って、そのまま誘われてチャップリンの娘が主演し、カンヌで賞をとった、フランコ時代のスペインにおける死と暴力の日常化が六―七歳の女の子の中に内在する恐怖を描いた映画を見に行って、帰ってきて買ったばかりの松ヤニくさいテキーラをグイと飲んだら、目が回って吐いてそのまま寝てしまいました。）

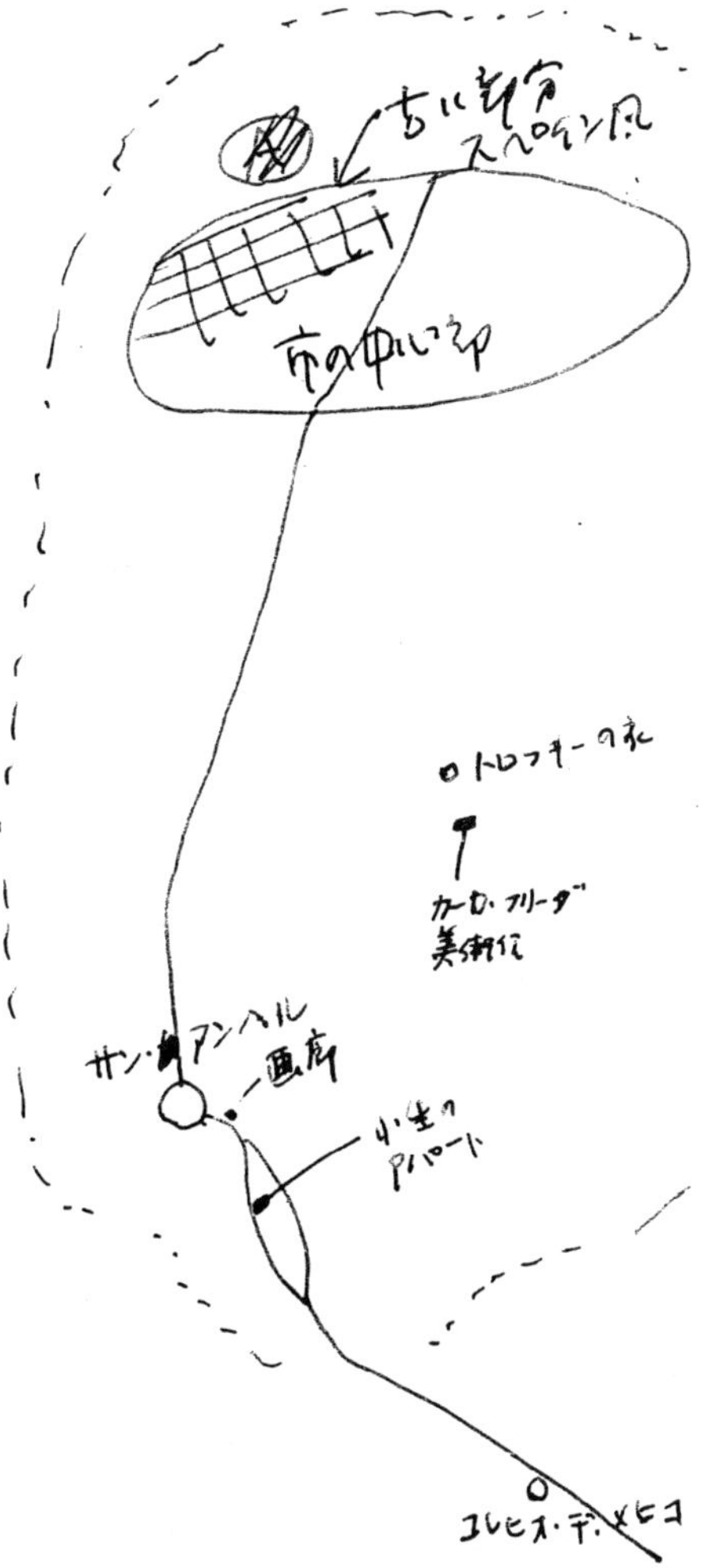

散歩地図

そこでフリーダ・カーロの美術館というのは、カーロがリベラと共に住んでいたところで、家も二階造りで広いが、庭も広く、書斎兼アトリエというのが仲々魅力的で、ガラス・ケースの棚

トロツキー博物館

の中の蔵書もそのまま残っているので、結構愉しい一時を過しました。

その後歩いていける距離にあるトロツキー博物館の方に行きました。高く塀を築き、一方の隅には見張り塔のような櫓を組んだ建物で、これでラモン・メルカデルに侵入されたのはうかつだったと思いますが、仲々近づき難い感じの家で、当日は閉まっていました。ヒロネッラ氏にきくと、ヴラディ氏と一緒に行った方がいいといいます。

そのヴラディ氏は、小生と会う時に、マスペロから出ているヴィクトル・セルジュの詩集に「不在の父に代わって」とサインしてくれました。小生が買って持っていた、セルジュの『革命家が抑圧について知らなければならないこと』『革命家の思い出』などにも、面白いサインをしてくれました。その一つにこういう図があるので何ですかと聞くと、斧をつき立てられて地下に眠るトロツキーだというので、リンゴかと思ったというと、笑って「それでもよい。同じことだ。我々の下意識の中では」といったのは、さすが象徴に強い芸術家らしい表現と思いました。

このヴラディが壁画を描いている、市の中央部にある図書館に、トロツキーの家を訪ねて後、行きました。題は「フロイト革命」というもので、正面の絵はほとんど完成しています。絵は、ユニークなもので、題の示す、フロ

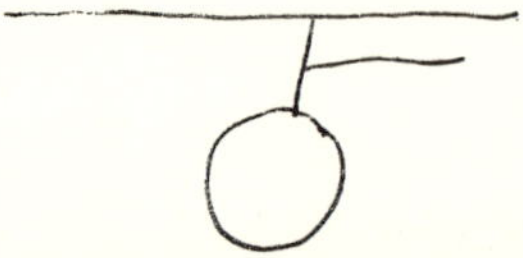

斧をつき立てられて地下に眠るトロツキー

イトが開示した人間の未知部分を描こうとする正面は、赤を基調としたスーチンを半ば抽象化して拡大したような大作で、全長一二〇メートルくらいになるというから規模が大きいと思いませんか。

ところで本はいろいろとスペイン語を買いこみました。

まず中南米文学は

カルロス・フエンテス『ラテン・アメリカの新しい小説』

アレホ・カルペンティエル『バロック協奏曲』

同『アメリカの光景――エッセイ集』

Ａ・ラマ『ガルシア・マルケスと小説の問題』

Ｐ・Ｒ・グアルディア『呪術的現実』

Ｊ・Ｌ・ヴィトリ（小説家）『イマーゴ・ムンディ』（文学論）

Ｇ・マトゥーロ『ガルシア・マルケスの象徴コード』

Ｚ・パレルモ他『アレホ・カルペンティエルの作品における歴史と神話』

Ｇ・Ｄ・カリリョ『ガルシア・マルケスの小説』

ほかオクタヴィオ・パスについての本を一冊、パスの本を四冊

Ｒ・Ｐ・オロペーサ『文学の自律性――ロシア・フォルマリズムとプラーハ・スクール』（ヴェラ

壁画「フロイト革命」のある図書館

クルス大学刊)
ヴィクトル・エーリッヒ『ロシア・フォルマリズム』
シクロフスキー他『フォルマリズムと前衛』
トウニャーノフ『詩的言語の問題』
スローニム『ロシアの演劇』
ほかブレヒト、アルトーに関するもの、メキシコ人類学、日本の歴史・文学というわけで、今のところ読んでいるのは日本の歴史だけですが、いつもの勘で歴史が一番読み始めやすいと思ったら、果たしてそうです。そのうち他の方へどんどん拡げていくつもりです。とにかく雑用がなくて好きなだけ本を読める状態を久しぶりで満喫しています。
英語の本では、日本で古本で買ってきた
フォスター編『二〇世紀ラテン・アメリカ文学における伝統と再生』という論集
バーバラ・マイヤーホフ『ペヨート狩り』(ターナーのコレクション〃象徴・神話・儀礼〃の一冊)
ロス・アンゼルスで入手した
ヴィクトリア・R・ブリッカー『チアパス高地の儀礼的笑い』(一九七三)
という道化祭り研究。それに
チャールズ・レスリー『我々は文明化した——オアハカ(メキシコ南部)のミトラのザポテック・インディアンの世界観の研究』(一九六〇年。「ウィッチクラフトと笑い」付論「文化人類

学におけるコミック・ミューズ」などがある）

などを読んでいます。最後の本は出た時に日本で買って持っていたし、日本で著者にも会っていますが、この本が案外面白いと思いながら読むのが今度《ママ》がはじめてで、やはり地理的な親近感は本を読むのに大事なファクターの一つだと思いました。

そのほか大江氏の訳者で弟子のオスカル・モンテスがぜひ読めと貸してくれたのが、ロバート・パーズイク『禅とモーター・サイクル保善［全］技術』という始原回帰小説です。これはまた読み了えた時に感想を書きましょう。

大学の方は□□□□氏は、可愛気のない官僚研究者で、もう一人□□という赤塚不二夫の漫画にでてくる女性のような顔をした□□□がいます。これも相当遠回しなサディストなので、逃げまわっています。

そのかわり、男の同僚にはいいのがいます。まず、大江氏の弟子のオスカル・モンテス。これは小生の講義にも出て、今や『文化と両義性』を訳したいとも言っています。もちろんそれだからいいという訳ではありません。

次に、九月から十二月まで滞在予定の『第三世界』の著者、英国人のピーター・ワースリー。これはイギリスに共通の友人（例えばバーンズ夫妻）がたくさんいるから話が合う、六十近い人です。

さらにイギリスからきて、日本現代史を教えているジョン・ハリデー。どこかで聞いた名前だなと言うとニヤニヤ笑って、「僕の本が一冊日本語になっている」というので何だというと『パゾリーニとの対話』という。「何だ、それなら僕も読んだ。でも日本現代史の著者とは結びつかなかった」と言うと、「小生、映画批評が副業でピーター・ウォーレンと映画の雑誌をやっている」というので、「例のクリスチャン・メッツの論文の訳などの特集を出した雑誌か」というと、「そうだ、よく知っているな」というので、「日本で一回あの特集を種本にして講演させてもらったから恩になっている」と言うと、喜んでいました。十二月にはピーター・ウォーレンが遊びにくるというので、一緒にいろいろなことをしようと言っています。

この話をすると、ヒロネッラ氏は、コリンというメキシコ第一の映画批評家が親友で、あなたのことも話しておいたのだが、皆で集まろうということになりました。どうやら「大三（第三）の会」のメキシコ支部ができそうな気配です。とはいうものの、先週木曜日、岸恵子が日本のテレビ・ロケにきて、コレーヒオに遊びにきたそうですが、教授連のティー・タイムの集いをさぼったため会いませんでした。

肝心の講義は三回やりました。英語とフランス語を公用語にしてやっています。オスカルが大感激といって学生に混じって聴いています。題して「感受性の豊かな日本研究の学生のための人間科学入門」。何やらドサ回りのタイトルじみていますが、プログラムと参考文献を見せたら、ハリデーが「本当に素晴しい、僕も聴きたいくらいだ」といっていました。□□・□□女史は出席を断りました。「センシティヴな人のためと銘うったのはそのためです」とは言わなかったが。

メキシコの気候は、雨季が終わったところで、毎日半ば晴れと曇りの涼しい高原の秋の感じです。乾燥しているから、夏姿でも冬姿でも結構という、着道楽には愉しい日々です。もちろん小生は服を二着しかもってきていないので、毎日ワイシャツ姿で通っています。行くときはタクシーで二百円くらいで、六分で大学に着いてしまいます。帰りはコレクティヴォという合乗りタクシーで、六十円で、四分くらいでアパートの前についてしまいます。

アパートは交流基金が十五万円まで払ってくれるというので、十万くらいの家賃を払って、居間・食堂・寝室二つ・トイレ三つ（一つは女中用）、シャワー二つ（うち一つは風呂兼用）・台所・朝メシ用の小部屋・女中部屋という空間を一人で占拠しています。もちろん女中部屋は空き部屋です。では今回はこの辺りで

草々

十月五日

山口

大塚信一様

他第三の会御一同様

P.S.　書いているうちに長くなりましたので、気が変わって第三の会の通信も兼ねることにしましたので、「火の子」にでも託して回し読みということにして下さい。

P.S.2　ところでメキシコにはまだ日本人がいるので、駄洒落能力は衰えていません。先日毎日の記者の観光タクシーでプエブロというところへ行きました。タクシー・ガイドすべてコミでいくらというやつです。

昼メシの時間になって案内された丘の上のレストランでバイキング風の食事《コミーダ》をした後、毎日の記者が食事代を払っているので、「食事はこみでなかったのですか」というと、「別です」というので、「おかしいね。食事はコミーダというじゃありませんか」と一つ出ました。

大学のシラバスを一つ同封します。コピーを大江氏に送っておいて下さい。

P.S.3 間宮君が送ってもらいたい本を持参したはずですが、日本語になっているラテン・アメリカ文学を集めて送ってくれませんか。マルケスは新潮の山岸氏からもらい、ドノーソ『夜のみだらな鳥』、カルペンティエルの貴兄の本はまだ拙宅にありますが、これはいい。『海』の安原君にいって『海』で特集やなんかで載せたもの、それに新潮のホルヘ・センプルン『ラモン・メルカデル［の］第二の死』山岸氏から。こちらをまず。ボルヘスは入れなくていいです。こちらで文学部長のジトリックという中南米で最もすぐれている文学研究者と話して、意気投合しました。

［注記］この手紙には、①ソラーナの展覧会のパンフレット、②大学での講義概要とリファレンス、③大学のシラバス、④TLS一九七七年十月七日号掲載のエーリッヒ・ヘラー（Erich Heller）のヴィルヘルム・ブッシュ関係の本についての論評（“Creatures of Circumstance”）、要所要所に朱線を引いたもの）が同封されていた。

二年間日本にいた山口氏は、再び一九七七年にメキシコに向けて出発した。エル・コレーヒオ・デ・メヒコで講義をするためだ。メキシコではオクタヴィオ・パスをはじめ、多くの知識人と交流を深めていく。その過程は氏の手紙に詳細に記されているので、われわれは逐一追体験することが可能である。が、その前に、一九七五年から七七年にかけて、山口氏が日本で行なった活動を検討しておくことにしよう。

山口氏は、一九七七（昭和五十）年六月二十五日に、新潮社より『道化の民俗学』を刊行した。続けて六月三十日には、筑摩書房より『道化的世界』を刊行する。前者は、雑誌『文学』に一九六九年一月号から八月号にわたって連載されたものを中心として、それに一九七〇年九月号の雑誌『辺境』に掲載された「蘇るアメリカ・インディアンと道化の伝統――境界・禁制・侵犯」を加え、一本としたものである。当初はせりか書房で刊行したいと山口氏は考えていたのだが、手紙にあるような様々なトラブルの結果、氏はそれを断念し、新潮社から出すことにしたのだ。内容は以下の通り。

第一章　アルレッキーノの周辺
第二章　アルレッキーノとヘルメス
第三章　アフリカ文化と道化

第四章　黒き英雄神クリシュナ
第五章　アメリカ・インディアンと道化の伝統

この本で山口氏は、いわば道化原論とでも呼ぶべき仕事を果たした、と言えるだろう。つまり、ギリシア＝ローマ以来の西欧における道化の伝統を詳述することから始めて、アフリカ、インド、新大陸と、一応世界をカバーする形で道化について書いているからである。私は、山口氏が『文学』に渡す原稿の一章一章を読み、その度ごとに大きな興奮を味わったものだ。道化という周辺的存在を通してみると、これまで知られていたそれぞれの文化は、ずいぶん異なった様相を帯びて立ち現われてくる。そこには山口氏の手によって、全く新しい文化像が据えられた、といって過言ではない。私は氏の思想の持つ底知れぬダイナミズムに圧倒されたことを、鮮明に記憶している。

一方、『道化的世界』には、一九七〇年から七四年にかけて、折々に発表された氏の論稿が収録されている。山口氏が論稿を寄せた雑誌名は、『展望』『ユリイカ』『フィルム』『グラフィケーション』『悲劇喜劇』『国文学』『歴史と人物』等々であり、その他に新聞や講座などがある。これは、氏がいかに様々なメディアによって注目されていたか、を示す証拠でもあるだろう。そして氏は、そうした要請に対して、先に述べた『道化の民俗学』の原論的蓄積を駆使して、縦横無尽の活躍をしたのであった。

しかし、山口氏の活躍は、道化に関わるものばかりではなかった。意外なことに、講談社が刊行した『世界の歴史』の第6巻として、「黒い大陸の栄光と悲惨」を執筆しているのである。〝人類史とアフリカ〟から始めて、アフリカの古代世界、大発見の神話学、伝統国家の栄光、東海岸——交易都市の繁栄、南アフリカのナポレオンたち、ヨーロッパによる仮死、再生への胎動、試行錯誤の現代史、と続く本書は、アフリカの歴史と文化を初めて日本の読者に、体系的に提示する試みであった。そして最後に次のように書くことができたのは、『アフリカの神話的世界』の著者にして初めて可能であったと思うのは、私一人ではないはずである。

アフリカの歴史を今日、われわれが学ぶときに、心しなければならないのは、アフリカをヨーロッパスタイルの歴史研究の植民地にしてはならないということである。ヨーロッパで展開した編年史的歴史記述をアフリカ史にあてはめても、そこからは、ほとんどなにも、人間についての新しい知見は現われない。まず、偏見を捨てて、アフリカにはアフリカ人でなくては生きることのできない、独自の時間・空間内の存在様式があるという事実を容認しなければならない。

われわれが、人間と環境の共生の場として世界を真剣に考えるときに、アフリカは、われわれに、思いがけなく豊かな相貌を示す。今日、われわれが、アフリカ史に関心を抱くのは、そこには、われわれが忘却の彼方に押しやってしまった人間経験の独自のあり方を見ることができるからである。こうした知見を通して、われわれは、われわれの過去の埋れた部分めている。

（深層の歴史）を掘り起こす手がかりをえることすら出来るという期待を、少しずつ抱き始

この本を私に手渡してくれるとき、山口氏は次のように扉頁に記した。

道化とアフリカの神話的世界を
曳き出した
大塚信一兄　　第一号
山口昌男

第一号とは、山口氏が寄贈する本の第一号という意味だ。

さて、メキシコにおもむいた山口氏だが、最初から好運に恵まれていた。アパートの近くの画廊で、ホセ・ソラーナのエッチング展を行なっていたのである。この画廊を介して、山口氏はオクタヴィオ・パスをはじめとしたメキシコの文化人と、多彩な交流を楽しむことになるのだが、それを単に好運とだけ言うのは正確ではないかも知れない。なぜなら山口氏は二十年近くも前から、つまり日本ではまだ誰も評価する人のいなかった頃から、ソラーナに関心を抱き続けてきたからだ。ここで氏が手紙とともに送ってきたソラーナ展のパンフレットから、表紙と内容の一部

ソラーナ展パンフレット

展覧会の一部

INTRODUCTION TO HUMAN SCIENCES FOR SENSITIVE STUDENTS OF JAPANESE CULTURE

Prof. M. Yamaguchi

A. Historical background of Japanese culture.

B. Introduction to the semiotics of culture for the study of folk culture in Japan.

C. Structural Approaches to the Study of Japanese Folk Imagination.

D. Analysis of Japanese Cosmology in terms of "Center and Periphery"—A Phenomenological approach.

E. Problems of Buraku (sub-caste) in the Symbolic and Historical dimensions.

F. Itinerant vs. Sedentary in the Village Cosmos—Analysis of a contemporary Japanese novel "*Hijiri*"—Secularized monk "by Yoshikichi Hurui."

G. Kingship (Tenno-sei) in Myth and Reality in Japanese culture.

H. *Kabuki* and *Noh* as the embodiment of Japanese Cosmology.

I. "Magical Realism" in classical literature in Japan—with comparative perspectives.

J. Urban Cosmos of Tokyo—A semiotic analysis.

K. Impact of traditional world view on contemporary Japanese cultural movement.

を写真で紹介しておこう（二〇一頁）。

そして、ヴィクトル・セルジュとその息子ヴラディ、フリーダ・カーロ、アンドレ・ブルトン、トロツキーといった面々が続々と登場してくるが、これもまた該博な山口氏の知識があってのことだと思う。さらに、『トランペット・シャル・サウンド』や『第三世界』の著者として知られたピーター・ワースリー、あるいはジョン・ハリデーとの出会いも興味深い。

ところで、コレーヒオにおける講義の方は、どうだったのだろう。「感受性の豊かな日本研究の学生のための人間科学入門」とは何とも傑作ではないか。本人は「何やらドサ回りのタイトルじみていますが」と言っているけれど、ハリデーならずとも聴講したくなってくる内容だ。講義の内容について、英文をそのままの形で掲載してみよう（二〇二頁）。

次に、山口氏の掲げる〝参考文献〟についても、手を加えずに掲載する。日本関係の文献は省略するが、バフチンから始まってウィーナーに至るまで、それこそ山口氏の〝思想的背景〟(theoretical background) の広大さが一目瞭然であるからだ。

References

A. Theoretical background.

Bakhtin, M., "Rabelais and his world", M. I. T. Press, paperback.

+Baudrillard, J., "El sistema de los objetos", Siglo XXI editores, 1977.

+Benjamin, W., “Paris, capital del Siglo XIX” in *Illuminaciones 2*, Taurus Ediciones, S. A.

+Baroja, Julio Carlo, “ El Carnaval ”, Taurus, 1965.

〃 〃 “Folklore experimental ; El carnaval de Lenz”, *Estudios sobre la vida tradicional española,* Barcelona, 1968.

-Bauman, Z., “Culture as Praxis”, London, 1973.

○ Berger, P. (ed), “Marxism and Sociology”, 1973.

○ Berger, P. and Luckmann, T., “The Social Construction of Reality”, London, 1966–1967 (Anchor)

-Bricker, V. R., “Ritual Humorism in Highland Chiapas”, Texas U. P., 1973.

Blau, P. M., “Inequality and Heterogenity”, 1977.

Burke, K., “Dramatism and Development”, Clark Univ. Press, Mass, 1972.

-Colma, Rafael, “ Libro de la fiesta de moros y cristianos de Alcoy”, Alcoy, 1962.

-Durand, Gilbert, “Les structures anthropologiques de l’imaginaire”, Bordas, 1969.

○ -Durand, Gilbert, “L’imagination symbolique”, Collection SUP, Press Universitaires de France, 1969.

-Duncan, H. D., “Symbols in Society”, O. U. P., 1968.

〃 〃 “Communication and Social Order”, O. U. P.

Eco, U., "A theory of Semiotics", Indiana U. P., 1976.

+Eliade, M., "Imágenes y símbolos", Taurus ediciones, S. A.

+Erlich, V., "El formalismo ruso", Biblioteca Breve, Editorial Seix Barral, S. A., Barcelona.

-Garvin, P. L. (ed), "A Prague School Reader", Georgetown U. P., Washington, 1964.

-Girard, R., "La Violence et le sacré", Grasset, 1972.

-Kristeva, J., "La révolution du language poétique", Collection 'Tel quel', E. du Seuil, 1974.

Leech, E. R., "Animal categories and Verbal Abuse" in Lenneberg E. H. (ed), New Directions in the Study of Language, M. I. T. Press.

-Lemon, L. T. and Reis, M. J. (eds.), *Russian Formalist Criticism*, Univ. of Nebraska Press, Lincoln, 1965.

-Leslie, Charles, "Now we are civilized: A study of the Zapotec Indians of Mitla, Oaxaca", Wayne State U. P., 1960.

-Lotman, Yuri, "Analysis of the Poetic Text", Ardis, Ann Arbor, 1976.

〃 〃 "On the Metalanguage of a Typological Description of culture", *Semiotica*, 14 : 2, 1975.

-Merrell, Floyd, "Communication and Paradox in Carlos Fuentes—The Death of

Artemio Cruz—Towards a Semiotics of Character", *Semiotica* 18 : 4, 1976.

+Mitscherlich, A., "La inhospitalidad de nuestras ciudades", El Libro de Bolsillo, Alianza Editorial, Madrid.

-Mukavrovsky, Jan, "Aesthetic Function, Norm and Value as Social Facts", Michigan Slavic Contribution No. 3, Ann Arbor, 1970.

Myerhoff, Barbara G., "Peyote Hunt", Cornell U. P., 1974.

+Oropeza, Renato Prada, "La autonomía literaria—Formalismo Ruso y Círculo de Praga", Universidad Veracruzana, N. d.

+Prieto, Antonio, "Ensayo Semiológico de sistemas literarios", Editorial Planeta, Barcelona, 1975.

+Prieto, Antonio, "Morfología de la novela", Editorial Planeta, 1975.

-Rewar, W., "Notes for a Typology of Culture", *Semiotica*, 18 : 4, 1976.

○-Shklovsky, Víctor, "Art as Technique" in *Russian Formalist Criticism*, Univ. of Nebraska Press, Lincoln, 1965.

○Segre, Cesar, "Curved Time in Garcia Marquez" in Segre, *Semiotics and Literary Criticism*, Mouton, 1973.

+Tinianov, Iui, "El problema de la lengua poética", Siglo XXI Argentina Editores, S. A.

+Veron, Eliseo, "El proceso ideológico", Editorial Tiempo Contemporáneo, Buenos Aires, 1971.

-Winner, I. and Winner, T. G., "The Semiotics of Cultural Texts", *Semiotica*, 18 : 12, 1976.

NOTAS :

+Libros disponibles en las librerías.

-Libros que obran en la colección particular del Prof. Yamaguchi.

○Libros de los que existe traducción al Español.

この講義が行なわれたのが一九七〇年代であったことを考えると、山口氏の目配りの広さには、感嘆するしかない。そして氏の考える〝人間科学〟についても、並みの人類学者には思いもつかぬものであったろうことが分かる。同時にそれは、第9信で氏が書き送ってきた、望ましい哲学者（人類学者）像の内容を、氏自ら実践した結果であるとも言えると思う。

2

46　エル・コレーヒオ・デ・メヒコ（メキシコ）、一九七七（昭和五十二）年十月二十八日発信／同年十一月五日着

前略

ヨーロッパ旅行はいかがでしたか。

今日はコレーヒオにきていますが、これから夕方町へ行って、TLSの十月はじめ、つまり書籍市特集（二週間後れる）号を買いに行くところです。大塚君はこれをハンブルク［フランクフルトの間違い］で読んだのだなと思いつつ。

ゲラは少々後れて、十一月の十日くらいに着くようになると思いますが、その間少し休息をとっておいて下さい。

大江氏・井上（ひさし）氏に九月二十一日付で送った手紙がもし届いていたら、返事はコレーヒオ宛にと伝えて下さい。自分の住所気付けだと大幅に後れるか無くなるかするらしいのです。

明日から一週間オアハカ州に行ってきます。このことはまた、別の手紙でお知らせします。

本については、貴兄は今は食傷気味でしょうけど、スペイン語系の本が珍らしいので、どんどん買っています。

今も大学の本屋で
M・デ・シヴレウス『ワトウナ――マキリタレ神話』
A・エスナー『フロイトからラカン』一、一〇〇円（仏→西訳）
エンリコ・カステリー、ケレニー、ショーレム等『罪の神話』
G・ベテティーニ『映画――言語と構造』（伊→西訳）
ラグラン卿『寺院と家屋』（英→西訳）
バーク『宗教のレトリック』（英→西訳）
ウルス・イエーギ『秩序と混沌――モードと方法としての構造主義』
などを買ってきました。御覧のごとく大半は翻訳です。しかし比較的安いので、この機会に物的・精神的に大いに仕入れておこうと思っています。
昨日も家の近くの本屋で抱え切れないほど買ってきました。
貴兄の方の収穫はいかがでしたか。
ダブった本などが案外あるかも。よく調べてこちらに回して下さい。ではまた。
十月二十八日
山口
大塚兄
＊合庭氏に『思想』の《ママ》出たら送って下さいと伝えて下さい。それから英文のテキストを送って

下さるよう言って下さい。
＊山口一信に対談の原テキスト、手許にあるのを皆送ってくれるよう伝えて下さい。

47　エル・コレーヒオ・デ・メヒコ（メキシコ）、
一九七七（昭和五十二）年十一月十四日発信／同年十一月二十八日着

前略
西川［潤］氏に託したゲラはお手元にとどいたことと思います。例によって長く手元に置いておきながらほんの短時間しか見ていないので、落ちこぼれがたくさんあって、新書の時の本人不在の校正の悪夢を再現しているのではないかと、少し気にしています。

小生の方はこのところ小康（平和）状態が続いています。ジャパン・ファンデーションが書類の手落ちと称して、四カ月分まだアパート代（月十万円）を送ってこないので、その方の折衝の方が大変です。

しかしその間も、月はじめの死者の日には、南の方に飛行機で一時間飛んだオアハカ市へ行って、街の一角でやっていた町内単位の死と再生の儀礼劇を見てきました。

一隊の仮面グループとブラスバンドで構成されていて、一軒一軒回っては、一人が死者を演じ、他の女装した妻や恋人や悪魔やニセ医者や牧師に扮装した一隊が、いろいろヒワイな行為に及んで死者を蘇らせるとともに、踊りながら次の家へ行くという極めてカーニヴァル的な愉快な行事にぶつかり、同じ死者の日でも鶴見氏が感傷的に描くのと異なった姿を示すものだな、と思いました。

これは、ちょうどソラーナ描くところのスペインのカーニヴァルといろいろな意味で対応するとともに、小生が『海』に寄稿したイラン紀行の中の、トルコの民俗劇の死と再生劇とも対応するるので、面白いと思っています。

ちょうどジャック・スーステルの『四つの太陽』を読んでいたら、イスラム世界の習俗のスペイン経由の新世界への影響を論じていたところにつきあたり、オクタヴィオ・パスの『レヴィ＝ストロース』の中にもこの系譜を射程に収めることの必要性が論じてあったので、面白いと思いました。

もちろん、導入されたかも知れないけれど、ブリッカーの『チャ［ア］パス高原の儀礼的笑い』（一九七三）の中に、南部メキシコの原住民の道化儀礼についての事例がふんだんに出されているので、この辺りの対応について考えて行くと面白いと思っています。

貴兄のフランクフルト巡礼も面白かったようですね。ホイスラーもさることながら、「ルーベンスの時代の音楽と社会」も刺激的な催しのような気がします。ちょうど画廊のヒロネッラ氏が「ルーベンスを讃えて」と称して、ルーベンスを敬愛するメキシコの画家たちの展覧会を企てているというので、貴兄の出会いについて話しておきました。知らなかったので面白い符合だ、と喜んでいました。

バーク［ピーター・］にはいずれ会ってみたいと思います。ノーマン・コーンがサセックス

［大学］にいるとは知らなかったので、七一年にサセックスに行った時会いませんでした。

講義の方は、バロック的日本史の概観を終わって、今、『世界』の「中心と周縁」について論じ始めます。八人の出席者は全く魅せられていると、本人たちもオスカル・モンテス（大江氏の翻訳者）もいっています。

今日十四日は、同じ客員教授のピーター・ワースリー（マンチェスター［大学］、『トランペット・シャル・サウンド』『第三世界』［の著者］、もちろん知っているでしょうが）の主宰するゼミで、今日の神話研究という題で大演説をやってきました。

①神話研究と西欧精神史――ルネサンスと神話復興、セズネックとウイントとアビ・ワールブルクの研究。パノフスキーを通してイコン・セミオロジー研究への影響。カッシラーとワイマール。歴史主義（ヘルダーからヴィコ）と神話祝祭世界のかかわり。ロマン主義と神話（グリム兄弟―ゴーチエ、ネルヴァル）。十九、二十世紀の神話研究（バッハオーフェン、ハリソン、ケレニー、フロイト、ユンク、エリアーデ etc.）。

②二つの構造論的神話研究（ライデン学派とL＝S）。

③小生の二つのフィールドの事例（ジュクンとリオ）。

④神話的想像力と弁証法（メディエーションとアブサーデティの重要性）。

⑤オクタヴィオ・パスのレヴィ＝ストロース論、神話の論理と詩的想像力の問題。

これらの点について三時間まくしたてました。聴衆は四人の人類学者、ワースリー、インドの歴史家、二人の単純なマルクス主義者らでしたが、さすがにワースリーは、メディエーションと弁証法の問題をトリックスター神話研究の問題にからめて出したのは素晴しく刺激的であること、ジュクン、リオの事例は、全く魅了されるほど素晴しい神話のフィールドワークの例だと絶讃しました。ワースリーとの関係については、また機会を改めて書きます。パンチタイプの面白いイギリス人です。

このところ武者小路公秀氏、林武氏がUN［国連］大の関係できていたので、先週水曜日はこちらの日本研究者＋黒沼ユリ子のメンバーでパーティをやりました。

（3行削除）

「岩波世界歴史叢書」の広告を見て、あきれ果てました。日本の歴史学は将来性がない。

（13行削除）

IKの手紙では、三浦夫人の誕生日には、朝の三時まで皆でともに過ごして本当に愉しかったとありました。夜［の］バーなどという魅惑的な空間と縁の無くなった小生が口惜しがっているマンガを、IKのところに描き送ります。こっそり（貴兄だけ）見て下さい。

合庭君の件（『思想』と英文原稿）よろしく。

十一月十四日夜

山口

大塚兄

P.S.　手帖ができたら家内とともに小生のところにも送って下さい。

48　エル・コレーヒオ・デ・メヒコ（メキシコ）、発信日付なし
／一九七七（昭和五十二）年十二月九日着

前略

先日はマンデル・バスティードの本などお送りいただいてありがとうございます。

このところ風邪をひいたり、コレーヒオの中でつまらないことがあったりして、ちょっとくさり気味だったので、気分転換のために読みはじめています。コレーヒオの日本科のスタッフは小者（小物？）ばかりで、どうしてもギャップがめだって、つまらないつっかかり方をしはじめています。学生があまり小生の講義に熱をあげるやっかみも手伝って。講義そのものは順調に行っています。今のところ周縁性の問題を『世界』のテキストに拠って語っています。

オクタヴィオ・パスにはまだ会っていないのだけど、彼のエッセイは一応読んでおこうと思って、せっせと読んでいます。フランス語で今よんでいる彼の詩論が圧倒的に面白く、彼との対話はL＝Sとこのあたりに焦点をしぼろうかと思っています。あとスペイン語のエッセイ集が五冊ほどあるので、せいを出して読まなければならないといったところです。

メキシコ自体は文学が目立っているので誤解されるのですが、知的には全くの後進国で、低俗なマルクス主義がばっこしていて、パスなどの抜群の感受性の持ち主は一きわめだって見えるけれど、それだけ孤立しているのではないかと思われます。しかしコレーヒオ自体は、回りの二、

三の客員教授を除いて、全く腐った虚塔という感じで、だんだんいや気がさしはじめています。『第三世界』の著者のピーター・ワースリーは、頑固なマルクス主義者ですが、初老のイギリス人の活気とユーモアと知的好奇心にあふれているので、愉しい存在です。

昨夜は、ジョン・ハリデー（ペンギンに『日本の帝国主義』それに『パゾリーニとの対話』）とアルゼンチンからきた最も優秀な学生と三人で、近くの画廊の「ルーベンスへのオマージュ」という展覧会のオープニングに行ってきました。もちろん貴兄のルーベンス時代の音楽の見聞はヒロネッラ氏に話してあります。九人の画家（メキシコとスペイン）が出品していて、仲々愉しい展覧会です。例のヴラディも、神話作家ルーベンスを讃えて「イヴの誕生」という作品を出していました。

ジョンをいろいろな人に紹介し、終わったところで近くのインド料理屋で三人で十二時近くまで、熱中して話してきました。ジョンは、ピーター・ウォーレンと「シネ・ワン」叢書を出していて、その中に『ダグラス・サーク』というのを出しています。知られていないが素晴しい映画作家だといっています。ウォーレンが十二月にくるので面白いことになりそうです。ジョンは『ニュー・レフト・レヴュー』の有力メンバーでもあり、近くやってくる恋人が、イギリスで目立ち始めている映像作家らしいのです。

本日は、黒沼ユリ子女史の招きで、リサイタルに行ってきます。つまらないといいながら、こうして日が過ぎていくようですが、そちらからみて時の浪費のように思われますか。

山口

大塚兄

P.S.「スタイナーとの対話」(英文) を探してコピーして送ってくれませんか。合庭氏に『思想』十月号はまだ見ていないので、送るように伝えてくれませんか。(9字削除)

49 エル・コレーヒオ・デ・メヒコ (メキシコ)、一九七七 (昭和五十二) 年十二月十四日付/西川潤氏により同年十二月十七日に届く

前略

西川さんの荷物がたくさんありそうなので、オアハカのテキーラ (〃メスカル〃と呼ばれる) を小ビンに移して大三の会に託します。[ビンの中に入っている] 虫は特別の味向上のものです。レモンをたっぷり入れて、塩をナメナメ飲みます。

ポスター二枚のうち、一枚 (タマヨの絵――オアハカにあるタマヨの考古学蒐蔵品を中心にした美術館の) は貴兄に。もう一枚のリベラの第二の愛人で、病身で病床でずっと絵を描いたメキシコのシュールレアリスムの画家フリーダ・カーロのはＩＫにお渡し下さい。

パスとの件はうまく行って、先週金曜日に彼の家で会って、大変パスに気に入られ (同じ日、友人のヒロネッラ――画廊の主――に会ったら、山口のような人間にあって大感激だと、パスはすごく興奮していたそうです)、今日、月曜夕方もう一度会って、水曜日に正式に対談をします。

岩波の翻訳の件、伝えておきました。

対談は、今回は塙君の電話で『海』のパス特集のためのものです。一信にフクレルなよと伝えておいて下さい。対談は将来何回かやろうと話していますので、その際『世界』にでも連載しようかと思います。『世界』に移りませんか？　パスの件、これから会いに行くのでまた改めて便りしましょう。

14／12／77

50　エル・コレーヒオ・デ・メヒコ（メキシコ）、一九七八（昭和五十三）年一月五日発信／同年一月十七日着

拝復　新年のはじめの登校日にお便り落手しました。十二月の末にお便りした時にほぼ書いたと思いますが、十日頃から猛烈に忙しい日が続きました。

毎日［新聞］の時評（これはお目にとまったことを希います）を書いた後、早川［幸彦氏、『中央公論』編集部］が突如として電話で、小林秀雄『［本居］宣長』の書評二十枚を送れ、一週間以内に（十二月だから）といってきたので、大著をもう一度丁寧に読み返し書き始めたら四十枚になったのを十枚切って（小林が学問批判するのはよいが、カリカチュアライズしてその部分だけ批判するのはよろしくないという部分）三十枚にして送り、それから塙君のパスの件にとりかかりました。（塙君の電話の時、大塚君を通して一信に伝わるように――パスと［対談を］やるということ――を伝えてくれるように言いましたが、もちろんチャランポランの彼のことだから、

貴兄にいっていないでしょう。一信にいっておいて下さい。それとその時手紙かくけど、十日にカルロス・フエンテスと『世界』用の対談をやることにしたとも伝えておいて下さい。）

十二月後半はパスの本を次々に読み、ついにはスペイン語の本にも手を伸ばし、ほぼ目ぼしいものは読みました。対談そのものはパスを大いに喜ばせ、パスがあちこちで、今は山口、山口といっていると間接的情報が入ってきます。昨日（五日）もパスの所に書き下し（自分でやった）の原稿を届け、今日も夕方パスと会います。パスが、フエンテスが今パリから帰ってきているといったので、すぐ彼の滞在しているホテルに電話して（ヒロネッラ画廊から）対談を申し込みました。フエンテスは機嫌がよく、一月十日にアカプルコ海岸から帰ってきて十五日にアメリカに発つから、その間にやろうということでした。

その後、二十九から正月二日まで、メキシコ市から二時間離れた山中の湖に面した町、ヴァイエ・デ・ブラボーというところに年末を過ごしに行かないか、というヒロネッラ夫妻の誘いで行ったところが、公害のメキシコ市とは天地の開きのある美しい南欧風の町で、四日間空は真っ青に晴れ、毎日散歩したり、プールで泳いだり、パスの本を読み続けたり、対談を翻訳したり、三軒のとてもおいしい料理を出すレストランで食事をしたり、ヒロネッラの友だちの別荘で三時頃まで話し込んだり、とても愉しい日々を過ごしました。

特にこの町にはヒロネッラの兄で、ブルトンに絶讃されて、現在はメキシコのシュールレアリスム絵画の第一人者である、アルベルト（近代美術館で個展が行なわれているためにパリから帰国中）が別荘を持っているので、そこへ遊びに行ったり、共に新年を迎えたりしました。アルベルトは、自分は今度の個展はメキシコではあまりわかってもらえないと思っていたが、思いがけなく、日本からマサオがきており、最も的確なことを言ってくれた、と何度も言っていました。

ある時、テラスで話し込んでいたら、批評家で文部省にいて『教育』という雑誌を編集している人がきて紹介されたら、「ああ、山口氏ならこないだオクタヴィオ・パスと話していたら、すばらしい人だと言っていましたよ」ということでした。そのパスはL＝Sとの対談、『エスプリ』論文（特に後者）が気に入って、ぜひ西訳を彼の主宰する『ヴェルタ』という雑誌に載せたいと言っています。対談のことは、いずれ『海』の誌面でお読み下さい。ヒロネッラは、名闘牛士のような話のはこびだと絶讃しています。

このようなわけで、□□□の退屈人類学の一件はお話にならない。本人はそういう話を作りたくてきているのだから仕方がないが、会う機会があっても避けて帰ったという感じです。小生は、コレーヒオの連中は知的に無気力で退屈であきあきしたとある友人に言ったのを、その人が西川氏に山口氏はホームシックと言ったのを聞いて、そういったのでしょう。会う機会があったら、コレーヒオの連中が東大の連中のように空っぽで退屈だと言ったので、人類学とは関係ないと伝えて下さい。たしかに十二月のはじめは風邪で熱を出して寝込んで、コレーヒオの連中にもあきあきしていたことは確かですが、それはすぐ、反撃の体勢を整えて、客員メンバー（ジョン・ハリデー、ポール・クリフォード（若いイギリスのすばらしい能力のある中国研究者））で内側の人間をあてにしない自衛組織をつくりました。

特にクリスマスの頃から、ジョンの友だちのピーター・ウォーレン（邦訳のある）が、同じくフィルム作家である夫人と、ニューヨークから遊びにきて、何回か会ったりして退屈どころの騒ぎではありませんでした。

このところ東大の先生が小生のことで、急速にひがみっぽくなっているのが目につきますね。□□□□氏曰く、□□などはその例の一つだけど、家内が捨てようと思っていた『週刊朝日』に、というのが載っていたというのを送ってきた切り抜きに、「同じ道化をやっても山口昌男君（あいつに君呼ばわりされるほど親しくなったことは一度もない――□□とか□□□□と同じメンタリティ）のように大衆的などろどろしたものでなく、僕は洗練されたものを追求している」云々。何たる（17字削除）言葉！『道化の文学史』のあとがきあたりから顕在化して、『世界』座談会でも見せて、□□□□たいという構えの延長にありますが、これが、貴兄のいうように、□□も含めた新しい西洋かぶれに繋っているから始末がわるい。

小包は、年内の、三冊の本（パノフ他）、年明けて二つ（サバトとインファンテ、仏［語］二冊）とどいています。御察しの事情で、これまで眼を通すことができませんでした。それにこれから十日までフエンテスの本をどんどん読まなくてはならない。

（12行削除）

大三の会も、三浦君の気のいい軽はずみで、メンバーを水増しした瞬間に、〝出会い〟から〝空騒ぎ〟に焦点が移行したのではないでしょうか。少々気にしています。小生も〝火の子〟をつまらないたまり場にするつもりはないから、できるだけ共に時間を過ごす人々を限っていたはずですが、世の中は思うようにいかない。

しかし最後に一つ。正月を過したヴァイエ・デ・ブラボーがあまりすばらしかったので、三月から七月までは公的な義務がないので、この町に家を借りて木↓月までを過ごし、コレーヒオには火と水だけくるようにしようと思います。そして毎日を読書と散歩と文化記号論［現代選書］の執筆にあてようと思っています。このプラン如何。メキシコ市までの車での三時間はそれほどでもありません。催促のためにメキシコにきませんか。ではまた。

一月五日　　山口

大塚兄

山口氏はついにオクタヴィオ・パスに会った。しかも大変気に入られたという。それからカルロス・フエンテスとも対談を行なう。氏の、世界の知識人巡りがいよいよ始まったのだ。八〇年代中葉の『へるめす』を舞台にした、山口氏の世界的に著名な芸術家や学者との他流試合の幕開け、と言ってもよいだろう。

当時の高揚した雰囲気を、山口氏の文章（「オクタビオ・パスとの日々――その死を悼みつつ」『群像』一九九八年七月号、後に『山口昌男ラビリンス』に収録）によって再現しておこう。

オクタビオ・パスと会ったのは一九七七年から八年にかけてエル・コレヒオ・デ・メヒコ（メキシコ大学院大学）の客員教授として約一年滞在していたときのことであった。単に会ったというだけでなく、月一度のペースで会っていたように思う。何となく会うというのは失礼だと思っていたのでメキシコに到着してから二、三カ月の間は会うのは控えていた。しかしながら着いて一月くらいしてのち、当時中央公論社の雑誌『海』の編集長をしていた塙嘉彦氏がオクタビオ・パスとの対談を『海』に掲載したいから対談を行ってくれるよう依頼して来た。

（中略）

パスとの対談はオスカル・モンテスの立ち合いのもとに、パスの住む、レフォルマ大通りのマンションの最上階（ペンテハ《ママ》ウス）のパスの居室で行われた。その部屋にはデュシャンの作品などが置かれていたのを記憶している。対談の中では次のような話題が取り上げられた。

シュルレアリスムへのかかわり――パスは自分が加わったのは運動の後期であること、最も若い世代に属したこと、ブルトンに会う前にパスは『アンダルシアの犬』を作ったのはブニュエルがシュルレアリスム運動と出会う以前だったことを例に挙げ、すでに意識しないでシュルレアリストであったことを強調する。この一九四五年パスが会った人々の名前は多彩である。メキシコでシュルレアリスムの詩人バンジャマン・ペレに会っていること、ブニュエルがペレを最高の詩人であると言ったことを強調したということを教えてくれた。

（中略）

こういう話を（中略）一九七六年十二月にはじめて会ってから翌年六月に私がメキシコ市

西南三百キロの地点にあるヴァイエ・デ・ブラボーというメキシコ人の保養地に家を借りて三カ月住むために移るまでの約半年の間、月に一度ずつ会って食事を共にするという形で続いた。そのときはあたり前の日々であると思ったのであるが、今にして思えば生涯最良のときであったとも思うのである。パスと私は交替で相手を招待するという形で、レストランで昼食を共にした。話題はときにはレヴィ＝ストロースの事、ときには山水画の宇宙論、ときには能、ときにはフランスの記号学者ツヴェタン・トドロフの事、ときにはデュシャンの事、またときにはアントナン・アルトーの事、バルガス＝ジョサとガルシア＝マルケスの奇妙な友情についてなどとどまるところなく拡がった。

アルトーの『タラフマラ紀行』について、「君はアルトーのタラフマラ紀行を幻視による理想的民俗誌と言うが、それはある意味では正しいね」「どういう意味で？」「彼はメキシコへ通信員として来たことは確かだけれど、タラフマラ族の住んでいるシェラ・マードレに行ったという確証は何もないのだよ。人類学者の陥りがちな現地至上主義という経験の物神化との対比において幻想であれだけの物を書くのだから素晴らしいと思わない？」「あなたの言うことに俄かに同意できないけれど、それが事実であるとアルトーが更に素晴らしく見えて来るような気がしますね。私はどちらかと言うと、こういう奇怪な事実のほうが好きなところがあるのですが……」と私は反応したが、しばらくの間ショックからは立ち直ることはできなかった。

というものの、食事のあとの散歩はオクタビオ・パスとの月毎の祝祭の第二部として愉快なものであった。私は美術批評に携っている者ではないのでそれ程何時も画廊めぐりしているわけではないが、それでも生涯に三度集中的に画廊めぐりをすることがあった。パスとの出遭いはそういう時期の一つであった。食後パスは少し散歩をしようと誘って画廊を四軒ほど廻るのが常であった。親しい画廊に寄っては展示を見て、メキシコの若い画家たち（それも抽象的な傾向を帯びた）について私に意見を聞いたり、いろいろ説明したりした。そして特に親しい画廊の持ち主には私を紹介してくれるのが常であった。

話をはじめに戻してパスと私の対話のテキストではブルトンがはじめて来た一九三八年のことを回想している。これはパスではなかったが誰かが教えてくれた椿事がある。ブルトンが到着した日ブルトンはメキシコ人の左がかった人物と東の市場にある酒場で飲んでいた。ところが目の前でその人物は射殺されてしまったのでさすがのブルトンも度肝を抜かれたということであった。

私との対談ではパスは友人を通してブルトンからの会見の申し入れを断ったことを語っている。三八年頃パスはメキシコ共産党と近い立場に居た。後年のパスと共産党の関係を考えると俄かに信じられない話である。当時パスは党と極めて近い立場にあったためにブルトンは「党にとって好ましからざる人物である」という理由で断ったと言う。もちろん後年パスはブルトンとは肝胆相照らす仲になっている。パスはトロツキー襲撃派だったシケイロスの側にいた。であるからパスの気持は千々に乱れたと推察した。ブルトンはトロツキーに敵意を抱くようなことはなかった筈である。しかし、パスはトロツキー襲撃の陰謀には加わったことはないと断言している。当時私は、ロシアからトロツキーに随行してメキシコに来たヴィクトル・セルジュの息子ヴラディ・セルジュと親しくしていたことをパスに話していたから、パスもなぜ私がそうしたことを質問するか知っていた筈であった。ヴラディは画家で壁画運動が終わっている一九七〇年代でもある教会で壁画を製作していた。

　私たちの対話では古代のメキシコ（当然征服以前）と日本における知識人のあり方の違い、中でも後にパスが大著で論じたソル・ホアナ・デ・ラ・クルス（女性の神秘思想家）について、現代におけるバロック、反抗者としての知識人の立場などについて話を進めた。パスは、対談の打ち合わせのときに私が説明した言葉を次のように要約した。

「先日君がうまく説明していたけれど、社会における真の反抗は祝祭に赴くことであると……。私の言い方では、それは社会の始原に立ち還えること、初めからやり直すことに他ならないと思います。我々が歴史を、直線的な進歩史観の枠内ではなく、君の言うように、言葉の最も深い、そして最も正当な意味でのカーニバルの一種として語ることができるのはそのような意味においてです」（オスカル・モンテス訳を少々改変）と言った。

　私はこれに対してのパスの「反抗」という言葉の定義はダイナミズムを捉えていて心躍る思いがする。反抗（レヴェルタ）を制度化した革命に対する補完作用として捉え直されなければならないと日本の一新聞（『毎日』）に書いたと言ったらパスは「それは素晴らしい」と反応した。話はパスにおける愛とエロス、詩における構造化と道化《ママ》作用――日本の魅惑的な側面というほうに流れて終わった。この他パスと話し合った話題には「詩的イメージと相反するものの合一」、ローマン・ヤコブソンとロシア・フォルマリズムへの関心、ステファン・ルパスコ（ルーマニア出身・フランス心理学者）の「欠性対立の理論」（各々の語は相反するという理由で相互に依存し合う反対物の中に自らを投影すると説いた）、アンリー・ミショーの始原的世界論、ミショーと笑いの伝統、俳句を基とする詩人ホセ・ファン・タブラダについて及んだ。

一方、大学はあまり面白くないと言いつつも、山口氏はピーター・ワースリーの主宰する研究会では、「今日の神話研究」というテーマで大演説をぶつ。ルネサンスから二十世紀に至るまでの神話研究と西欧精神史から始めて、二つの構造論的研究、山口氏の二つのフィールドの事例、神話的想像力と弁証法（メディエーションとアブサーデティの重要性）、神話の論理と詩的想像力の問題に至るまで、三時間にわたってまくしたてたという。右の五つのテーマのどの一つをとっても、優に一冊の本になるくらいの大きくて重要な内容だろうから、逆によく三時間で収まったな、という感じもする。

このように大活躍をする山口氏だから、送ってある『知の遠近法』（岩波書店、一九七八年）のゲラはなかなか見てもらえなかった。第47信では、「例によって長く手元に置いておきながらほんの短時間しか見ていないので、落ちこぼれがたくさんあって、新書の時の本人不在の校正の悪夢を再現しているのではないかと、少し気にしています」と言い訳をしている。

本文の校正すら満足に行なう時間のない山口氏のことだから、「あとがき」など書ける訳がない。後の手紙に出てくるように、中央公論社内部の人事に気を配ってほしいとの氏の要請をいれて、私は氏に代わって可能な限り短く次のように書いた。

あとがき

本書の第一章は『中央公論』一九七五年十一月号に、第二―九章及び第十一―十三章は同誌一九七六年一―十二月号（六月号は休載）に、また第十章は『思想』一九七六年十二月号に、掲載されたものである。『中央公論』の連載期間中、同誌の編集長だった粕谷一希氏及び担当の早川幸彦両氏にはたいへん御世話になった。厚くお礼申し上げたい。

一九七七年十一月　　著者

「あとがき」こそ書かなかったとはいえ、この『知の遠近法』は山口氏の未発見の魅力を十分に備えた書物だったと言うことができよう。それは、『道化の民俗学』や『文化と両義性』とは違った、同時代の文化現象に対する氏の柔軟なフットワークを示す、見事な雑誌連載だったからである。その意味で、粕谷一希氏と早川幸彦氏の功績は大きいと思う。

ある時、朝日新聞社の最上階にあるレストラン「アラスカ」で、私は山口氏と会っていた。そこに早川氏が連載の原稿を取りに現われた。山口氏が原稿を出すと、早川氏は「やあ、できたか」と言って原稿を受け取り、礼も言わずにそのまま足早に立ち去った。私はびっくりした。編集者にはいろいろなタイプの人間がいるが、このような編集者は見たことがなかった。しかし、その後も早川氏は優秀な編集者として、中央公論社を新社になって以後も支えていたことを思うと、不思議な思いにとらわれる。山口氏がそうした早川氏の言動に腹を立てたようにも見えなかったのも、面白いことだ。目次を見ておこう。

3

51　エル・コレーヒオ・デ・メヒコ（メキシコ）、発信日付なし
／一九七八（昭和五十三）年三月二十二日着

この二、三日は本当に忙しい日々の連続でした。□□□□□に届けものしていただいてありがとうございました。この件については百年分くらい借りができていると自覚しています。三月はじめに、チアパス高原から、高原のカーニヴァルを観察して帰ってきて、貴兄の前の便り受け取りました。

カーニヴァルの話、大江氏への手紙に書いたので省略しますが、オクタヴィオ・パスに話したところ、ぜひ彼の主宰する雑誌に書けというので、「チアパス高原の文法学者の猿」というエッセイを書く約束しました。同じ雑誌に、チアパスについてのアメリカの人類学者の本の書評をしてくれというので、これもやっています。また、対談と小生のエッセイを『ウノ・マス・ウノ［ひとつずつ］』というパスたちが支持している高度に知的な日刊紙の土曜特集版（とても面白いものです）に西［スペイン語］訳して載せるというので、今翻訳中です。日本だけでしか通用しないことはやらないという小生の原則からいって、パスのサポートは大変力強いことです。

昨日は隅谷三喜男先生がアメリカの帰途によられて、「日本の労働事情」という講演（聴衆七

リサイタルの小ホール

人）につき合わされて（五時ＰＭから）後、新聞でアルド・チッコリーニ・リサイタルが夜あることを知り、あわてて飛んで行ったところ、さすが日本と違って、九時に始まるのに八時半に行って、二百人くらいの収容の小ホールの切符を悠々と買うことができ（それも先生割引きで六百円くらい）、自由席なので大統領夫人の席の二、三列うしろで大変愉しく聴いてきました。

プログラムは本来、サティの「スポーツとディヴェルティメント」全曲だったのですが、大統領夫人がくるというので、「ジムノペディ」など、及び後半をリストに替えられてしまったのですが、それでもアンコールにロッシーニの「オッフェンバッハに基づく変奏曲」などが入り、全く興奮しました。

中休みにトイレに行ったら、同じ部屋が控え室になっており、チッコリーニがいたので声をかけて（こんな気安いことは日本ではありえない）話しはじめた（小生もメキシコ化して心臓つよくなった）ら、来年十月日本にくるというので、では日本に行く前に対話を日本で発表しましょうと言ったら、時間がないけどやろうといって、本日朝九時から十時まで時間をとってくれました（今日アメリカに発った）。

実際には、道路の混雑で三十分遅れて、三十分しかできなかったのですが、サティ、オッフェンバッハ、シャブリエ、ブゾーニなどについて、とても面白い話がでました。特にロッシーニのピアノ曲をめぐって、ロッシーニ＝十九Cのサティ論をチッコリーニが展開して、とても情報のつまった対談になりました。題して「アルド・チッコリーニとの三十分」（一時間でないところがサティ的みそ）。これを日本訳して（今回はフランス語でやりました）『レコ芸』［『レコード芸術』］の朝川［博氏］に送り、「音の彼方に……」の番外篇にしようと思っています。乞御期待。小生は引き出し役であるけれど、［高橋］悠治とのサティ対談より遥かに面白かった。チッコリーニが小生を泣かせたのは、こちらが誘導しないのに、結局リサイタルは祝祭でなければならない、と言ったところでした（さわりの一部）。

さきほどパスと電話で話して、チッコリーニとの対談のことをいったら、それすぐくれないか、『ウノ・マス・ウノ』で出そうということになりました。『ウノ・マス・ウノ』はタブロイド版、三週間前の土曜特集で五ページにわたってサティ特集をやったばかりです。『世界』の方は当分、川田＝武満（武満も本当に□□だけど、一信も一信。どうして武満みたいな人を保護しないのかな？）に任せよう。

本はどんどん送って下さい。消化して報告しますから。それから磯谷［孝］訳のロートマン［Yu・ロトマン］と、未来社のガダマーを送ってくれませんか。小生は昨日、友人のジョンのところに引越しました。

十九日は吉田喜重がくるので、北の方のウイチョール族の方に行ってきます。（その前に、平治依頼の歴研［『歴史学研究』］「歴史学と文学」［特集の］小生担当「石母田史学と日本文学史」五十枚を仕上げなければならない。臍の緒と言うなかれ。）

その後二十五日から十日間、ペルーの大学に講演、四月五日から十日間、ペンシルバニア大学で報告の後、ハーバード回りで四月十五日に戻る予定です。

そこで『〔知の〕遠近法』の関連で、合庭君の時のように、請求書を（なるべく二千ドルを越えない範囲で）送ることになり、小生の家内の不信を買う破目に追い込むことになると思いますが、よろしく共犯を引き受けてくれませんか。

あとがきの件、間にあえば、粕谷〔一希〕が中公をやめることになったそうですから、文意を少し強くしたのを同封しますのでよろしく。

選書の件、（リスト面白すぎて、これでは当書店も看板を降さなくてはならないのではないか、と危惧します。小生の『文化の理論としての記号論』という仮題は、仲々いいと思います。『文化の詩学』にでもしようかなと思っていたけど、前者の方がよい。

小生の予定、五月はじめコスタリカ大学講演、七月ベネズエラ、カラカスの〝アジア・アフリカ・中南米コングレス〟、ブラジル、カリブ海回りで八月はじめに戻り、九月半ばまで『文化の……』とか、コレーヒオの講義を出版用（英→西）にまとめて、十月のはじめに日本にすべり込むという感じです。では安江〔良介〕・合庭両氏によろしく。一信はどうでもいい。

52　エル・コレーヒオ・デ・メヒコ（メキシコ）、発信日付なし
／一九七八（昭和五十三）年五月四日着

大塚信一様

アメリカから帰ってきたら、お便りついていました。『遠近法』刊行については、いろいろお任せしっぱなしで、苦労されたと思います。

まず用件。バレー・ショップはあれだけですぐ送金いただいてよいのですが、もう一軒ハーバートの「マンドレーク」［書店］が行きますのでよろしく。

寄贈本は例のとおり多くなってしまったのですが、Bは何となく同業組合のつきあいで、小生の人間関係の中のエントロピーという感じです。念のためコピーを送り戻して下さい。D、Eの中からはどうするか、そちらまかせにします。こちらにできれば、あと四部ほどお送りいただけるとありがたいと思います。

ところで小生は、先月の二十日から二十四日まで、西北のコーラ族のところに吉田喜重氏と行って、とても面白い儀礼を見て、二十六日にペルーに飛んで、ほぼ十日ほど滞在――カトリック大学で講演したり、インカのクスコを訪ねたりしました。講義は三回やって、大学院の学生とスタッフが二十人ほど聴きましたが、大変知的刺激・理論的刺激を受けたといって、興奮していました。パリやコーネル、オクスフォードで博士をとった連中がスタッフなのだけど、大変な小生のファンで、毎日一緒に過ごして大変愉しい日々でした。

四月五日にニューヨークに飛んで、真先にバレー・ショップに行って、送る手配を頼んだのです。四月七日にアフリカの美的文化のシンポジウムに参加、その後フィラデルフィアに行って、ダン・ベン＝エイモス宅に泊まり、宮坂敬造（教育、□□□）に会い、その後人類学科と記号論研究グループのために講演しました。

人類学は相手が低調なせいもありますが、小生の「リオの社会構造と世界観」は圧倒的迫力をもって迎えられたようです。

記号論のスタッフ・セミナーは、「メタファーのメタファーとしての異人」という題でアルレッキーノの話をして、哲学、文学のスタッフを知的興奮に巻き込み、今年一年間の中で最も面白い話だった、といわれました。実は小生の前の講演者はトム・ウィーナーだったのですが。そこでまた、記号論をやっている面白い連中と仲よくなりました。

その後ストーニー・ブルックに行って、人類学のデーヴィッド・ヒックスに会い、さらにニューヨークに戻って北上し、ハーバート《ママ》に行ってトム・ウィーナーに会い、五月に行なわれる記号論の国際研究集会に滞在費を出すよう働きかけてもらって成功。この会には、クリステーヴァ、ロットマン、イヴァノフ、ピアティゴルスキー、トポロフと、ごそごそくるので、対談シリーズを再開しようと思って、一信に旅費の工面を便りしました。

さらに、翌日の朝まで十月のブラウン大学で行なわれるアメリカ記号論学会に出ることを約束、レジメを四枚「記号発生装置としてのスケープ・ゴートの原理」を書いてウィーナーに渡し、ウィーナーはそれを持ってほかの用でインディアナに発ち、小生は日暮れまでハーバートで本を買い込み、夕方ニューヨークに向かいました。

朝（十六日）ヤン・コットがニューヨークに泊まっていたので朝食を共にし、それから近代美術館に二人でいったら、彼の友だちで東独出身のおそろしく知的な劇作家に会って、昼食を共にし、六時から彼のポルトガルの農民についての映画をやるから見てくれといわれて、三時からアリシア・デ・ラローチャが、アルベニスの組曲「イベリア」を全曲弾くのを聴きにいった後に戻ると約束。デ・ラローチャは素晴しく、全聴衆興奮して総立ち、デ・ラローチャこれに応えて六曲アンコール、興奮さめやらぬ中を、近代美術館に向かう。映画については省略。いずれ高野［悦子］女史に推せんできる代物。それから、ニューヨークについた日に落としたパスポートを取りに、九時過ぎに演劇の友人のダスグプタ宅へ。そこへフィラデルフィアの民俗学の教授バーバラ・キルヒェンブラット＝ギンブラットがパスポートをもって現われる。（実は最初の夜メトロポリタンで「トスカ」を見て、そのあまりのつまらなさに怒って出てきたらボックス席にパスポートを落とし、それがペンシルバニア大学に送られ、小生の出発後につき、バーバラがもってきたという次第。）

結局一時頃まで、ダスグプタの家に滞在していたフランスの演出家を含めて話し（イディッシュ演劇のことなど……）、バーバラは最近『言語遊戯（人類学・民俗学）』という本を編集して出した博学な女性、「パスポートのおかげでマサオとゆっくり話し合うことができてよかった」と喜んで別れました。

翌十七日、飛行機は十時に発つのに、目がさめたのは八時過ぎ、とびおきて、何とか間に合って戻ってきたという次第。

それから引越し。現在住んでいるのは、ヴィオンチェッというコレーヒオの経済学教授の家。広大な庭園つきの二階建ての家で、書斎が三つあります。ケストナーのザルツブルグ［ク］日記の主人公ナユ［不明。小説の主人公はG・レントマイスター］に及ばないが、記号論・人類学・中南米文学の部屋に分けて、部屋を替りながら勉強しています。

（3行削除）

ではまた。すぐ書きます。

山口

平治には大塚君から『歴研』送ってきたと書きます。本文は要りません。そのうち山口批判エッセイ集というのがでるかも？

［寄贈リスト他三枚省略］

53　オースチン（アメリカ）、発信日付なし
／一九七八（昭和五十三）年五月十六日着（絵はがき）

前略　『知の遠近法』の反応は如何ですか。小生はミシガン大（アン・アーバー）の芸術記号

論学会の帰り、今、バフチンについての本を書いている男に会うためオースチンに滞在しています。アン・アーバーではピアティゴルスキーと「古典学と記号論」、シーガルと「人類学から記号論へ」といった対談をしました。会期中イージ・コラージュの特別展をやっていました。ではまた。

第51信で、山口氏はアルド・チッコリーニと会ったことを書いている。第52信ではニューヨークで、アリシア・デ・ラローチャがアルベニスの「イベリア」組曲を演奏するのを聴いて、感動したとも書いてきた。演劇に関する山口氏の関心については、これまで何回も記されている。とくにピッコロ・テアトロのソレリ氏との交友は重要な意味を持っていたと思われる。同様にヤン・コットやＲ・シェクナーなど、演劇に深く関係する評論家や研究者とのつきあいも多い。また国内では、後に出てくるはずだが、寺山修司、唐十郎氏や鈴木忠志氏といった演劇人と深く交流することにもなる。絵画については、言及するのにいとまがないほどであるのは、ご覧の通りである。一例をあげると、第53信の最後にイージ・コラージュの特別展についてさりげなく触れられているように。つまり、芸術のほぼ全領域にわたって、山口氏は関心を持ち続けてきたのだ。

それは、文化人類学をはじめとする人文・社会諸科学と同等の比重をもって、あるいはそれ以上に、山口氏の思想の中で重要な位置を占めてきた。そしてこのことこそが、山口氏をして二十世紀の後半における、世界的に見ても、比類のない思想家たらしめているのだと、私は思う。少し後に、私は「叢書・文化の現在」(全13冊、一九八〇~八二年)を刊行し、さらに文化の総合誌『季刊・へるめす』(一九八四年創刊)を出すが、それらの基本的なコンセプトは、山口氏の思想のあり方からヒントを得て形成された、と言っても過言ではない。つまり、一言で言えば、〃芸術と学問に架橋する試み〃ということに他ならない。そして事実、「文化の現在」でも『へるめす』においても、山口氏は中心的存在として、大活躍してくれたのであった。思えば、山口氏は学問と芸術の双方を通して、人間存在の素晴しさを解き明かし続けたのではなかっただろうか。

第51信で山口氏は、短く次のように記している。

選書の件、リスト面白すぎて、これでは当書店も看板を降さなくてはならないのではないか、と危惧します。小生の『文化の理論としての記号論』という仮題は、仲々いいと思います。『文化の詩学』にでもしようかなと思っていたけど、前者の方がよい。

〃選書〃というのは、一九七八年五月に出発した「岩波現代選書」のことである。

大江健三郎『小説の方法』
J・ジョル『グラムシ』(河合秀和訳)
R・P・ドーア『学歴社会 新しい文明病』(松居弘道訳)
渓内謙『現代社会主義の省察』

R・スチュワート『医師ベチューンの一生』(阪谷芳直訳)
E・ウィリアムズ『コロンブスからカストロまで　I――カリブ海域史、一四九二―一九六九』(川北稔訳)

の六冊を同時刊行することから始まったこのシリーズは、次々に意欲作を刊行していくことになる。当時の岩波書店としては、新鮮な企画として、多くの読者に迎えられたのを覚えている。山口氏が、近刊予告も含めた選書のリスト(内容見本)を見て、「面白すぎて、これでは当書店も看板を降さなくてはならないのではないか、と危惧します」と書いてきたのは、あながちリップサービスだけとは言えない、と思う。山口氏が当時の岩波書店の出版傾向に対して非常に批判的であったのは、これまでの手紙からも十分理解できるであろう。そして、予告の中には山口氏の『文化の理論としての記号論』も載っているからである。もっとも、この本は結局『文化の詩学I・II』として、一九八三年に刊行されたのであったが。

ちなみに、一九七八年に、最初の六冊に続けて刊行された選書のうち、私の編集した書目だけをあげると、次のようになる。

A・ストー『ユング』(河合隼雄訳)
滝浦静雄『言語と身体』
J・カラー『ソシュール』(川本茂雄訳)
田中克彦『言語からみた民族と国家』
V・S・ナイポール『インド――傷ついた文明』(工藤昭雄訳)

K・ポパー『果てしなき探求――知的自伝』(森博訳)

J・A・トレヴィシク『インフレーション――現代経済学への挑戦』(堀内昭義訳)

J・ブラッキング『人間の音楽性』(徳丸吉彦訳)

このうち、J・カラーやJ・ブラッキングについては、以後の山口氏の手紙でも触れられることになる。

第51信では、ペルー訪問のことが書かれている。カトリック大学での講演のためである。その後、ニューヨーク、フィラデルフィア、ストーニー・ブルック、ハーバードと飛び回った。続けて第53信では、アン・アーバー、オースチンと走り回る。その間得意の居候術を発揮しているが、その居候も氏にとっては、まことに重要な情報交換の場であったことが、これらの手紙を通して如実に語られているのを、認めない訳にはいかないだろう。

4

54　カラカス(ベネズエラ)、一九七八(昭和五十三)年六月十三日発信/同年六月二十六日着

前略

お元気ですか。

小生は今月の三日にメキシコを出て、コスタリカ大学で三日間、「日本文化の記号論的分析」という講義をやって大変喜ばれ、惜しまれつつパナマにやってきて、さらにベネズエラまで足を伸ばして、いい宿がみつかったので五日間滞在して、ゆっくり毎日メキシコ市からもってきた中南米の小説を読みました。

途中の機上では、大江氏の『小説の方法』を読みました。レクチュール論としてとても面白く、同時に携行してきたカルロス・フエンテスの『ドン・キホーテ――クリティカ・デ・レクトゥーラ（レクチュールの批判）』と併せて、そのうち「読・書の文法――大江健三郎とカルロス・フエンテス」というエッセイを『海』に寄せようかと考えています。フエンテスの長編エッセイも大江氏のも、共に「ドン・キホーテを読む」ことが主眼になっている点も面白いと思います。

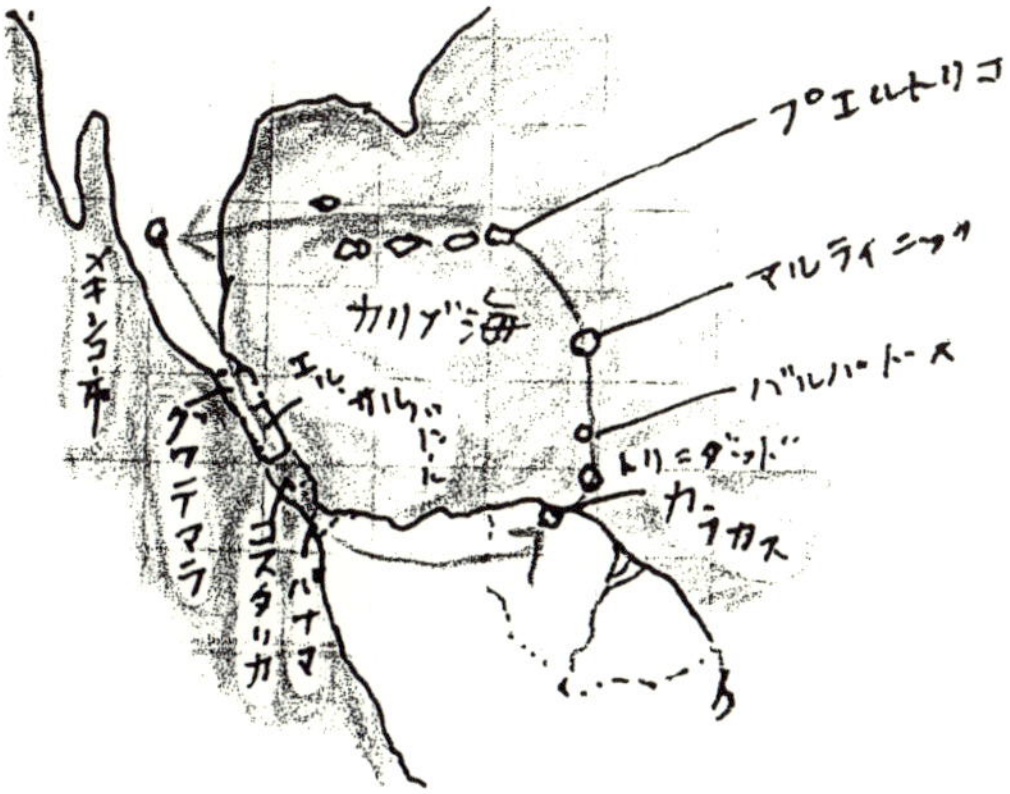

カリブ海諸国を巡る

ちょうど発つ前日に、貴兄の送ってくれた大江、ウィリアムズとともに、ポストの藤野［邦夫］氏が集英社の『カルペンティエル・マルケス集』を送ってくれたので、カルペンティエルがベネズエラのオリノコ河上流奥地のインディオ世界への遡行をテーマとした『失われた足跡』をカラカスで読みました。まさに小生の「始源的世界の復権」を地で往くような小説で、最後には奥地に近いところで、□□□のような女性に出会うという丁寧《ママ》さですっかり夢中になってしまいました。話は結局ピエール・ブノアの『アトランティド』物の系譜につながるのだと思いますが、しかし小説の神話性に久方ぶりでひたった気持ちで、貴兄に教えられたカルペンティエル崇拝はまだまだつづきそうです。今は安原君の送ってくれた『時との戦い』を読み始めています。当地でも、ベネズエラ大学の講演集『存在理由』を入手しました。

先週金曜日深夜にカラカスにつき、土曜日の午後は、偶然カラカス市書籍会館でベネズエラ・ブックフェアをやっていたので、渡りに舟とばかりに行ってベネズエラ関係の本を買い込み、日曜日の午前中散歩に出ようと思ってホテル（中くらいの）を出ると、通りをへだてておかしなウィンドウが見えたので近づいて見ると、まぎれもなくパリにでもありそうな古本屋です。

月曜日になるのももどかしく、朝店にとびこんだら、二人の姉妹（五十すぎらしく、元美女だったらしい小柄な老女たち）のやっている店で、ゆったりとしたスペースと、スペイン語、英・仏の古本がきちんと分類されてありました。二人とも母親がフランス人であったということで、二人の間でもフランス語を喋っていました。ウィンドウに『バーレスクの歴史』『スコット・ジョフラン伝』、セグル『サーカス』という本を並べることからも知られる本好きの人たちです。「世界中の古本屋をかなり歩いているつもりだが、お宅のような感じの古本屋は本当に少なくなりました」といって話しはじめました。「カラカスでもこういう物好きな趣好半分の古本屋はうちだけですけど、本当に商売がやりにくくなりました」など話しているうちにとても親しくなり、

カラカスの屋台風レストラン兼バー

いろいろな人類学や民俗学の古書を見せてもらいました。

週末であったため、いろいろなホテルを断られてやっと見つけたホテルの目の前に、理想的な古本屋があるなんていうのは、ほとんど夢の中の出来事に等しいし、実際そういう夢は今まで何度か見ています。そんな夢と現実が簡単に交錯してしまうのが、ラテン・アメリカの面白いところであるということを身をもって体験し、地の精霊の導きというやつは実際あるものだと思いました。

どこか奥地に近いところに行きたかったのですが、こんなことがあったり、雨期で難しいのと、インフォメーションが乏しく、交通がだめなので、カラカスに落ちついた次第です。カラカスはベネズエラの石油ブームで、市街の大半が高層建築にとってかわられつつあります。その合い間をぬって残る古い地区に偶然ホテルがあったので、近くにスペイン風のとてもいい酒場が二、三軒あって、その間を回って本を読んだりしていると退屈しません。今いるのはレストラン兼用のバーで、昼から空いているのでのんびりと過ごしています。バーが家の中の屋台風カウンターなので結構趣きがあり、昼でもとくに混んでいないのが気にいっています。古本屋も、もう少しで高層ビルのために取りこわしになるので、どこに移るのかが頭痛の種だといっていましたが、この酒場レストランも同じ運命を辿るのでしょう。今、四、五人の若い連中が騒いでいるところに、新婚旅行から帰ってきた二人の男女が現われ、大騒ぎの歓迎ぜめです。

メキシコにいる時は何となく気ぜわしく過ごし、ゆっくり手紙を書く暇がなかったと思うのですが、アン・アーバーのミシガン大学の記号論の集会で会ったエルサレム大学のベンジャミン・フルショフスキー教授には、『PTL』という文学記号論のとてもいい雑誌に、演劇記号論の論文を頼まれました。

また仲いく《ママ》なったマイケル・ホルクイスト（ドストエフスキーについての本、ピーター・ブルックス編、イエール・フレンチ・スタディーズの『子供の分け前』に、□□のなぞ足許にも及ばないキャロルのノンセンス論を書いています）が、イヴァノフ、トポロフほか世界中の関係者の寄稿をつのり、バフチンに関する本を来年秋だすので、「君は世界の中の人類学者の中でバフチンを本気で取り上げた人だから、「バフチンと人類学の可能性」というエッセイを書いてくれ」とたのまれました。また『道化の民俗学』の話をすると、ぜひそれはテキサス大学出版部で出さないかという話になりました。まだまだ書かなくてはならないことはありますが、インクと時間がつきるので、ではまた。

明日は貴兄の送ってくれた『コロンブスからカストロまで』を読みながら、カリブ海に向かいます。トバゴでウィリアムズに会おうか、『世界』対談と思ったけど、まじめでいいけど小生むきではないと思って、よしました。舞台はいいのだけど、対話が成り立たなければしようがない。ところで、メキシコを発つ前にトドロフがきて、コレーヒオで連続講義をしていました。会って話をして、『世界』対談することにしたのですが、途中から何だか利口だけどオリジナリティと迫力に欠ける男だという気がして、トドロフがスケジュールが窮屈になったのをきっかけに、やめてしまいました。O・パスも、所詮あの人は一流の啓蒙家で二流の知性だからな、と言っていたのと、一緒に講義に出席して対談を書き下すはずだった日本科の優秀な学生ギリエルモが、取り止めて惜しくない対談だねといったのも考慮に入れてのことでした。

ではお元気で。大江氏にくれぐれもよろしく。

十三日　　　　　　　　　　　　　　　　　　山口

大塚兄

P.S.　トリニダードの後はバルバドスへ。これは□□□と見た「アデル・H」（トリュフォー）の想い出にという、きざで、ぜいたくな旅行です。

55　マルティニック、発信日付なし／一九七八（昭和五十三）年六月二十七日着

前略

ベネズエラで『失なわれた足跡』を読み了えて愉しい古本屋に出会った後、ウィリアムズの〝カリブ海域史〟を携えて、トリニダードをかすり、バルバドスの海岸でゆっくりと休養し、バルバドスで調査中のインド出身――トリニダード移住、現在ニューヨーク州立大教授（バーミングトン）という心理学者に会い、とても面白く話を交わし、意見を交換した後に、マルティニックにやってきました。

フランス最後の植民地の一つとあって、海岸は美しく、結構本屋があって、昨日はフランス新刊、カリブ海関係の本を四十冊ほど買い込んで、今や経済危機に陥り、一刻も早くメキシコにたどりつかなくてはならないという状態に立ち入りました。

買いこそしなかったけど、ウィリアムズの〝カリブ海域史〟がプレザンス・アフリケーンで仏訳刊行され、書店のウィンドウを飾っているのも面白く思いました。ウィリアムズの本は、カリブ海の真只中という状態で張り切って読みましたが、ずいぶん読みにくい本で、日本でだったら初めの四、五十ページで投げ出しただろうと思いました。しかし、カリブ海域が十七、八世紀に世界の梃子の一つであったということを思い出させてくれ、カリブ海を通してみると、アメリカ、ヨーロッパ史の異なった像が浮かび上がってくることを知らせてくれるという点でも、読んでよかった本の中に入ると思いました。

次の課題は、精神史の中のカリブ海、象徴としてのカリブ海の問題であって、これはギリシア世界を考えるのと同じような比重をもって考えることに成功すると、ヨーロッパ史のもう一つの発生源（原動力――深層という言葉は避けています。……□□などが濫用しているので）を探るこころみになろうと思いますが、このあたりの発想は□□氏などに求めても無理なのでしょうか（この人何となく進化した野間寛二郎という感じ）。

ここマルティニックでの収穫は、ラフカディオ・ハーンとの再会です。ハーンがギリシアから出てカリブ海をうろついていたということは、ブルックスの『花咲くニュー・イングランド』で知っていましたが、ここマルティニックにきて、ハーンの『マルティニック・コント集』四冊（仏訳）を入手するに及んで、これは仲々面白いことになりそうだという感じがしています。

ハーンが、第三世界理論の発生源たるマルティニックで、異文化の世界を観察するモデルを得て、それの延長線で日本を捉えたという点を追っていくと、表現主義のタウトと逆方向（タウト――表現主義による「かたち」の方法論／ハーン――マルティニック風の幻想による現実の造型の方法論）から、日本の造型、想像力の空間に迫った二人の非日本人を論じ、日本の中の世界を（日本＝マルティニック）論じるもう一つの視角が姿を現わしてくるような気がして、独り悦に入っています。明日はサン・ジョン・ペルスの生地、グァダループ島に渡り、明後日、プエルトリコ経由でメキシコへ。

山口生

コスタリカ、パナマ、カラカス、トリニダード、バルバドス、マルティニック、グァダループ島、プエルトリコと一巡するカリブ海の旅に、山口氏は出発した。

機中では、現代選書の大江健三郎氏著『小説の方法』を読み、大変面白いので、カルロス・フエンテスの『ドン・キホーテ』と併せて論じたいと語る。続けてカルペンティエルの『失われた足跡』について、「まさに小生の「始源的世界の復権」を地で往くような小説」と絶讃する。そうした文脈の中で、山口氏はカラカスの古本屋と出会うのだ。そして次のように書いてきた。

週末であったため、いろいろなホテルを断られてやっと見つけたホテルの目の前に、理想的な古本屋があるなんていうのは、ほとんど夢の中の出来事に等しいし、実際そういう夢は今まで何度か見ています。そんな夢と現実が簡単に交錯してしまうのがラテン・アメリカの面白いところであるということを身をもって体験し、地の精霊の導きというやつは実際あるものだと思いました。

このような感受性をもつ山口氏が、旅行中に読んだ現代選書の他の一冊、E・ウィリアムズの『コロンブスからカストロまで』に、もう一つ興味を持てなかったのはよく分かる。しかし、山口氏は次のように書くのだ。

……ウィリアムズの本は、カリブ海の真只中という状態で張り切って読みましたが、ずいぶん読みにくい本で、日本でだったら初めの四、五十ページで投げ出しただろうと思いました。しかし、カリブ海域が十七、八世紀に世界の梃子の一つであったということを思い出させてくれ、カリブ海を通してみると、アメリカ、ヨーロッパ史の異なった像が浮かび上がってくることを知らせてくれるという点でも、読んでよかった本の中に入ると思いました。

ここには、私に対する山口氏の細やかな配慮と優しさを見ることができる。しかし、続けて次のように書くことを忘れないのも、山口氏の山口氏らしいところだ、と思わずにはいられない。

次の課題は、精神史の中のカリブ海、象徴としてのカリブ海の問題であって、これはギリシア世界を考えるのと同じような比重をもって考えることに成功すると、ヨーロッパ史のもう一つの発生源（中略）を探るこころみになろうと思います……

こうして存分にカリブ海を楽しんだ山口氏は、マルティニックでラフカディオ・ハーンと〝再会〟する。そしてハーンとブルーノ・タウトとを比較することによって、「日本の造型、想像力の空間に迫った二人の非日本人を論じ、日本の中の世界を（中略）論じるもう一つの視角が姿を現わしてくるような気がして、独り悦に入って」いるのだ。こうしたところにおいてこそ、山口氏の面目躍如たるものがある、と私は思う。

5

56 エル・コレーヒオ・デ・メヒコ（メキシコ）、発信日付なし
／一九七八（昭和五十三）年七月七日着

拝復

書評入りのお便りありがとうございました。三浦からはついに書評は一つも届かず。本が出たあとで一回も手紙来ず。小生の方は、一回六時間もかかって描いた「酔虎伝」――蓮實篇その2――文学賞受賞記念……を三浦あてに出したけど、人に見せた様子もなく返事もなし。貴兄から、そんなひまはないと言われるかも知れないけど、蓮實篇見せろと要求して下さい。

（8行削除）

それよりも、こちらのパスの雑誌あたりに「大江とフエンテス――二つのレクチュール論」というのを、バフチン、トドロフ（残念ながら大江氏は買っているので無視するわけにいかない）等を含めて、書こうかと思っています。日本のレベルにまきこまれないためにも、既に学生相手に先週金曜日を一回分つぶしてやりました。

今週の金曜日は、メキシコの主だった批評家や編集者十人くらいを相手に、コレーヒオでプライヴェートに「オクタヴィオ・パスと今日の記号論」という講演をやります。残念ながら英語で

す。外にばかり出ていたので、スペイン語は読む以外はさっぱりです。

　さらに七月十日から一週間、ここで中南米・アジア・アフリカ学会というのが開催されるので、「西インド諸島におけるアフリカ神話」と「もう一つの歴史学へむかって」という発表二つをやるはずです。□□の西川潤先生も来られるので、ニコニコしながらおつきあいしようと考えています。

　さて、十月にお会いできるのはたのしみで、ついでに□□□も連れてきてもらえないかと虫のいいことまで考えたくなる次第です。小生の予定は、九月二十五日メキシコ発テキサス、オースチン（テキサス大学で『道化の民俗学』の英訳を出版する話）、月末にニューヨーク、十月三日ブラウン大学、アメリカ記号論学会、六日にハーバート、青木と会って二、三日いて、十日ころパリかロンドンにボストンから発っていくという予定です。パリではドコッペの周辺で連絡できると思いますし、ロンドンではジョン・ハリデーのところにいるつもりですので、いずれそちらの予定に合わせますので、またお報せ下さい。書籍市がその頃だったら合流しますので、新社長緑川亨に、前に増田［義郎］先生がプトレマイオス［『プトレマイオス世界図――大航海時代への序章』Ｌ・パガーニ解説、岩波書店、一九七八年］をみつけたように、山口大先生に何か見つけてもらうから宿を世話してはいかがと提案して、どんな顔をするか観察するのも一興でしょう。また田之倉君がフランスに帰るようだったら、彼の車で一緒にどこか、イギリスの田舎の古本屋探しなどを楽しむのも一つの案でしょう。

　面白い人物の一人、イギリスのブリティッシュ・フィルム・インスティテュート［Ｂ・Ｆ・Ｉ］

のポール・ウィルマンという男、とても博学な批評家です。二月ころ当地にきて、小生と会ってすっかり気に入って、『マックス・オフュリュス』という本に寄稿してくれとたのんできました。六月はじめがデッドラインだったので、コスタリカに出かける前に書いて送りました。題して「ローラ・モンテスのアルケオロジー」（向こうがつけた題で、小生のは「ローラ・モンテスにおけるインターテクスチュアリティ」)。いずれにしても、九月の終わりか十月にB・F・Iでオフュリュス特集をやるので、それに合わせるのだそうです。

本について、前にきたパノフ、バスティード、『L＝Sの美学』等々あまり食指がそそられません。マーシャル・サーリンズの新しい本をおさえておいた方がよいのでは。Culture and Practical Reason, Chicago［U. P.］.『ソシュール』のジョナサン・カラーには、御存知の『構造詩学』という解説本があります。カラーはアン・アーバーで会いました。どうということもない大した印象に残らない人物。音楽のジョン・ブラッキングにも会いましたが、彼には七三年、オクスフォードで会っていて、話しているうちに、ヨーロッパ古典音楽に関する限りは君の方が僕より強いな、と呆れられました。いい男だけど西部劇のタフガイのように少々雑で声が大きくて、南アフリカの少女の成人式一点ばり。会った時印象がよかったとみえて、五つくらい、後で論文の抜き刷り送ってきたり、七四年のA・S・Aで「身体の人類学」というシンポジウムをやるから報告してくれないかということでしたが、インドネシアにいたのでできず。

それから、今度（四月）アメリカで見つけてきた本だけど、Natalie Zemon Davis, Society and Culture in Early Modern France, Stanford［U. P.］は面白い本で、こんなのが一九六五年

の初版とは信じらない。選書に入れてしかるべき。第一章「リヨンのストライキと救済」、第二章「貧しいレリーフ（?-）、ユマニスム・異端」、第三章「街の女性と宗教変化」、第四章「放縦の理性」、第五章「頂上の女性」（痴愚女神）、第六章「暴力の儀礼」、第七章「印刷と民衆」、第八章「プロバーブの知恵と民衆の誤ち」。知っていたら、前に歴史家いびりに使えた本です。

コピーありがとうございました。『朝日』は□□らしく、ほめているようで底意のある書き方。□□□のは全く予期していたうじうじの書き方。□□のは本当に面白くない。ドールトンとかが問題になる時でないのにという感じ。

ジェームズ・レッドフィールド（例の［人類学者ロバート・レッドフィールドの］息子）のイリアッド、James Redfield, Nature and Culture in the Iliad, Chicago［U. P.］も、二百七十五頁ビッシリだから長すぎるけれど、とにかく日本のギリシア学者のだめさ加減を考えるに、ヴェルナン学派のそれと並んで面白い（といってもまだ読み始めていないのですが）といったところです。

大江氏からの手紙では、日本の低俗ジャーナリズムで流れる山口の噂を考えると、やはり僕は日本に帰らない方がいいのだそうです。バリ島にでも住みましょうか。ではまた、右とりあえずいろいろなお礼まで

山口

大塚兄

57　ヴァイエ・デ・ブラボー（メキシコ）、一九七八（昭和五十三）年七月十六日発信／同年七月三十一日着

前略

お元気ですか。暑いことと想像します。

小生の方は申し訳ないのですけど、とうとう大変涼しいヴァイエ・デ・ブラボーに移ってきました。

カリブ海から帰るとすぐ六月二十九日に、コレーヒオで「オクタヴィオ・パスと今日の記号論」という講演をして、七月十日から十六日まで「中南米・アジア・アフリカ会議」で、「カリブ海域における西アフリカ神話の展開」という報告と「オクタヴィオ・パスと今日の歴史研究」という報告をしました。

いずれも英文で、前もってテキストを作製したのでちょっと大変でした。でもこの機会にと思って少しがんばりました。前者は『アフリカの神話的世界』の最終章を下敷きにして書いたもの、後者はパスが大変喜びました。「パスと……」は早速翌日、新聞『ウノ・マス・ウノ』に「山口、パスを多元的エッセイストと称揚」と出て、会議出席者のうち唯一人ニュース種になり、回りの人間をうらやましがらせました。

格好がい《ママ》すぎるといわれるかも知れないけど、会議終了翌日コレーヒオからさっと姿を消して、ヴァイエ・デ・ブラボーに居を移してしまったという次第です。この二月に「オフュリュス」を

入れると、英語の論文を三つ書いたことになります。同封した新聞切り抜き及び「パス……」は、コピーを大江氏の方に送るか渡すかして下さい。

ここＶ・Ｂの仕事は、まず「選書」〔『文化の詩学』のこと〕、石田英一郎、パスの雑誌に長い書評（チアパスの）、イスラエルの文学記号論の雑誌に「奥州安達原――歌舞伎のコスモロジー」、アメリカ記号論学会に提出する「記号論装置としてのスケープゴートの原理」といったところです。

仕事場は次頁のスケッチの如くで、前は湖、横は山と仲々壮大で、自然の中に窓がはめこまれているという感じです。右の方の壁には、昨日入居に際して家主のお医者さんがプレゼントしてくれたフジタ〔藤田嗣治〕のエッチング、昔メキシコにきた時知り合いだったそうです。「実はもう一つの僕の所蔵で、フジタが友人のリベラの少年時代に擬して描いた肖像で素晴しいもの」があるといっています。フジタのエッチングのように、どのくらいするかわからないものを簡単にくれるような家主に偶然出会ったのは、メキシコの愉しくおどろくべきことです。このお医者さんは自分でも絵を描くのでアルベルト・ヒロネッラと親しく、暖炉の上にはブニュエルがカメラをのぞいている大きな写真に、アルベルトがコラージュした仲々愉快な作品があります。ピアノは十九世紀のもの。クラビコードに近いような音がでます。家そのものは十九世紀の家をお医者が買いとって、自分で改装したものです。寝室が三つあるので、オクタヴィオ・パスにひまができたら二、三日休養にきませんかと誘ったら、行きたいといっていました。貴兄もきませんか。ツアーを組織して、大江、□□□らをぞろぞろと引き連れてくるということにならないかなと考

仕事場のスケッチ

①ブニュエルの素晴しい写真にアルベルト・ヒロネッラがコラージュしたもの。
②ベランダ
③家主のお医者さんからの贈り物。ツグジ・フジタがメキシコで制作したエッチング。
④床は石
⑤19世紀のピアノ
⑥小生のリコーダーの譜面台
⑦ 4,50年前の電話
⑧古い教会が下に見える。

えています。虫がい《ママ》すぎますか。
ここの住所は
M. Yamaguchi
Apartad Postal No. 16
Valle de Bravo, Mex.
MEXICO

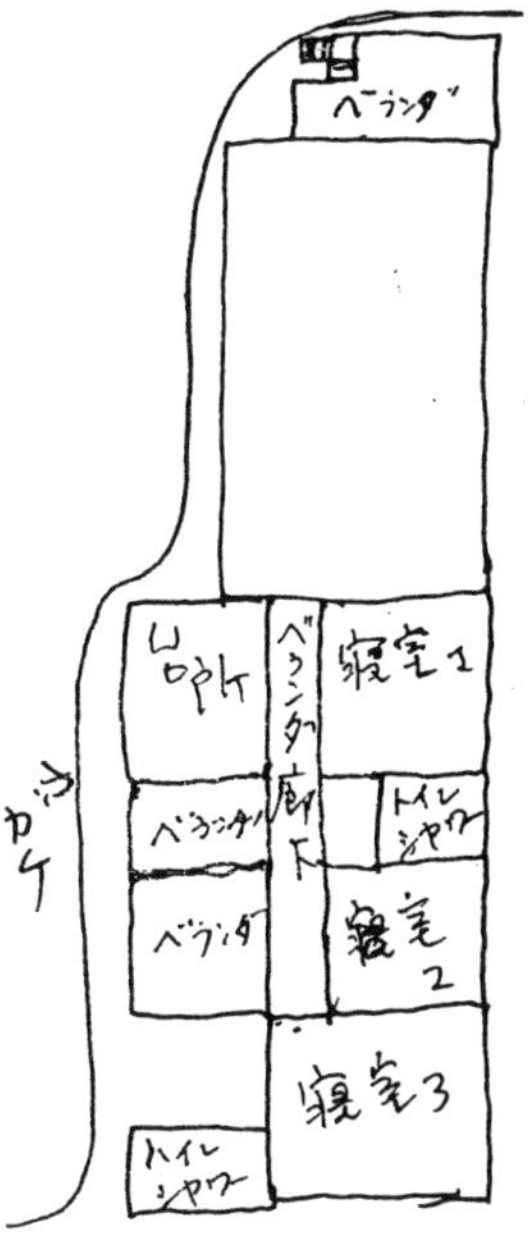

家の全体図

一信に『世界』の次号はこちらに送るように伝えて下さい。

うまく行けば、毎年夏はこの家を借りて日本からきて仕事するといった方が、別宅を建てる（西川氏―伊豆）よりいいのではないかとも考えています。一緒にいかがですか。家賃は一月四万円。ではまた

七月十六日夜

山口

大塚兄

『ウノ・マス・ウノ』では、別に小生だけのインタビューをやりました。出たら送ります。また来週は当地にテレビが三十分、小生のインタビューにきます。

58　ヴァイエ・デ・ブラボー（メキシコ）、一九七八（昭和五十三）年七月二十四日発信／同年八月八日着

前略

東京は暑いでしょう。でも岩波さんは夏休みに入っているのではないかと思います。

小生のヴァイエ・デ・ブラボー生活は快調なすべり出しで、ゆっくりたっぷりと勉強させてもらっています。

朝七時に起きて一時間ほどランニング、帰ってシャワーで汗を流し、朝食を作って食事、八時半から九時半までブロック・フレーテの練習、家が広くて床が煉瓦なので、音の響きは今までで最高。昼まで勉強したり手紙を書いたり。昼食後一時半から二時半まで軽い昼寝。三時から四時半まで町へ出て、新聞を三種類買ってホテルへ行って、プールで泳いだり、プールサイドで新聞を読んだり、日光浴をしたり。戻って新聞の切り抜きをします。

昨日の新聞には、ピーター・ブルックがメキシコ市へ来て演出をして、「ユビュ王」を来週やるというので、来週はメキシコ市へ出て行こうかなと考えています。夜は十一時半まで本を読むか、町の二つある映画館で二本立て百円の映画を見に行くかします。歩いて行ける距離に何でもある小さな町の快適さを味わっています。町は坂が多く、すべて石畳なので歩くのに適しているので、時にぶらりと買物を兼ねて散歩に出ます。小さい町なのに道はなんとなく曲りくねっていて、家の形もそうした地形に合わせて作ってあり、歩いていても思わぬアングルにさしかかった

り、毎日見ていても見あきない展望がいたるところにひらけています。映画は三流ギャング映画が中心、しかし、ギャング映画と称して、「ボニー・アンド・クライド」が入っていたり、「ガダルペの聖母」という変わった歴史物があったり、「アステリックス」「ガリバー」といった漫画があったり、結構楽しんでいます。

昨日クリステーヴァの『中国の女性について』という本を読み了わりました。大変面白く、「女性――この存在論的他者」を地で行くルポルタージュ・兼エッセイです。中国に対しては、小生も人類学的展望が持てないかぎり発言は控えていようと思ったのですが、まさに異人論的立場からクリステーヴァが中国の歴史に切り込んでいるのは爽快な眺めです。もちろん革命における中性化した女性の神話論的考察も含まれ、中国の歴史のコスモロジーが立ち現われてくる感じで、とても刺激的な本です。これで、パリで帰りにクリステーヴァと対談する理由がつきました。

小生が読んだのは、ミシガンで入手した英訳“About Chinese Women”(Urizen Books N.Y., 1977)です。元の本は Des chinoises (Editions de Femmes, 1974, Paris) です。選書に入れるように手を打っては如何。アクチュアルで、知的刺激に富んでいるという点で、選書にぴったり。

これを終えて、今はロトマンの『映画の記号論』を読んでいるところです。がんばっているけど、見ている映画が限られていて（例えば表現主義の映画はほとんど見ていないらしい）、他の本ほど迫力はない。

今日から明日にかけて、三月にチッコリーニがメキシコに来た時、即興的にやった対談、『レコ芸』のために訳して送るつもりです。チッコリーニとの三十分、チッコリーニ・山口大いにサティを語り、ブゾーニを偲び、ロッシーニに及び、祝祭としての演奏会を論じる……このことを朝川に伝えて下さい。一週間後には送るから、チッコリーニの十月来日に間に合うよう、九月発売の号に四十枚、頁をあけて待っているように伝えて下さい。

では また

七月二十四日

山口

大塚兄

P.S. スタイナーとの対談の『英語研究』を探し出して、コピーして、巻号を書き込んで送ってくれませんか？

59 エル・コレーヒオ・デ・メヒコ（メキシコ）、

一九七八（昭和五十三）年八月三十日発信／同年九月十三日着

前略

日本の暑い夏も去りつつあると思いますが、十月の書籍市をひかえて、その前にやらなくてはならないことがあり大変だと思います。

小生はヴァイエ・デ・ブラボーに隠棲しても、時々メキシコ市にバスで三時間ゆられていって、パスに会ったり芝居をみたりしています。

先日は大変面白いことがありました。

メキシコ市に出て、あるパーティに出たら、ソビエト記号論をやっているメキシコ人（国立自治大の演劇科の主任）が、今コンメー《ママ》ディア・デ・ラルテの仮面師サルトリが来ているというので、それは面白いと、次の日大学に押しかけて彼の講習を見聞して、それから後、一緒に昼食をして大変愉しい一時を過ごしました。

偶然あなたの仮面の日本における展覧会のカタログを、日本の友人が十日ばかり前に送ってくれたばかりだと言うと、自分は日本のを見ていないがと、大変この偶然の一致をよろこび、とてもいい友人になりました。イタリアにきたら、田舎に工房を持っているから、ぜひ来てくれと住所を寄込し、情報をどしどし交換することにしました。貴兄が送ってくれたカタログがこんな役の立ち方をするとは、世の中本当に面白いと思いました。

二週間ほど前、郡司〔正勝〕氏が来たので、「山口との対談」が載った新聞を托しました。ジョルディ・ヒロネッラの山口闘牛士のカリカチュアの載っているところがミソです。大江、イク女、塙、一信、三浦などにコピーを渡していただけますか。

パスは、この次は「パスと現代歴史学」をスペイン語にして『ウノ・マス・ウノ』に載せると、はり切っています。

ところで、選書の方は現在五十枚ほど書きました。メキシコを出るまで、百―百五十枚くらいにして日本に戻ると、楽なのではないかと思います。奥州安達原の分析という一章があるので郡司さんに資料をたのみましたが、現在の段階で未発送でしたらそのまま手元に置いておいて下さい。

ではいずれにしても、十月十三日前後にパリに現われるとして、お会いできるのをたのしみに。

草々

八月三十日

山口

大塚兄

60　エル・コレーヒオ・デ・メヒコ（メキシコ）、一九七八（昭和五十三）年九月八日発信／同年九月十八日着

今年の夏は、自分だけが涼しいところにいて、日本の人たちに大変すまないことをしたと思っています。

（5行削除）

ヴァイエでは、土曜日になるとメキシコ人の行楽地なので、市から金持ちが別荘に押しかけてきますが、今、南のチアパスから調査の休暇で小生のところにきている落合［一泰］君という芝居好きと、車で二時間半駆って市へ行って、芝居を見ます。土曜と日曜そのようなわけで、郡司さんと一緒に会った萩野さんという大人物の家にとまり、日曜に帰ってきます。

先週は評判をきいて、日本で木村光一が演出した、ジョン・フォードの「あわれ彼女は娼婦」というエリザベス朝復讐劇を見てきました。とてもいい舞台で、客席四十人くらいの小劇場で切符が全然手に入らないので、小生は日本の高名な劇評家と名乗り、落合君をその助手に仕立てて、正面中央の特等席で見てきました。大変すばらしい舞台でメキシコの拾いものの一つです。

明日は、ポーランドの演出家がきてやっているゴンブローヴィッチのドタバタ劇「オペレッタ」を見に行くように切符を買ってあるので、また出ていきます。

劇といえば、「安達原」ありがとうございました。前の手紙にも書いたように、選書のためにもう一章安達原のことを書いてあるので（安達原のコスモロジーの記号論分析）、加筆訂正用に使います。

パスとも毎週きたら必ず連絡してくれというので、一緒に食事したり電話で長々と話したり、林達夫老とのコミュニケーションを、もう少しインテンシブに劇的にした関係になっています。「オクタヴィオ・パスと今日の歴史学」を西訳して『ウノ・マス・ウノ』の土曜付録に載せることになったので、さしずめパスの知的傭兵隊長という形になっています。

十月は、六、七、八日がブラウン大学開催アメリカ記号論学会で論文一つ出して、十日ころロンドンに向けて発とうと思っています。ロンドンでは『パゾリーニとの対話』（晶文〔社〕）のジョン・ハリデーのところに十三日までいて、十三日にパリに行くつもりでした。ロンドンのハリデーの家は

Jon Halliday, 3 Blenheim Rd.
London NW 8 OLU（Tel）624-2556
(St. John's Wood) ←!?

そこで連絡して所在を教えて下さい。深夜のパブで飲みましょう。僕が行くころ、ブリティッシュ・フィルム・インスティテュートで、マックス・オフュリュスの映画を何本かやってくれるそうですから。

ブローデルのは、本人に会っても大人物であることも知らなかったくらいだから、"Ecrit" を持っているわけはありません。

（3行削除）

趣味の悪いセリフで終わって申し訳ないと思いますが、ロンドンかパリで会うのを楽しみに。ニューヨークでは青木［保氏］と会うつもりです。大江氏たちによろしく。

九月八日

草々

山口

大塚兄

第59信で、郡司正勝氏がきたので新聞を托した、という記述がある。事実、郡司氏は帰国後、神保町まで持参してくれた。神保町交差点の角にある、岩波ホールの入っているビルの地下の喫茶店で、初対面の郡司氏と山口氏の噂をしたことを、私ははっきりと覚えている。郡司氏のような大先輩でも遠慮なく使ってしまう山口氏のことだから、同年輩の西川潤氏に、前に見たように、テキーラやその他のものを托すことなど、朝メシ前のことだったと思われる。が、西川氏はやはり迷惑そうな顔をしていたことを、記録しておく必要はあるだろう。

なお、後に見るように（第70信）、山口氏はアメリカ人の友人、リチャード・シェクナーも運び屋として使っているので、使える者は使うということ以外に他意はなかったようだ。そういえば、第1信では、山口氏が運転手として使われていたことも、思い出すべきかも知れない。

ところで山口氏が何回も、「十月にお会いできるのは楽しみ」と書いているのは、この年のフランクフルト国際書籍市が終わった後に、パリかロンドンで落ち合おうと言っていた約束のことである。一九七七年に、私は岩波書店の派遣団の一員として、初めてフランクフルトのブックフェアに参加した。そこでの体験は大変刺激的であったし、会期後イギリスで訪ねたピーター・バークとノーマン・コーンという二人の歴史家から得たものも大きかった。そしてまた幸いにも、七八年にも派遣団の一員に選ばれたのだった。それを知った山口氏は、ぜひヨーロッパで会おうと言ってくれた、という次第なのである。

ところがフランクフルトでの一週間の会期中に、私は悪性の風邪にかかり、熱は出るし声は出ないし、という散々な状態であった。会期後すぐロンドンに飛び、そこで山口氏を待つという予定にしていたのだが、とても遊びに出かけることはできそうにもなかった。ロンドンまで一緒に来た編集担当の役員殿は、「山口さんに会うのはあきらめて、二、三日ホテルで寝ていなさい」と忠告してくれた。今でもはっきり記憶しているのだが、朝から観光に出かけた役員殿たちのいない寂しいホテルのレストランで、たった一人サーモン・サンドイッチを昼食にとった。そして午前中と同じように、また薬を飲んでベッドにもぐり込んだ。

午後三時頃だったろうか、突然フロントからの電話で目を覚まされた。フラフラする頭を抱えてロビーに降りて行くと、山口氏が待っていた。それからは機関銃のような山口氏の早口に、まずは圧倒され、やがて頭の回転が山口氏のそれに同調するようになってきた。一度そうなると、風邪も熱もどこかへ飛んで行ってしまった。二人でロンドンの街を歩き回り、夕食後にはジョン・ハリデーを呼び出し、十二時にパブが終わるまで飲み続けた。結局ハリデー氏の家に行き飲み続け、私はしばらく後に風邪を口実にホテルに戻った。山口氏はハリデーのところに泊まったようだった。

翌朝、目覚めた私には風邪のカケラも残っていなかった。役員殿はそうした私をみて、びっくりしてきいた。「一体、あのひどい風邪はどうしちゃったの」と。勿論、私にもその理由は分からなかった。

多分、その翌日のことだと思うが、パリに移った私は、またホテルに訪ねてきた山口氏と、パリ中を歩き回っていた。氏のなじみの古本屋などを訪ね、疲れるとカフェで一杯飲む。そうしたことを翌日もくり返していたように思う。夜になって人通りも少なくなったパリの裏町を、飲み歩いた光景を忘れることはけっしてないだろう。パリに滞在している演劇評論家の田之倉稔氏と落ち合って、明け方まで飲んだ。翌朝の飛行機にはかろうじて間に合ったものの、帰国するまで眠り続けた。時に山口氏は四十七歳、私は三十九歳——まだ二人とも本当に元気だった頃のことだ。

ところで、ヴァイエ・デ・ブラボーでの山口氏は、なんと楽しげにくつろいでいることだろう。日本の閉塞的なアカデミズムから遠く離れ、オクタヴィオ・パスなどに温かく見守られながら、好きな論稿を次から次へとまとめていく、のびやかな山口氏の姿が目に浮かぶ。この頃氏が送ってきた写真の一枚を載せておこう［次頁］。恐らくは、氏の生涯最良の時期の記録だろう、と思うからだ。

事実、山口氏は先に引いた「オクタビオ・パスとの日々」の最後を、次のように結んでいる。

これは一九七七から八年のことであるから今にして想えば夢の中の出来事の如く私の薄れかかっている記憶の中で鮮かに点滅している。パスとはその後二度（一度はニューヨークのハンター・カレッジに講演に来たとき、一度は私の交渉で訪日したとき）会ったが、メキシコにおける如く知的一体感を伴う対話は成り立ちようがなかった。ときの流れに乗って出会うということがいかに素晴らしいことかを想わせる例として私の生涯の最良のときになるだろうと思われる。オクタビオ・パスは一九九八年四月十九日逝去、八十四歳だった。

ヴァイエ・デ・ブラボーの頃

第五章　世界を股にかけた知的放浪

1

一九七八年の三月、山口氏はペルーのカトリック大学から呼ばれて、講演したり講義を行なったりした。それから一年、再び氏はペルーに向かう。

61　リマ（ペルー）、発信日付なし／一九七九（昭和五十四）年四月三日着（絵はがき）

前略　メキシコ経由でペルーに着きました。大学の方は目ざす大学院の学生がフィールドに散らばっているので、先生たちを対象に週一回の講義をやります。言語学をやっている男の子の学生と、人類学の女の子の一人でとても優秀な感じのがいます。テキストはバフチンの『ラブレー』。スペインで出たのがあり、バルガス＝ジョサ［リョサ］が序文を書いています。当地には友枝［啓泰］君が家族で滞在しています。ライヒェル［＝ドルマトフ］の『デサナ』を空輸していただけませんか？

山口

62　リマ（ペルー）、発信日付なし／一九七九（昭和五十四）年四月二十四日着

いろいろ送っていただいてありがとうございます。

ビザの件は、おかげでロスの空港で二時間電話ボックス（入出国管理室脇の）に閉じこめられただけですみました。

ペルーの手配師は、□□の□□□□が、日本招待をエサに大学内部のアンデス研究者をコントロールして分裂させているということを見聞していますが、小生に関係ないので知らん顔。

三馬鹿大将［山口氏、三浦雅士氏、大塚］の写真はこちらにもとどきました。仲々面白いできばえです。

大江氏にはそのうちゆっくり書きます。

一信に手紙書いたのだけど、五月の半ばから二週間ほどブラジルに行って、ロベルト・ダ・マータと会ってこようと思います。彼は去年「カーニヴァル」の本をポルトガル語で書きました。大変面白い本です。ブラジルから一冊送ります。選書に入れるのに手頃です。ダ・マータと、カーニヴァルと構造人類学についてゆっくり対談をして、ホルヘ・アマドゥとも対談してきたいと思います。

ホルヘ・アマドゥといえば、彼の原作による「フロール夫人と二人の亭主」というブラジル映

画を見に行きました。出だしがいい。カーニヴァルの朝、女の仮面を被ってファルスを振り振り道化踊りをやっていた遊び人の夫が死ぬ。この男はカジノと淫売宿を往復していたが、絶妙のユーモアの持ち主。再婚した夫は薬剤師、きまじめで職業熱心で、町のオーケストラのファゴット奏者。バイア州の三〇年代の話。第一の夫は周縁性を、第二の夫は中心を描く媒体。祝祭の世界と仕事の世界の対比が示されます。後半になってフロール夫人の意識の中に祝祭・周縁の世界へのあこがれが生じ、死んだ夫が生き還ってきて、画像の中でごちゃごちゃになるというカーニヴァル的映画。川喜田［和子］氏から電報がきたので、泣くなく読売に送った記事の「木靴の樹」より愉しい。「木靴」はきれいであるけど、それだけ。特に何か書こうという気になる映画ではない。

面白いことに、この映画館の前で、バルガス゠ジョサにばったり会った。いろいろな映画館でやっているのに、同じ日の同じ時間にこのカーニヴァル的映画を見に行くとは、偶然ながらうまくできています。土曜日の夜、いい友人を紹介するから一緒にメシを食おうと誘われました。ところで映画のもう一つは、ジェーン・フォンダの「ジュリア」。リリアン・ヘルマンの『呪われた時間』――自伝――に基づくもの。リリアン・ヘルマンとダシル・ハメットが実名で登場。過去二十年ヘルマン・ファンですから、地味な映画だけど結構愉しんだ。

対談集『［二十世紀の知的冒険］』に写真など多く入れるというのは、いいアイデアで気に入りました。帰りには、コロンビアによって、ライヘル゠ドルマトフにも会おうと思っています。

講義の方は、第一回、私の人類学、第二回、メタファーとしての山――日本とアンデス地帯、

第三回、母胎回帰の想像力的宇宙――アマゾン、アンデス、メキシコ、フローレス、第四回、スケープゴートの時間、第五、六回、カーニヴァル。

人類学を、できるだけ読ませる物語にするのが小生の現在の望みだと公言しています。二、三はスペイン語のテキストにしました。講義はスペイン語で、いい度胸です。

〝周縁性の説教師〟と題する新聞記事になりましたので、同封します。大江、イク女、三浦などにコピーを回していただけますか。

五月になったら少しひまになりますので、講義のスペイン語テキストから選書の方に移せそうなものを移します。

いくつかお願い。①トポロフの「宇宙樹」の論文（タルトゥ記号論集（フランス訳））のコピーがどこかで見つかったら、送っていただきたい。②『世界』の「文化における中心と周縁」をスペイン語にしようと思うので、コピーをたのみます。③『アフリカの神話的世界』を三部。④中村平治に電話して、小生のジュクンのフランス語の論文を五部コピーして送るように伝えて下さい。いずれ彼にも手紙は書きます。⑤松田徹［三省堂編集部］にもたのんだのだけど、源氏について、小生的観点から使えるものが目に留まったら（不可能な願いかもしれない）、たとえば『国文学』や『解釈と鑑賞』にあったら、コピーして送ってくれませんか。いろいろ書いたけど、適当におねがいします。

先日、朝のマラソンに出たら道ばたに古雑誌の包みが投げだしてあるので拾って帰ってあけたら、一九三〇—四〇年代のアルゼンチンのアール・デコ風のモード雑誌『マリベル』。一冊イク女の方に見本を送りました。ではまた。

山口

大塚兄

63　リマ（ペルー）、一九七九（昭和五十四）年五月十八日発信／同年五月二十五日着

前略

忙しいところをいろいろとお送りいただいてありがとうございます。今のところ全部届いているはずです。

昨日、南の方の山岳地帯のインディオの祭りを見て、五日ぶりに戻ってきました。

この祭りは、水祭りまたは十字架の祭りと称しているのですが、天と地の結婚というテーマがすけて見える大変面白いものです［次頁図参照］。A地点から二人の主神と四人の属神が降りてくるというものですが、この行列には四人の人類学者の一人として加わらされました。祀り棄てのためです。B地点までは手に野草を持たされました。Bで女性と合流して、Cに降りていきます。途中コントロールが全く女性の手に収まって大乱チキ騒ぎに終わったのは、異風の導入とカーニヴァル性の混合と見られてとても面白かったので、先月サン・ペドロ・デカスタという別の村で見た聖週間のと併せて、一章『［文化の］詩学』のために立てようかとも思い、また中南米で観

察した祝祭的世界を一冊に立てられるとも思っています。

講義の方は、テキストが今、五章に入り、「さかしまの世界」（第二部）、バフチンと今日の人類学といったところです。今まで書いたのが、①「山のメタファー」、②「母胎回帰」、③「スケープゴート」、④「さかしま……」、⑤「さかしま……［続］」であり、これらをテキストに十日いる間にまた日本語にして、『詩学』の章として充てたいと思っています。あとブラジルに滞在中に、「源氏物語の宇宙論的構造」を書きたいと思っています。これもうまくいったら『詩学』にあてられると思います。

なお、小生のアシスタントをやっているフレディというケチュア語専門の学生は、すっかり山口イズムの虜になり、英語から次々に翻訳してスペイン語にしています。これまでに「王権の神話論的構造」「天皇制……」をスペイン語に訳しました。あと「中心と周縁」「オストラネーニエ」論文をスペイン語にする予定です。講義テキスト「パスと歴史の詩学」と併せて、「周縁性の象徴人類学へ向けて」という題（hacia la anthropologia symbolica del maginalidad）で、メキシコで、パスの序文つきで出版しようかと考えています。

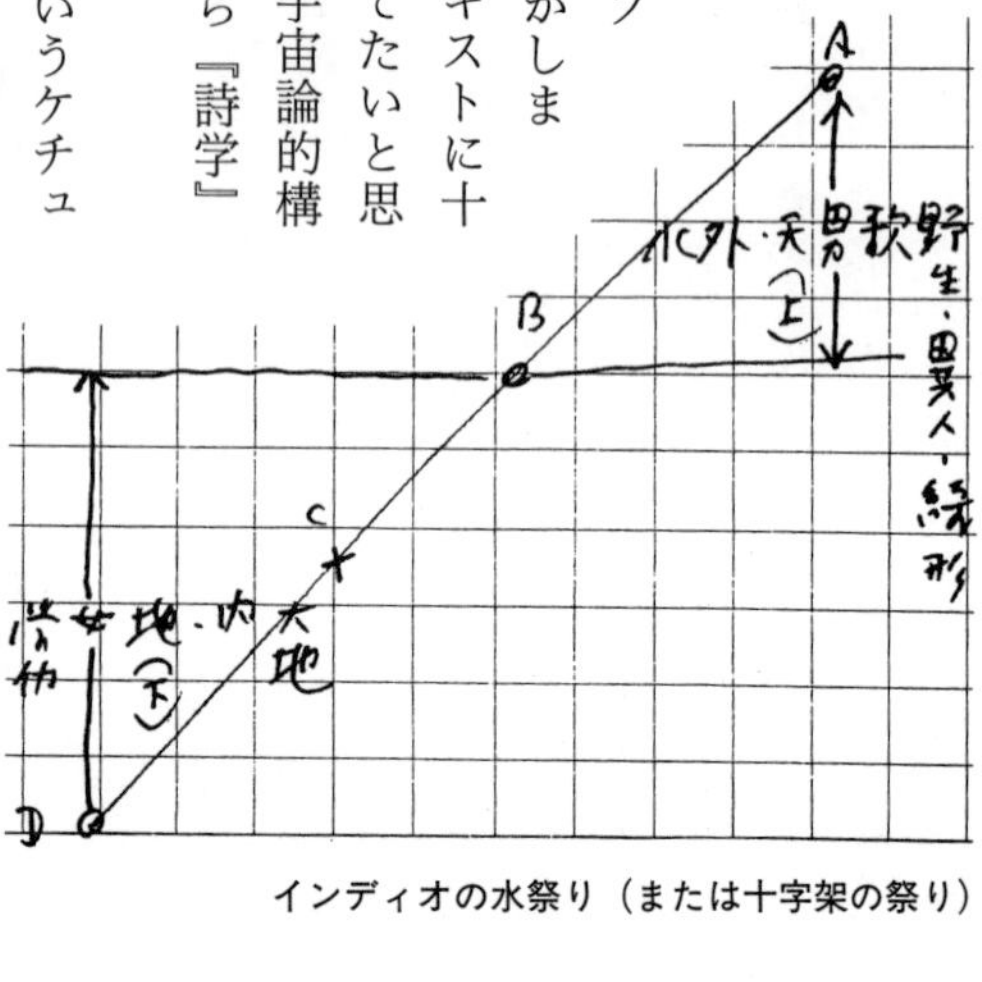

インディオの水祭り（または十字架の祭り）

明後日ブラジルへ向かいます。六月二日ころ帰ってきます。リオの大学で講義をします。前に書いたロベルト・ダ・マータとの出会いを愉しみにしています。ホルヘ・アマドゥとも対談しようと思っています。最近彼の原作による「フロール夫人と二人の亭主」という大変愉快なカーニヴァル映画を見たので、話が面白くなると思います。

帰ってきてクスコの学会に二日くらい行き、リマに戻って後、十一日にペルーを発ち、イスラエルに向かい、記号論辞典第一回うち合わせ会、物語シンポジウムに二十二日まで出席。二十五日からブダペスト、その後七月四日から十七日までオースチンという予定です。従ってペルー宛の書簡は六月一日以後は出さない方が安全。その後は ℅ Dr. Mike Holquist, Dept. of Slavic Studies, University of Texas, Austin, Texas, U. S. A. が七月十日くらいまでの発信と考えて下さい。また他の方々にもそう連絡おねがいします。

大江氏の今度の青年への手紙［「青年へ――中年ロビンソンの手紙」『世界』一九七九年六月号所収］はとても面白かった。ああいうスタイルでは比類のない頼もしい書き手だと思い、改めて脱帽。『世界』の広告をみていたら、当書店のまたまたくだらない「子ども」講座、あの中心的な書き手の一人、□□□□は駒場の時の仲間の一人だったのだけど、民青的で平凡な男になって呆れています。講座企画はそろそろお終いにした方がいいね。

ではまた。お元気で。右とりあえずお礼まで　草々

五月十八日　山口

大塚信一様

64 リマ（ペルー）、発信日付なし／一九七九（昭和五十四）年六月十八日着（絵はがき）

前略　ブラジルから戻ってきたら、送っていただいたもの届いていました。ブラジルではロベルト・ダ・マータらと、とても親しくなりました。ロベルトには『カーニヴァル』を貴兄に送るよう依頼しておきましたので、まず一言受け取ったと返事をお書き下さるようお願いします。刊行実現の折は、小生長いあと書きを書いてよいと思っていますが、信州大にいる前山隆氏に翻訳を依頼するのがよいのではないかと思います。バイア州も面白かったのですが、ブエノス・アイレスで素晴しい古本屋に出会い（二月前に開いたばかり）、つけをそちらに送るよう依頼してきたのでよろしく。とりあえず御礼まで。

十日リマ発―イスラエル―ハンガリー―オースチン―日本の予定。

ペルーでの活躍について見る前に、ここでは一九七九年一月に刊行された山口氏の著作、『石田英一郎・河童論』（「日本民俗文化大系」8、講談社）について触れておこう。この本は、石田英一郎氏の著作『桃太郎の母』や『河童駒引考』などの原典を載せつつ、それらに対する山口氏の解説を併載するという形をとっている。第一章「石田英一郎の世界」、第二章「石田英一郎の生涯」、第三章「石田英一郎の学問」という構成であるが、第二章は井上兼行氏の筆になるものである。第一章と第三章は、山口氏がメキシコ滞在中にまとめられたようであるが、私への手紙で触れられたことはほとんどなかった（第57信のみ）。しかし山口氏としては、石田英一郎氏とゆかりの深いメキシコで執筆することに、何がしかの感慨を持ったであろうと思う。そして石田氏が一九五三年にメキシコを訪れたこと、同年東京大学大学院人類学課程（生物学研究科）担当を命じられ、さらに翌五四年に教養学部に文化人類学の専門コースが発足し、併任教授になったことに触れた上で、次のように書くのを忘れなかった。

この時石田が掲げた「綜合人類学教育」の構想が、その後もしばしば話題になったが、私にとってみれば、人類学は基本的に制度、教育によって影響されるような分野というよりも独学をその基本的な前提として含むところがあるため、この種の論議はいつも不毛のまま終っている傾向があると思える。

そして、結論的に次のように書いたことは、大変示唆的である。

石田の学問は、率直に言って、石田の死後、文学の世界で多くの作家が蒙った命運をたどっているように思われる。生前の石田は、たしかに、戦後日本のアカデミー文化の中でも、合理的思考と博学の接点に於ける大衆的ヒーローといった貴種のイメージを結んでいた。もちろんそれは、そうしたヒーローに対する潜在的憤怒の対象になることも意味している。石田の没後、石田の関係者の大多数の示す冷淡な姿勢の中に、そうした、「神話作用」への便乗の趣きが見られないでもない。石田の仕事を前半期と後半期に分けるならば、私は、チャップリンの場合と同様、前半期に賭けるという立場を本書の中で匿そうとはしていない。石田祀り棄てはむしろ、後半期の、制度の中に閉じ込められた大衆のレベルの現象としての石田のイメージについて成し遂げられたものである。前半期の仕事つまり『河童駒引考』を中心に本書を編んだのは、石田の仕事が、その地点を通して、今だに我々を人間経験のさまざまな匿れた水脈に向かって解き放つことをやめないからである。

ところで、リマでは映画などを見て、山口氏は優雅にやっていた様子がうかがわれる。ホルへ・アマドゥ原作の「フロール夫人と二人の亭主」というカーニヴァル的作品にすっかり喜んだ氏は、映画館の前で偶然にバルガス゠ジョサに出会ったことでもさらに気をよくしている。山岳地帯のインディオの祭と、サン・ペドロ・デカスタという村での聖週間の祭は、双方ともに印象的だったようで、現代選書の『文化の詩学』に入れようと言う。同様に講義の方もうまくまとまれば、これも同書に収録したいとも考える。『文化の詩学』の構想がようやく動き始めたようだ。一方、ブラジルではダ・マータと会い意気投合し、その著作『カーニヴァル』の出版を推薦してくる。そしてダ・マータやホルへ・アマドゥと対談をして、〝対談集〟に入れたい、とも言う。その〝対談集〟とは『二十世紀の知的冒険——山口昌男対談集』のことだが、一九八〇年に私が編集して岩波書店で刊行した。ダ・マータとの対談はこの『二十世紀の知的冒険』には入らなかったが、山口氏の次の対談集『知の狩人　続・二十世紀の知的冒険』（岩波書店、一九八二年）に収録されることになる。

ちなみに『二十世紀の知的冒険』には、R・ヤーコブソン、S・シルヴァーマン、C・レヴィ＝ストロース、M・ド・セルトー、ヤン・コット、R・フォーマン、オクタヴィオ・パス、A・チッコリーニ、R・シェクナー、バルガス・ジョサ、G・スタイナーといった人々との対談が収められている。言語学や人類学、歴史学の大家、音楽の演奏家、演劇・文学の評論家あるいは作家といった多彩な顔ぶれである。

この顔ぶれを見ていると、山口氏の世界を股にかけた知的放浪の旅が、いよいよ本格的に始まったな、という感慨を押えることができない。以後約十年間、氏の知的武者修行が続くのだが、その内容は追い追い見てゆくことにしよう。

2

65　エルサレム（イスラエル）、発信日付なし
／一九七九（昭和五十四）年七月二日着（絵はがき）

前略　暑くなりはじめている夏をいかがお過ごしですか。小生は日本の夏の前哨戦の如きイス

ラエルの酷暑の中にいます。昨日一週間続いた〝ナラトロジー〟会議を了えたところです。エコ、J・カラー、T・ホークスといったところが顔を見せていました。こうした中級の学会では、いやでも毎日顔を合わせるので、誰とでも親しくなれるのがいいところです。今日、明日は、エルサレムのホテルに閉じこもって源氏物語のコスモロジーについて書く予定。その合い間に散歩したりします。その後ブダペスト行き、もしイヴァノフがいたら対談する。その後オースチン、そしてサンタ・クルスでH・ホワイトと対談。十五日成田着。

草々

⑪

66　ブダペスト（ハンガリー）、発信日付なし／一九七九（昭和五十四）年七月四日着（絵はがき）

前略　日本も大分暑くなっていると思いますが、ハンガリー・ブダペストもかなり蒸し暑い日が続いています。今日から二日間会議に参加してパリに去りますが、昨日は一日暇だったので本屋に行ったら、二〇年代ロシアの構成主義者のとてもいい本があったので、ハンガリーにおけるアール・ヌーヴォーについての本とを二部ずつ買って各一部を貴兄宛に送りました。マジャール語にもかかわらず、挿絵の多い愉しい本です。夜はオッフェンバッハ「地獄のオルフェ」のとてもできのいいオペレッタを偶然見ることができ（小生の滞在中だけやる）て、とても上機嫌の一日でした。

草々

67　パリ（フランス）、発信日付なし／一九七九（昭和五十四）年七月五日着（絵はがき）

前略　プラーハからパリにやってきたら、一九二〇年代のロシア＝フランス展に遭遇し、同時に国立文書館で「ディアギレフ展」もやっていたので、一日に二つ見て、すっかりいい気分にひたってきました。どこから掘り起こしてきたのかと思うほど、資料が徹底して集めてあって、まずモスクワでは見られない試みなので、今回は本当にいい時にきたと思いました。ヤコブソンがオシップ・ブリークとマヤコフスキーに囲まれているなどという、歴史的な写真が片隅にありました。ディアギレフ展も、もちろん言うことなし。三日後にテキサスへ向かいます。

山口

68　ニューヨーク（アメリカ）、一九七九（昭和五十四）年十月二十四日発信／同年十月二十九日着

前略

フランクフルト見本市から帰って、いくらか落ち着きましたか。当書店付きの外交官の役も、オッサンたちのお守りというおまけさえついていなければ、仲々優雅とは思いますが、大変ですね。

小生の方も、フィラデルフィアとニューヨークの双方に住んでいるためにやることがいつも一杯で、□□□にもろくろく手紙を出さないありさまです。その分電話で埋め合わせしていますが、先日も電話したところ、どこかを手術するといっていたので、どうなったかなと心配しています。大江氏から『同時代ゲーム』のゲラを送ってもらいました。〝この小説を書く間つねに最上の読者（単数）として作者を励ましつづけてくれたあなたの幻のために好意をこめて〟という献辞つきで、ゲラに献辞をつけたのは大江氏の小生に対するのが初めてではないかと思い、愉快になりました。（2行削除）

対談の件は、これはあとで一信に便りしますが、Umberto Ecoとやりました（一信にまだ言わない）。Ecoは気さくに小生のEast Villageの部屋に来て、Ecoの出てきたIntellectual Milieu（「六三年グループ」という作家・作曲家とのつきあいなど）について話し、大分時間がずれているけれど「例の会」のことなど話して、結構愉快な対談になりました。ついでだけど、G・スタイナーのは着いたと思います。小生が訊いたのばかりでなく、ペルーのEl Commercioに載った小生の対談を誰かに訳してもらって載せるのも一興かと思いますが、遅すぎますか。

見た芝居、映画、舞踊、買った本、レコードの話になると長すぎるので、本日はこのくらい、着任挨拶ということにして。また書きます。では、お元気で。

合庭君に久定［中川久定氏］のゲラをもし送るのなら、Expressでと伝えて下さい。ニューヨークにきてから一週間や十日は留めおかれるおそれがありますから。

十月二十四日　　山口生

69　ニューヨーク（アメリカ）、発信日付なし／一九七九（昭和五十四）年十一月二十日着

拝復

お便り拝見。『文化の詩学』の方は、源氏物語の英文を別便でそのうち送ります。先週のペン大［ペンシルバニア大学］での公開講演のために書いた「バフチンと（人類学の）文化の理論」も一章入ると思います。従って今のところの構成は

①チアパス高原のカーニヴァル
②メタファーとしての山
③記号論の中の女性（クリステーヴァ論及び安達原）
④母胎への想像力
⑤小説と宇宙——源氏物語の場合
⑥小宇宙としての小説——『同時代ゲーム』論と読者の問題
⑦オクタヴィオ・パスと文化記号論
⑧オクタヴィオ・パスと歴史の中の他者の問題
⑨記号装置としてのスケープ・ゴート

⑩ 文化と異化

ということになります。ゆっくり待ってもらった甲斐あって、⑥以外は英または西または日本語でできていますので、日本に戻って一月くらい時間をかければものになると思います。
○［叢書］「文化の現在」の草案について。「文化の力」［の巻］については、□□の発想が文化を高級文化に限定しているような感じで、この種の議論はちょっと不毛な感じですので外してもらった方がよいという感じです。一任します。
○今月は「バフチンと今日の人類学」「トリックスターとその後裔たち」「源氏の宇宙」「スケープ・ゴート…記号装置として」等四回の連続公開講演をやったので、大変忙しい日々になりました。
○今週の月曜日はターナーとニューヨークで会ったら、ヴァージニア大学でアジア研究の教授のポストをつくるから、最初の教授になってくれないかとたのまれました。あまり外にばかり出ていると、(22字削除) どうしようかと迷っています。ターナーは千枝［中根千枝］女史をも考えたのだけど、小生のように文化に対してラディカルな立場を示しているのがいいという結論に達したのだそうです。
○今日を最後に、講演シリーズは終わるので、今週末は、ウンベルト・エコとの対談を訳して一信に送ろうかと思っています。ヘイデン・ホワイトとは、彼が今月末東部にくる時、フィラデルフィアに寄って会うことになりましたので、対談は成立すると思います。
○リチャード・シェクナーが十二月に日本に行くので、三浦と一緒につきあってやってくれませんか。三浦の方からは対談の『現代思想』、送られていないということです。
○レコードを百枚、本を三百冊くらい買いました。今ニューヨークはあらゆるレベルで情報が集まっているので、とても面白い日々が続いています。ではまた。

山口

70　ニューヨーク（アメリカ）、一九七九（昭和五十四）年十一月二十七日発信／同年十二月三日着（封書に絵はがきを同封）

前略　先日は、対談集のゲラありがとうございました。ウンベルト・エコのを一信氏に送りましたので目を通しましたか。
リチャード・シェクナーが日本に行くので、ＩＫへのポスターをたのみましたので、ＩＫの方へ渡していただけますか。三〇年代のミスタンゲットのポスターです。どうしても我慢ができなくて買ったもので、今こちらのオークションでは八百ドルの値がついています。ではまた。

山口

（以上、絵はがき）

（5行削除）

三浦の方は、三浦への二〇年代のポスターと共に、インディアナへ行ったときやっていたティエポロの「カプリチオ」展のポスターを貴兄に渡してもらうよう、依頼しつつ送りました。いずれ連絡がいくと思いますがよろしく。

~~ヘイデン・ホワイトは仲々捉まらないので、そろそろあきらめようと思います。少しナメているところがある感じなので気を悪くしています。~~

これを書いたあとTelあり。十一月末ニューヨークに行く予定がだめになったが、逆に小生をSanta CurzにLecturerとして呼びたいという趣旨で、簡単に機嫌をなおしました。

近くに東大の大学院にいて蓮實〔重彦氏〕の子分という映画をやっているという女の子がいますが、連中のやっている映画雑誌というのを見ましたが、蓮實崇拝を中心にした□□□□□□□□□□□には白けさせられます。

とても、とても忙しい日々を愉快に過ごしています。ではまた。

草々

十一月二十七日

大塚兄

71　ニューヨーク（アメリカ）、発信日付なし／一九八〇（昭和五十五）年一月六日着

明けましておめでとうございます。

年末二十四日にゲラを受けとりました。いろいろお世話になります。

三浦のは、この二〇年代特集をやった編集長に敬意を表して、その方のカタログとポスターにしたのですが、人の方がよく見えるというのは、おみやげをもらった時の我が家のルイジとタクムみたいです。

また、シェクナー経由のポスター届けていただいて、ありがとうございました。あのポスターは、あるポスター屋で店にくる客が次々に値段をきいて手が出ないすきをぬってエイッと買ってしまったものです。おかげで今は多少ふところ貧血気味で、本は買い控えています。

今日はブルックリンの劇作家で、ジョルダーノ・ブルーノについての劇を書いているとてもセンスのいい人と友人になり、アビー・ワールブルクのことを熱中して語り合いました。ではまた。

別便にて、こちらのディアギレフ関係のオークションのカタログを送ります。眺めているだけでも結構愉しくなると思います。

72 ニューヨーク（アメリカ）、発信日付なし／一九八〇（昭和五十五）年一月十六日着

明けましておめでとうございます。

今日一月十日、第二回目のゲラ落手（ゴータムが一週間旅行していたので後れたものと思います）。すぐ手を入れて別便で送ります。今日十日夜、リチャード・シェクナーの帰国を祝って近くの日本料理屋で、彼と彼に同行したガールフレンドにおごることにしています。全体を通して、元々依拠していたテキストや参考書が手元にないのが不便の原因ですが、よろしく。特にセルトーの所は元のテキストが混乱しているので、それも手元になく苦労しました。

「文化の現在」は大変かと思いますが、がんばって下さい。「文化の力」は「文化の危機・危機の文化」とした方が、小生が加わりやすいように思います。

□□がケチして、「新編」『人類学的思考』の」を船便で送ったので、二カ月経った今日入手しました。IKが手紙で、箱の装幀が泥くさいといってきたので、変だなと思っていたら、箱を見てガックリ。□□にはトビラのソラーナの小生所蔵のエッチング（これは小生が二十年前、進省堂でソラーナの画集を買い、誰も評価しないが秘かに小生のイメージの展開に合わせて、熱いマナザシを送り、メキシコでようやくエッチングに出会い、買ったので、それを表紙に使うべく指定して、□□があとで取りにくるということになっていたのだけど、「西部劇」（これは現代版画センターの長谷川氏が遊びにきた時、手みやげに持ってきたもの。全然好きでない）のエッチングが同じ所においてあったので、□□が勝手にいいと思い込んで使ったらしい）を使えと言っていた

ので、自殺したくなりました。いい男だけど、□□□□□の欠除《ママ》の故に、執筆者にものすごいダメージを与える男、これが□□。非常に悲しい。言ってもわからないから、帰るまで言わない。どうして『思考』〔『人類学的思考』〕は二度に亘ってのろわれなくてはならないのでしょうかね。『文化の詩学』は、大江の「ゲーム」〔『同時代ゲーム』〕論だけで一冊にしたいような気分がつのっています。読者に対する衝撃という点でも、この方がいいのではないかと思っていますが如何。（三浦は、カタログ、ポスターのお礼状寄こさないので、怒っていると伝えて下さい）

山口

大塚兄

大変恥しい話だが、第71信で見る限り、私は山口氏に苦情を呈したらしい。山口氏が三浦雅士氏に送った二〇年代のポスターとカタログの方が、私に送ってくれたティエポロ「カプリチオ展」のポスターよりよかった、と。それに対して山口氏は「人の方がよく見えるというのは、おみやげをもらった時の我が家のルイジとタクムみたいです」と書いてきた。これではまるで山口家のワンパク坊主たちと同列扱いではないか。三十年も昔のこととはいえ、何とも恥しいことだ。しかし、山口氏はそれだけで終わってはいなかった。

「別便にて、こちらのディアギレフ関係のオークションのカタログを送ります。眺めているだけでも結構愉しくなると思います」。

これは、山口氏や私が、当時バレエ・リュス（ロシアン・バレエ）に熱中していたので、私の機嫌を直すべく、山口氏が配慮してくれた、ということを示す文面である。今この手紙を読むと、なおさら恥しくなって、穴があったら入りたいほどに思う。しかし同時に、こうした〝わがまま〟が通用した時代を懐しいと思わずにはいられない。

このようなどうでもよい私事はともかく、エルサレムからブダペスト、パリ、ニューヨークと、山口氏の知的放浪の旅は続くのだった。エルサレムではU・エコ、J・カラー、T・ホークスらに会い、ブダペストでも会議に参加している。ブダペストでは、ロシア構成主義とハンガリーのアール・ヌーヴォーについての本を購入し、私宛てに送ってくれた。ハンガリーのアール・ヌーヴォーについての本は、とても美しいもので、資料的にも貴重なものだった。しばらく後に、ハンガリーの文化に関心を抱いていた栗本慎一郎氏に、この本を貸して喜ばれたことを覚えている。パリでは、タイミングよく、一九二〇年代のロシア＝フランス展と「ディアギレフ展」も見ている。

さて、ニューヨークに着いた山口氏は、フィラデルフィアとかけもちで、相当に忙しい様子を伝えてくる。しかしその間をぬって、「叢書・文化の現在」についてのアイデアを出し、『文化の詩学』の構想を練るのであった。

「叢書・文化の現在」の成立については、拙著『理想の出版を求めて』で詳しく述べたので、くり返すことはしない。ただこの企画が、数年間続いた「例の会」の成果の上に、大江健三郎・中村雄二郎・山口昌男の三氏を編集代表に、例の会のメンバーが編集委員となって、一九八〇年から八二年にかけて、全十三冊を刊行したものであることだけを、確認しておきたい。ちなみに「例の会」のメンバーは右の三人の他に、作家の井上ひさし、詩人の大岡信、建築家の磯崎新、原広司、作曲家の一柳慧、武満徹、演出家の鈴木忠志、映画監督の吉田喜重、それに清水徹、高橋康也、東野芳明、渡辺守章といった学者の諸氏であった。

また「文化の現在」全十三冊の構成は以下の通りである。

1　言葉と世界
2　身体の宇宙性
3　見える家と見えない家
4　中心と周縁
5　老若の軸・男女の軸
6　生と死の弁証法
7　時間を探険する
8　交換と媒介
9　美の再定義
10　書物――世界の隠喩
11　歓ばしき学問

12 仕掛けとしての政治
13 文化の活性化

第69信では『文化の詩学』の構成について書いている。しかし、その時から三年以上後に刊行されることになる『文化の詩学』、しかも全二巻の内容は、大幅に豊かになるのであるが、それについてはもう少し先に触れることにしよう。

同じ第69信では、ヴィクター・ターナーのことが書かれているが、後に触れるであろうシンポジウム「見世物と民衆娯楽の人類学」(一九八一年九月)との関係で重要なので、山口氏の「孫悟空たちのシンポジウム」(『新劇』一九八一年十一月号、後に『山口昌男ラビリンス』に収録)によって少し説明しておこう。

一九八〇年十二月にワシントンで開かれたアメリカ人類学会の後、車で三時間ほどのところにあるターナー宅へ、ターナーが象徴人類学の「七人の侍」と呼ぶ人類学者が集まった。ロベルト・ダ・マータ(ブラジル)、ブルース・カッフェラー(オーストラリア)、ジョン・マッカルーン(シカゴ)、バーバラ・マイヤーホフ(カリフォルニア)、ドン・ハンデルマン(イスラエル)、それに山口氏である。彼らは三日間ぶっとおしで議論をした後、またどこかで集まろうということになった。そこで山口氏が、では日本でやろう、と提案して右のシンポジウムになったわけだ。

八一年八月末、世界各地から参加者が集まってきた。翌日、浅草見物から始めて、二十八日には富山県の利賀村《とがむら》に行き、早稲田小劇場の公演、鈴木忠志演出の「バッコスの信女」を見る。

V・ターナーの講演とそれをめぐっての郡司正勝、中村雄二郎、高橋康也氏らのシンポジウムを行なう。八月三十一日から筑波学園都市で会議が始まる。前記の諸氏がさまざまな報告を行ない、加えて日本側の参加者、栗本慎一郎、郡司正勝、小沢昭一、中沢新一、宮田登、川本三郎、青木保、松岡心平、坪井洋文、上野千鶴子、内堀基光、小松和彦、大室幹雄、池上嘉彦、細川周平の諸氏が報告やコメントを行なった。会議の翌日、国立劇場で文楽「五天竺」の舞台稽古に立ち合い、その翌日から一行は一週間にわたる熊野紀行に出かけた。

　私は筑波でのシンポジウムに参加したが、大変面白いものであったと記憶している。山口氏の言葉を借りるなら、「富山県利賀村から筑波山を経て、熊野三山へ飛んだこの人類学者たちは、ほとんど役《えん》の行者《ぎょうじゃ》つまり日本的シャーマンに同化していたと言っていいかも知れない」のであった。私にとって忘れられないのは、シンポジウムに先立ってダ・マータ氏を紹介してくれたが、その時にダ・マータ氏に私のことを“He is my best friend”と山口氏が言ったことだ。

　この会議の成果は、V・ターナー、山口昌男編で『見世物の人類学』（一九八三年、三省堂書店）としてまとめられている。山口氏の知的吸引力が国際的に物を言った、もっともよい例の一つと言えるであろう。

　なお第72信では、『新編・人類学的思考』の装幀について、山口氏は担当編集者のミスに不満をぶちまけている。この例に見られるように、山口氏は気心の知れた編集者に対して、いわばすべてを任せる形をとるのが常態だったので、それが何かの理由で不首尾に終わってしまった場合には、「執筆者にものすごいダメージを与える」、「非常に悲しい」ということになる。

しかし、この編集者の名誉のために付言するならば、彼は山口氏の本を数冊編集し、しかもあまり目に止まらないような媒体に書かれた文章を、非常に短いものまで含めて、丁寧に集めるという、地味な仕事を行なっていた。だから、右のように厳しい批判を行なったとしても、山口氏と編集者の関係が崩壊することはけっしてなかったのである。

3

73　ニューヨーク（アメリカ）、発信日付なし／一九八〇（昭和五十五）年二月九日着

前略
今日一月二十五日はとても悲しい日でした。ふつう金曜日といえば週末ですから、芝居を見に行ったり音楽を聴きに行っている筈が、来週からの講演旅行の準備のために部屋にいたところが、家内から電話があって、塙君の死が告げられました。瞬間、途方に暮れてどうしていいかわからず、しばらくぼーっとしていたけれど、誰か塙君と共通の友人の声を聴きたくなり、咄嗟に大江氏の所に電話をしました。
電話をしたからといって言うこともなし。つらい、悲しい、どうしていいかわからないといって、沈黙を交しただけだったけど、電話を切ったあと、誰かと悲しみをわかち合ったというだけ

で、父の死に際しても涙を流さなかった小生も、つらくて、つらくて、動物のような声をあげて、泣き叫びつづけました。……落ち着いたと思って、ここまで書き続けてきたら、悲しみが心の底から噴き出してきて、続けて行くのがとても難しくなって、慟哭しながら、書き続けています。つらい、とてもつらい。僕は生まれてからこの方、こんな悲しみを味わったことは初めてなので、どうして耐えていいのかわからない。

僕は□□たちと違って、制度を当てにしないから、友人だけが生き甲斐の大きな部分を占めている。塙の死は、腕の一つをもぎとられた想いです。

この手紙は『……ゲーム』〔大江健三郎氏の『同時代ゲーム』〕の分析をどうするかという点についてのレジメを兼ねて書こうと思ったのだけど、心にそのゆとりは全然ない。すぐに日本に帰りたいところだけど、月曜からインディアナ大、ミシガン州立大、シカゴ大で講演のスケジュールが十日に亘って立っているので、それもままならず。ずーっと距って地霊の仲間入りをしてしまった塙に、地理的に少しでも近くにいる貴兄たちがうらやましい限りです。どうして、こうも素晴しい人間が死ぬのか、塙はやっぱり、ロレンスの言う炭坑夫にとっての「カナリヤ」だったのかも。取り乱してすまない。

山口

〔封筒の裏側に次の文章が記されていた。〕

「できれば対談集に「故塙嘉彦に捧ぐ」と付記されたし」

74 パリ（フランス）、一九八〇（昭和五十五）年二月二十六日発信／同年二月二十九日着

拝復

アメリカを発つ前に、一通お便りを受け取りました。L＝Sの住所ということでしたが、

Laboratoire d'Anthropologie sociale,

Cellege de France

でよいと思います。ただし、アメリカを発つ前に見た『朝日ジャーナル』によると、L＝Sは三月の上旬に、ソニー財団の主催で「日本の将来」というおかしなシンポジウムに参加するために日本に行くはずですから、日本で連絡が可能かと思います。

二、三日前からパリに来ています。L＝Sにも会うと思います。

アメリカでは、一月末から塙君の死の傷心を抱きながら、インディアナ大学やシカゴ大学の人類学科に講演に行きました。とても評判が良かったように思います。インディアナ大学から『文化と両義性』と『アフリカの神話的世界』を刊行することを、話し合いました。

ニューヨークでは、鈴木忠志と比較的よく話す機会がありました。□□の我儘に対しては徹底的に批判的でした。彼は四月はじめに帰るそうですが、前より少し親密になりました。ニューヨーク大のシェクナーのクラスでは、忠志の演技論（白石加代子論）のあとに、小生が「忠志の演技論の宇宙論的背景」という話を即興的にやって、喜ばれました。

パリでは、人間科学センターが六千フランの滞在費を出してくれるので、三月末までいようと思います。スケープ・ゴートのシンポジウムの組織のための、ポジション・ペーパーを書く予定です。

シカゴで請求書を回す手配をしましたが、もし難しいようでしたら、家内に言って、家内から支払うように依頼して下さい。お宅様も火の車で大変でしょうから、今回はしないよう努力したのですが、どうも、そういうことになってしまいました。

ではまた変わったことがあったらお報せします。アメリカでは、知的な意味で徹底的に遊んだので、今回は思い残すことなく去りました。

草々

三月二十六日

山口

大塚兄

75　パリ（フランス）、一九八〇（昭和五十五）年三月九日発信／同年三月十四日着

前略

ダ・マータの本着きました。これから対談を訳するので、大変ありがたく思いました。

塙君についての手紙は、取り乱している時書いたものなので、貴兄に出そうかどうか迷いつつ、シカゴまで持っていって出したものなので、大江氏に見せることに反対はないが、気はずかしい気がします。

こちらでは人間科学センターに部屋を一つもらって、ここで二つほど論文を書いていく予定です。一宿一飯のお礼として、すでに『社会科学情報』誌（ここで出している）に「M・バフチンと今日の人類学」を渡しました。これはバフチンについての論集のために書いたのだけど、編者がマチーカに変わったので、出すのをやめたものです。『文化の詩学』の一部ともする予定です。レヴィ＝ストロースが日本に発つ前にちょっと会ったので対談のことを言ったら、もう了解の返事出しておきましたよ、という答えでした。

川田君もこちらにいるので、先日は家に呼ばれて、国家博士論文の予定プランを見せられたけど、「中心と周縁」などという章があるのに苦笑しました。自宅に、こちらに来ている留学エリートを集めてサロンを開いているので、来てくれと言っているけど、あまり気が進まない。ではまた。

草々

三月九日

山口

大塚兄

塙嘉彦氏は当時、雑誌『海』の編集長をしていた。『海』の出張校正で凸版印刷にいた時に鼻血が出て止まらないので、御茶の水の順天堂大学病院に行った。血液のガンと診断されて、即刻入院ということになり、直ちに治療にかかったが間に合わなかった。中央公論社の友人の話では、抗ガン剤のためにツルツルの頭になりやつれ果てた塙氏の姿を見て、どうしても涙を止めることができなかった、という。何回か見舞いに行こうと思ったが、塙氏のそうした姿を見るのは忍び難かった。塙氏はいつも颯爽としていたからである。多少軽薄なところを含めて、フランス仕込みのダンディな振舞いが塙氏の特徴だった。『海』ではずいぶん斬新な企画を立てたので、文芸誌の中では特色のある存在であった。もっとも塙氏本人は、本当は国際問題に興味があるようで、その方面の勉強も怠ることがなかった。

山口氏も手紙の中で書いているが、塙氏にはチャランポランなところもあった。しかしそうしたマイナス面も含めて、多くの作家や学者に愛されていた。青山斎場で行なわれた葬儀には多数の人々が集まり、氏の早すぎる逝去を惜しんだ。東大仏文の同級生である大江健三郎氏、経済学者の宇沢弘文氏らの弔辞には、胸を打たれた。私の一列前に座った安部公房氏は、葬儀の間中頭を垂れたままで、一度もあげることがなかった。笠間神社の神官の家系なので、神道による葬儀だったが、会場を圧するホラ貝の大音響も、かえって人々の悲しみを増すばかりのように思えた。

遠く離れているだけに、山口氏の悲しみはいかばかりのものであったろう。「僕は［中略］、制度を当てにしないから、友人だけが生き甲斐の大きな部分を占めている。塙の死は、腕の一つをもぎとられた想いです」という言葉は、山口氏の実感だったと思う。第73信は、何回読んでも、胸が苦しくなる。このような関係を、少なくとも国内においては、編集者との間にだけしか築くことのできなかった氏は、不幸と言うべきだろうか、幸いだったと言うべきか。こうしたことを考えるにつけ、なぜ九〇年代を通して、山口氏と私がある種疎遠な関係に陥らざるを得なかったのか、改めて考え込んでしまうのである。しかし、いずれそのことに触れる時がくるだろう。ここでは山口氏の慟哭を、そのままに受け入れたい。

なお、第73信の封筒に記されていた山口氏の希望に基づいて、『二十世紀の知的冒険』の「編著者あとがき」の最後に、私は氏に代わって以下のように書いた。

本書を、わが友墻嘉彦氏の霊に献げる。氏は筆者の滞米中、一九八〇年一月二十五日逝去された。

山口昌男

4

76 パリ（フランス）、発信日付なし／一九八一（昭和五十六）年一月八日着

明けましておめでとうございます。

アメリカでいくらか請求書発送したので、またまた苦境を迎えているのではないかと申し訳なく思っています。

小生の方は十一月の半ば、トロント大学でフランク・ホフのところに寄寓して、〝演劇性〟のシンポジウムに参加してニューヨークに来て、シェクナーのクラスで講義しました。トロントでは、ベルナール・ドールなどが一緒でしたが、ドールはそれほど面白い人でもありません。ホフ夫人が小生の本を次々に訳したいというので、『道化の民俗学』と『文化と両義性』をたのみました。他の本も送るといったので『〔二十世紀の〕知的冒険』と『〔アフリカの〕神話的世界』を航空便で送ってくれませんか。

Prof. & Mrs. Frank Hoff
Dept. of East Asian Studies, Univ. of Toronto,
Toronto, CANADA

宛で着くはずです。ついでに三浦君にも、青土社で出た『〔知の〕祝祭』『挑発としての〔芸術〕』を、船便でいいから送ってくれるように言ってくれませんか。岩波の手帖に青土社が登録されていないので、手紙を出せないと言って下さい。家内と電話で話したところでは、何を書いてあるかわけのわからない山口論の出た『現代思想』をパリに送ってくれているそうですが、まだ届いていないので住所をたしかめようもない。

アメリカでの様子は、『〔知の旅への〕誘い』の原稿が、旅先の締切りで手元に何も本がないので、旅行記になってしまったのを、新書編集部に送りますから、それで察して下さい。文章が下手なのか、個性が強すぎるのか、どうも共著者の中村雄二郎氏のようなわけにいきません。

今はダニエルとその愛人セシルと彼らの娘とともに、ダニエルの別荘のあるキヴァーヴィルに来ています。セシルは二月に二人目を産むところです。ダニエル夫人クリスタは、その愛人の老画家とどこか旅行しているそうです。どうもダニエルたちは、数歩先をいっているようです。

パリでは、アラン・ジュフロアが大奮闘で、仲よくしてくれます。先日も彼の家でガルシア・マルケスに紹介してくれました。大変カンの良い人で知的ですが、政治的に戦闘的なので話を合わせるのにちょっと苦労します。しかしああいう盟友が一人いれば、大江氏も日本の文壇であれほど苦労しなくてすむのに、と思わせる人です。

トロント大学で、ミシガンで教えていて『サブ・スタンス』というミシガン大で出ている雑誌を出している人が、「例の会」の話をしたら、ぜひ一冊特集を例の会で出してほしいと言っていました。「文化の現在」のアンソロジーでも出したら面白いと思います。

本といえば、バランディエの本『舞台上の権力』は王権と道化、カーニヴァルを全面的に論じています。今頃といえば言えるし、素早いといえば言えます。カリフォルニア大での近刊に『西アフリカのトリックスター神話』というのがあります。皆十年おそいという感じです。塙君の命日までに帰ります。ではまた。

早々

77　パリ（フランス）、一九八一（昭和五十六）年一月九日発信／同年一月十四日着

前略

先日は突然失礼しました。

といってもそれは昨朝三時でした。

あれから田之倉［稔］君のところに寝て、（どこでも好きなところに寝れるというのが何ともいえない生活です）、九時に起きてエコール・P・S・Sへ行って、十二時までダニエルの「アレアレ」のコスモロジーの発表につきあい、食事をして、それからFNAC［フランスの書店］へ行って、ヴィトケーヴィッチの自伝的小説やシクロフスキーの『将棋の駒』、A・ブロークの批評集などを買ってきて、夜はこれらを読み、朝五時まで起きていました。

ところで、昨日買った本の中のイタリアの歴史家カルロ・ギンズブルグの『チーズと虫――十六世紀の粉屋（風車の）の宇宙』という本があまり面白いので、この本を朝までに読んでしまいました。この本は一九七四年頃イタリアででたものであるけど、今回はバフチンの影響のいっぱいある序文を付してフランス語で出たばかりのものです。

メノッキオという、異端狩りでジョルダーノ・ブルーノと同じころに火刑にあった粉屋が、書かれた支配文化とバフチンの言うようなカーニヴァル文化の仲介者であったことを示し、歴史の匿れた次元を掘り起こすという、粉屋に焦点をあてた（粉屋の村における周縁性を見逃していない）もので、選書に入れるに丁度いい二百二十頁のB6変型です。

またぞろつまらない大学教師（□□を含む）がぞろぞろ出て、『歴史人類学』などを訳出するより、田之倉君のような仏伊［語］に通じている人が訳した方がいいのではないかと思って、田之倉君に買って読んでみることをすすめました。すぐ版権を取ったらどうですか。本は帰る時持っていきます。田之倉君も一月末に帰るそうだから、話されるといいと思います。ギンズブルグは、小生との対談の中でU・エコが賞讃していた歴史家で、L＝ラデュリーより、コスモロジカルな感覚があるし、セルトーのように気どってもいないので、最近の大収穫です。ではこの点だけを取急ぎ。

草々

一月九日

山口

大塚君

P.S. 来週火曜（十三日）はいよいよクリステーヴァと対談すると、合庭君に言っておいて下さい。

一九八〇年三月以来の来信である。山口氏は、八〇年の秋にアメリカに行き講義などをした後に、フランスに渡ったようだ。アメリカに出かける前の半年ほど、山口氏は日本で精力的に活動した。著作活動だけに限っても、三冊の著書を立て続けに出版している。

まず八〇年五月に、青土社から『仕掛けとしての文化』を出す。この本には一九七二年から八〇年の間に新聞や雑誌などに発表された短文が、数多く収録されている。一般読者向けのエッセイの集成であるだけに、山口氏の多面的な活躍を期せずして表現する結果になっている。私のもっているこの本の見返しには、一九八〇年五月二十五日という日付けとともに、「今はなき戦後知的ジャーナリズムの知的仕掛人　塙の思い出に　昌」と記されている。半年近く経過したにもかかわらず、山口氏の悲嘆の思いは薄れることがないのだ。他にも三浦雅士氏ほか何人かのサインが書かれている。共同通信社の記者であった中村輝子氏は、「光州壊滅の日」と記した。前に書いた新宿西口のバー「火の子」での集まり「ダイサンの会」で、本書の刊行を祝ったのだろう。

続いて七月には、白水社から『道化の宇宙』を出版する。この本は二部構成になっているが、「I道化の宇宙」は『朝日ジャーナル』に連載（一九七六年十一月～七七年五月）したものであり、「II文化史の盲点」は『海』に七七年七月から十一月にわたって連載したものである（他に『新劇』に発表した論稿一篇を加える）。双方ともに連載ものなので、読み応えのある作品に仕上がっている。特にIIでは、エリック・サティ、オッフェンバッハ、クルトワイル等、二十世紀初頭から二〇年代にかけての音楽について語り、興味津々。

そして十月には、青土社から『挑発としての芸術――山口昌男対話集』を出す。山崎正和、高階秀爾、井上ひさし、後藤明生、高橋悠治、田淵安一、種村季弘、原広司、吉田喜重の各氏との対話を収録しているが、元々はさまざまな雑誌に掲載されたものである。今から見れば、〝え、こんな人と〟と思うような対談相手も載っているが、当時の山口氏は誰であろうと四つに組んで議論を楽しんでいたように思う。

さて、年を越えて一九八一年になると、四月に岩波新書『知の旅への誘い』を出す。これは中村雄二郎氏との共著である。手紙にあるように、山口氏は全力を出したという訳ではなかったかも知れない。だが、脂ののった二人の思想家、哲学者と文化人類学者の共著であるから、この新書は多くの読者に迎えられた。

中村氏は、本書の「旅のはじめに」で、次のように書いた。

すなわち第I部「知の旅へ」(執筆者、中村雄二郎)では、人間にとって〈旅〉とはなにか、〈旅〉においていかに人間の根源的な在り様と問題が露呈されるか、また、そういう〈旅〉をメタファとして考えるときどのような〈知〉の世界が開かれてくるか、が示されるだろう。ここで「好奇心」「身体」「ブリコラージュ」「食べもの」「方向」「記憶」「同行者」「迷路」「時間の発見」「遍歴」という項目が選ばれ主題化されているのは、さまざまなかたちで人間活動の基本的な在り様にかかわるこれらの問題が〈旅〉という場面において互いに結びつき、もっとも切実な意味をもってあらわれると考えられたからである。

次に第II部「知の冒険へ」(執筆者、山口昌男)では、第I部「知の旅へ」の原理的な考察のあとを受けて、自己の冒険にみちた〈知〉の旅のさまざまな経験が、「旅のはじまり・はじまりの旅」「旅の文体」「越境について」「旅の宇宙誌」「周縁への旅」「旅の軌跡」という主題のもとに惜し気もなく披露される。それは一人の人間の〈知〉の遍歴の歴史であり、新旧・内外のさまざまの刺激的な理論や人物との出会いの記録であるが、同時にまたそれは、現代という〈知〉の組みかえの時代、学問再編成の時代の孕むさまざまな問題点を、おのずとしかも縦横に照らし出すことになるはずである。

だから、この第I部「知の旅へ」と第II部「知の冒険へ」は、一口にいえば、それぞれ〈哲学的な〉原理編と〈人類学的な〉実践編をなしているということになる。もっとも、そういう区別はあくまで一つの目安にすぎない。第I部が単なる原理編にとどまらず、おのずと実践的要素を少なからず含んでいるように、第II部も単なる実践編にとどまらず、すぐれて原理的な性格をもっている。むしろ、そうならざるをえないところに、〈知の旅〉の主題としての面白さがあるのである。またテーマとして取り組み甲斐があるのである。

さあ、それでは〈知の旅〉〈知の冒険へ〉出かけることにしよう。

そして山口氏は、「旅の終りに」で、以下の如くまとめたのだった。

……旅というのはもちろんメタファである。従って身体を移動させる旅は、「知」の旅の動因であっても、十分条件ではない。身体が移動しても精神の移動を伴わない場合、「知」という行為は発動しそうにない。逆に身体の移動を伴わない精神の旅としての「知」の発動はいくらでもあり得る。結局「旅」に出るか、出ないかという選択は、世界を固定させるよう希むか、それが流動的な状態にあることを希むかという、二つの方向の中からなされるのかもしれない。

＊

私が本書の共著者中村雄二郎氏と出遭ったのは、奇しくも本書の中で触れた一九六八年の西アフリカから日本への帰途という旅の中においてであった。「知」の中心と考えられていた哲学専攻の氏は、これまた「知」の中心の一つと考えられていたパリに滞在していた。「知」の周縁と考えられていた人類学の調査で、「周縁」の地西アフリカの奥地に滞在していた私は、偶然大使館で読んだ日本の新聞の消息欄で、『『思想』の思想史』で戦前から戦後にかけての日本の知のすぐれた見取図を描いた中村氏が一年間パリに滞在していることを知った。帰途パリに立ち寄った私は、大使館で中村氏の住所を知り、訪ねていった。私の『道化の民俗学』に哲学者N氏として出てくる、ピッコロ・テアトロのことを教えてくれた人は中村氏であった。私は、氏にジュクン族の宇宙論とか、その周辺の諸部族の瓢箪の装飾デザインの分析の話をした。当時、構造分析が燎原の炎の如く、「知」の分野を覆っていたが、中村氏は、私の視点が、そのような方向と並行関係にあることを直ちに見抜き、私を驚かせた。実を言うと、一面識も無いにもかかわらず、氏と会おうという気になったのは、私の専門分野における中村氏の世代に属している人たちの、私の世代の「知」のスタイルに対する無関心に私がいささかいらだっていたからに外ならなかった。氏を通して私は、私のような知の位相が決して孤立したものでないことを知った。ある意味では氏は私のような「知」の野人の理解者であり、すぐれた調教師であった。氏との接触を通して、私は「知」は「中心」と「周縁」の往還の過程にあることを確信することができた。本来「中心」的「知」であった「哲学」を「周縁」に導き、「周縁」の知たる「人類学」的「知」を「中心」へと注いで、これを「周縁」化するのに、氏のここ十年の果した役割の大きさには、はかり知れないものがある。

氏も、私もまた時間性の中に「知」の位相をたしかめる「演劇的知」を世界解読のモデルとして使っているという事実は、我々をこよなき「知」の旅の伴侶とするに充分であった。こうしてここ五年の間、私は、氏と組んで「知」の往還運動を続けて来た。

また九月には山口氏監修の『説き語り　記号論』（日本ブリタニカ）を出版する。この本は、朝日カルチャーセンターの講座「記号としての世界」（一九八〇年十月～十二月）の記録を基につくられた本だが、山口氏の人選によって、氏以外に以下の人々が登場した。池上嘉彦、佐藤信夫、青木保、市川雅、岩本憲児、今村仁司、多木浩二、前田愛。山口氏の選択にしては、研究者がほとんどで珍らしいことだが、記号論というテーマである以上、やむをえないと思う。

このように見てくると、何とも忙しいことだが、実はその他に、先に述べたように、山口氏は八〇年十一月から八二年七月にかけて、私が編集した「叢書・文化の現在」（全13冊）の刊行にも、〝編集代表〟の一員として深く関わっていたのである。このシリーズでは、〝編集代表〟は個別の論稿を数篇執筆する以外に、担当の巻の〝媒介者〟（できあがった十篇前後の論稿の位置づけを行なう、いわば読者に対する解説者）の役をしなければならないのだった。

この間、原稿を書いているだけでも、絶対的に時間が足りなかったはずだが、芝居や音楽会や展覧会にはよく通っている山口氏であった。おまけに我々と一緒に酒もよく飲んだ。飲んでワァーワァー言って騒ぐのが、氏の気晴しだったとも思える。前著にも書いたが、この時代は我々にとって、本当に〝宴の年月〟以外の何物でもなかった。

5

一九八〇年代に入って、山口氏からの手紙は急速に少なくなる。八一年一月の第77信から次に掲げる第78信（八三年三月）まで、丸二年のブランクがある。

その理由は、何といっても、山口氏がいわば論壇の〝売れっ子〟になって、外国に出かける余裕もなくなってしまったからだ。新聞や雑誌、はては週刊誌やTVにまで追い回される日々だった。大江健三郎氏のように若くして登場した訳ではない山口氏は、ジャーナリズムにもてはやされるのを嫌うことはなかった。後に、スキャンダラスな話題で名を売っていた週刊誌のグラビアに登場したことがあるが、何もそこまで付き合わなくても、と思うこともあった。

しかし、山口氏の知的腕力が衰えることは全くなかった。私が編集し、あるいは企画成立に関わった本だけに限っても、まことに驚くべき生産性の高さとしか言いようがない。列挙すると左のようになる。

八二年二月　『知の狩人――続・二十世紀の知的冒険』

八二年九月　『文化人類学への招待』（岩波新書）

八三年五月　『フランス』（渡辺守章、蓮實重彦氏との共著）
八三年六月　『文化の詩学』Ｉ
八三年七月　『文化の詩学』II

『知の狩人』には、左に記すような多彩な人々との対話を収録している。

ウンベルト・エコ
ジルベルト・ベロ（ブラジルの社会人類学者）
Ｒ・ダ・マータ
Ａ・ゴールド、Ｒ・フィズデール（共にピアニスト）
Ｅ・Ｈ・ゴンブリッチ（英国の美術史家）
トーマス・バイルレ（ドイツの画家）
カルロス・フエンテス
ローラン・トポール（ポーランド出身の画家）
メレディス・モンク（パフォーミング・アーティスト）
アラン・ジュフロワ
ジュリア・クリステーヴァ
Ｇ・Ｅ・Ｒ・ロイド（英国の古典学者）

また、前出の手紙で度々触れられていた『文化の詩学』は、最終的に、次に目次を掲げるような全二巻の大著になった。

II

第一部

I　政治の象徴人類学へ向けて
II　根源的パフォーマンス
III　文化のなかの文体
IV　スケープゴートの詩学

第二部

V　女性の記号論的位相――クリステヴァ『中国婦女』をめぐって
VI　記号としての裸婦――大江健三郎あるいは裸体の想像力
VII　足から見た世界

第三部

VIII　交換と媒介の磁場
IX　書物という名の劇場

『文化の詩学』は、山口昌男氏の著作の中で、私がもっとも大切に思うものだ。なぜなら、ここには山口氏の知性と感性が最高のコンディションで結合され、表現されているからである。

以上は、私が直接に関係した山口氏の著作であるが、その他に一九八三年十一月には、冬樹社から『語りの宇宙』を出しているのだ。この本は、三浦雅士氏が聞き手となって『現代思想』などに、七九年から八二年にわたって掲載されたものを中心に編集されている。

このような目覚ましい活躍を八〇年代を通して行なう山口氏であったが、それは追い追い見て行くことにしよう。

以下に、久しぶりに外国に出た山口氏からの通信を掲げる。

78 トリニダード、発信日付なし／一九八三（昭和五十八）年三月十四日着

前略

お元気ですか。小生の方は、マルティニック—仏領ギアナ—パリ—バルバドス—トリニダードを経て、これからベネズエラを経てキュラサオ—パナマ—NYというコースで二十日すぎに帰国の予定です。

パリではニカラグアの文化相で詩人のエルネスト・カルデナルという人と親しくなりましたが、ここトリニダードの西インド大学のゲスト・ハウスで、昨日オクスフォードのロジャー・プリングスヒルという教授夫妻が隣りの部屋にいて、この人がカルデナルについていくつか論文を書いていることを知り、抜き刷りをもらったりして、全くの御機嫌です。

文化シンポジウムは、カーニヴァル前夜の馬鹿騒ぎであったけれど、こうした思わぬ副産物が

あったため、□□氏のように一概にヒステリックに蹴ることもないし、□□のように羽根を広げた孔雀のようにはしゃぐこともない。しかし、いいきっかけが摑めました。ニカラグアのカリブ海寄りには、古い民俗を残しているアフリカ系住民がいるからこないか、とカルデナルもすすめてくれているので、この次は寄ろうと考えています。いろいろ面白いことがあり、愉快な人間にも会いましたが、また帰ってからゆっくり話しましょう。

山口

大塚兄

79　パリ（フランス）、発信日付なし／一九八三（昭和五十八）年五月二十日着

前略

日曜日の朝パリに着きました。

例のごとく、バカンス病のフランスのこととて、ドコッペをはじめ誰もパリにはいません。田之倉君のアパートに居ついています。

月曜日の朝、ちょっと近くの本屋をのぞいてみましたが、あらゆる本の出版は極めて盛んです。不景気になると、かえって出版に元気がでるという感じです。

ところで、今日は午後、ルネ・ジラールに会うわけですが、これから少し忙しくなると思います。コンフィデンスマンも持ってきていますし、林［建朗］君のもあります。そして『［文化人類

学への」招待』を講義用にフランス語版で書きはじめなければなりません。

その中にポラ［ン］ニーについて、もう少し言及しようと思っていながら本を持ってくるのを忘れました。そこで、現代選書の二冊本［『人間の経済』1・2、玉野井芳郎他訳］を至急送っていただけるとありがたいのですが、よろしく。

C/S Mlle Cecile Barand

45, Rue de Seine, Paris 6e

FRANCE

でお願いします。では右要用のみにて失礼

大塚兄

山口拝

80　ロンドン（イギリス）、発信日付なし／一九八三（昭和五十八）年七月十一日着（絵はがき）

前略　パリの講義を終わって、スーリジーでのジラール・シンポで報告して、ジラールとルロア・ラデュリーと対談して、アメリカはコーネル大へ行って、仏教と文学テキストの報告をして、ジム・ブーンと対談しました。彼の“Other Tribes, Other Scribes”はとても面白いので、大塚君に翻訳用に一冊送るように言いました。落合［一泰氏］に訳するように手紙を出しました。O

Kだったら、増田〔義郎氏〕経由で落合に連絡とってくれますか。オクスフォード・ブラックウエルズへ昨日行き、明日ケンブリッジへ行きます。ではまた。

81　ハイチ、発信日付なし／一九八三（昭和五十八）年十一月十八日着（絵はがき）

前略　日本を出てから一月以上を経過して、やっとカリブ海、それもエイズの発祥地ハイチへ入ってきました。貴兄にはまだ『此の世の王国』が借り放しになっているので、まずクリストフの城の絵葉書で、あいさつを送ろうとしている次第です。バークレーでは、大江氏と三好〔マサオ・ミヨシ〕氏とよく話しました。三好氏は大時代的だけどいい人です。由良〔君美〕氏をかなり□□にしていました。カナダのバフチン・シンポジウムは、カナダ人の組織したシンポジウムらしくスタティックで、つまらない学会でした。バークレーでは、「文化テキストとしての東京」を話しました。三好氏は、「そんな東京はもう存在しない」といって大批判を加えてきましたが、大江氏は三好氏のノスタルジーの東京を壊されたくないのでは、といって援護射撃をして

クリストフの城の絵はがき

くれました。ニューヨークでは、三浦［雅士氏］・浅田［彰氏］・上野千鶴子［氏］が加わって忙しくなりましたが、愉快でした。バルチモアでは、□□君という柄谷［行人氏］の子分の思想史をやっている実に□□奴に会いました。できるだけ控えていましたが、セント・マークスで少し本を注文しました。よろしく。

国際的に著名になった山口氏は、ヨーロッパや新大陸の各地で、シンポジウムに参加したり、講義や講演を行なっている様子が分かる。しかし残念なことに、かつての手紙のように、氏が各地で出会った本屋・古本屋や書物の話はほとんど書かれていない。多忙な上に、氏の関心のありようも多少変わってきたのかも知れない。出版社のみならず、さまざまなメディアに追い回される氏としては、しようがないことかも知れないが、書物に対する具体的な論評のない手紙は、何とも味気なく、かつての山口氏はどこに行ってしまったか、と思いさえする。

　とは言え、一九八四年は別の意味で、山口氏にとっても、私にとっても重要な年になるのであった。それは、言うまでもなく、『季刊・へるめす』の創刊である。前著で詳しく書いたのでくり返すことはしないが、『へるめす』の中心はやはり山口氏だった。勿論、山口氏以外に編集同人になってもらった方々、磯崎新、大江健三郎、大岡信、武満徹、中村雄二郎の諸氏には存分に活躍してもらったつもりだ。しかし『へるめす』の基本的コンセプトである〝学問と芸術に架橋する〟行為を実践していたのは、何といっても山口氏だった。

さらに言えば、『季刊・へるめす』の精神的支柱の一つが、林達夫の思想であったと認めるならば、それをもっともよく受け継ぎ、体現していたのは、やはり山口氏だったからである。それは、やがて『へるめす』誌上に掲載され、八六年には単行本（山口昌男編『林達夫座談集　世界は舞台』）としてまとめられる、林達夫を中心にした座談においても、明らかであろう。

また「へるめす」という誌名を考え出したのも山口氏だった。それは、学問と芸術の間を自在に飛び回り、ギリシア神話のヘルメス神さながらに活躍する山口氏ならではの発想だった。『季刊・へるめす』は一九八四年十二月に創刊号を出したが、その巻頭を飾ったのは、やはり山口氏の論稿「ルルの神話学──地の精霊論」である。十九世紀末から一九二〇年代にかけて、演劇や芸術の特異な主題であった「ルル」の神話を多角的に解明した本稿が成るまでに、今まで見てきた手紙で何回「ルル」に言及されたことだろう。山口氏はじっとこのテーマを温め、満を持していたのであった。

第2号以下に掲載された山口氏の論稿について書く前に、〈Guest From Abroad〉の連載を中心に、氏が海外の芸術家や学者を迎え、どれほど活発に議論を交したかを見ておくことにしよう。対談の相手の名前と対談テーマ、号数を記す。

R・M・シェイファ（「音楽と土地の精霊」、第5号）

A・ガデス（「身体の幾何学──フラメンコと文化のアイデンティティ」、第7号）

ジョン・ケージ（「音楽、人生、そして友人たち」、創刊二周年記念別巻）

S・ブゾッティ（「音楽と演劇のはざまで」、第12号）
P・ブーイサック（「ガイアの記号論をめざして」、第25号）
ボリス・エイフマン（「バレエは知のかたちを伝える！——新しい芸術が誕生するとき」、第27号）
T・トドロフ（「境界の想像力」、第29号）

また〈Dialogue Now〉という欄でも対談を行なっている。

H・ブラウ（「カリフォルニア・知的ルネッサンスの証人」、第17号）

このように並べて見ると、対談相手がほとんど芸術家であることが分かる。学者はブーイサックとトドロフだけである。この他にも、他の編集同人とともに、U・エコと座談会をしたことがあった（第29号）。

さて、第2号以下とりあえず第15号までに掲載された山口氏の論稿をあげると、左の通りである。

夢見の時——異文化接触の精神史（第2号）
水と世紀末の文明（第3号）
神話的世界としての『ハックルベリー・フィンの冒険』（第6号）

四月はいちばん無情な月　〈知の即興空間〉①　（第7号）
宝塚を観る——ジーグフェルドからバリ島まで　〈知の即興空間〉②　（第8号）
「へたうま」の力——ピロスマニの祝宴の世界　〈知の即興空間〉③　（第9号）
音と新しい都市文化　〈知の即興空間〉④　（第10号）
「笑いの記号学」紀行　〈知の即興空間〉⑤　（第13号）
挫折の昭和史——エノケンから甘粕正彦まで　〈知の即興空間〉⑥　（第14号）
土地の精霊とその眷族たち
——吉田喜重『嵐が丘』をめぐって　〈知の即興空間〉⑦　（第15号）

これを見ていると、私の偏見かも知れないが、山口氏の関心のありようが変わってきたように思えてならないのだ。どうしてなのだろう。一つには、『文化の詩学』にまとめられたような、氏の該博な知識と豊かな感受性の合体、そこから産まれた緊張感に満ちた成果、といったものがあまり感じられなくなっているからかも知れない。むしろ円熟した碩学のエッセイという趣きが前面に出てきている。

いずれ第16号以下の氏の連載を見ることになるが、そこでは明白に、従来の山口氏の仕事とは異なる要素が前面に出てくる。しかしそれは、さらに数年先のことだ。

以下には、八四年以降の膨大な山口氏の仕事について簡単に記すことにする。

6

一九八四年一月に、山口氏は筑摩書房から『笑いと逸脱』(SCRAP BOOK NO. 1) を出し、続けて三月に『文化と仕掛け』(SCRAP BOOK NO. 2) を出す。七九年から八二年にかけて、新聞、雑誌、プログラム等に書かれたエッセイを集めた、文字通りのスクラップ・ブックである。

そして五月には、『演ずる観客——劇空間万華鏡1』を白水社から刊行する。白水社から出ている雑誌『新劇』に八一年から八三年にかけて連載した文章を中心にして編集された本だ。後に『山口昌男ラビリンス』に収録される。先にヴィクター・ターナーたちとの見世物のシンポジウムについて書いた折に、一部を引用した。

この本について忘れられないのは、私の持っている本の本扉に、山口氏が次のように記していることである。

大塚信一様

——林達夫の葬儀の日に——

山口昌男

そしてもう一つ。本書の見返しに私の字で

橋　高木静子

とあり、電話番号が書いてある。〝橋〟とは京都にあった小さな旅館の名前であり、女性名はその旅館の女将である。この本をくれる時、山口氏はこの宿に一度泊まってみるといいよ、と推薦してくれたのだった。何年か後に、この旅館と女将の話も出てくるはずである。

八四年十一月には、私の編集で『祝祭都市——象徴人類学的アプローチ』が岩波書店より出る。これは〈旅とトポスの精神史〉という多少キザったらしい名を付したシリーズの、第一回配本三冊のうちの一冊である。他の二冊は、吉田喜重氏の『メヒコ　歓ばしき隠喩』と田村明氏の『都市の個性とはなにか——都市美とアーバンデザイン』である。

司修氏の装丁になる本シリーズであったが、金色の帯がかけられていて、表紙側にはソラーナの版画を中心に、左に「旅とトポスの精神史」、右に「都市の深層を巡る世界旅行」とある。裏表紙側には次のような〝目次〟が載っている。

第一部　コラージュ都市
——都市論を旅する

第二部　深層の都市へ

本書には、山口氏のキャリアを知る上で重要な手がかりとなる記述が随所に見られる。第一部の「コラージュ都市」はAとBの対話という形をとって書かれているが、まずその冒頭の個所を引用してみよう。

想像力の中の地下都市

A――都市についての関心はいつ頃から持ちはじめていましたか。

B――都市そのものではありませんが、一九六三年頃、国際基督教大学で助手をやっていたとき、都市社会学及びそれに熱中する社会学の学生たちを見て、都市社会学というのはつまらない学問分野だなと思ったことがあります。

A――どうしてそんな印象を抱いたのでしょうか。

B――この分野が、単純な経験主義の視点にもとづく当時のアメリカの計量的方法の影響を最も強く受けていたせいでしょうかね。

A――それ自身歓迎すべき方法だったのではないですか。

B――ところが、この方法は、基本的に、計量可能な方法を中心にしか社会的現実を捉えることをしない。計量可能な方法で捉えうる現実とは、その実効的な側面に限られてきます。それ故、都市社会学はどちらかというと、都市計画とか都市の福祉といった、快適性を前提とする分野に視点を限るようになったように思われます。

A――その視点は、あなたの社会学についての一般的な見解にほぼ一致しますね。そういう視点で視ると都市のどういった側面が抜け落ちるのでしょうかね。

B――先ずはっきり言って、都市の可視的な部分はよく見えるけど、不可視の部分はますますよく見えなくなるのではないでしょうか。

A――あなたの現実の多層性についての考え方が、そうした見方に無関係ではないでしょう。

B――そうですね、都市社会学的な視点の最大の欠陥は、現実を生活の実効的な側面に限定することにあったのでしょうね。ところが都市は、その中に生きる人間の意識のあり方によってさまざまの相貌を示すものです。だから、計量的方法によって捉えられるのは、そのごく一部に過ぎないという自覚が、そういった方法に携っていた人には欠けていたようです。

ここには、私が本書の「はじめに」で書いた頃のことが書かれている。戦後、アメリカの影響で人文・社会科学においても実証主義的手法が圧倒的になる情勢の中で、山口氏は孤軍奮闘して新しい道を切り開こうとしていたのだ。

次に、山口氏自身の生まれ育った町のトポスに関わる記述を、少し長くなるが、引用したい。山口氏の裡なる原空間を示すものであるし、その最初の異人体験にも触れているからである。

都市遍歴の軌跡

A――ところで、あなた個人の都市遍歴を簡単にお訊ねしたいのですが。

B――どの程度のマチの集合体を都市と言うのかは別としまして、私の生まれて育ったのは北海道の美幌という町です。この町は、近郊農村の農作物の集散地として成り立っているような町でした。私のコグニティブ・マップでは、重要な位置を占めているかも知れません。まず、町そのものは屈斜路湖にまで達する森林と農村地帯に囲まれているから決して小さくないのですが、町の中心は割にまとまりのある家屋の集合体でした。

私の育った町は南北に拡がる細長い町でした。北の側は網走に向って拡散しているので見はらしはよろしかったのですが、西・南・東は丘または山に遮られて展望の利かない土地柄でした。東側は丘陵の彼方に、私が小学校三・四年の時に海軍航空基地が建設されましたので、この方は超近代という点で一種の異郷でした。町の中にも下士官官舎が建ちました。ここは一種独特の町並を構成した町の中の異郷で、そこに住んでいない者には、迷路のごときたたずまいを示していました。小学校の頃の私達にとっては、格好の戦争ごっこの遊び空間でした。この中を走り廻って市街戦ごっこに私達は打ち興じたものです。私はⒶの地点に住むお菓子屋の倅でしたから、東側は、未来を示す空間でした。

これと対照的なのは西南の側で、先ず町の外縁が寺町で、お寺が集中し、大きな樹木が密生し、朝夕に鐘の響きが聴えてくる方角でした。その背後には火葬場と墓地が拡がっており、隠亡という言葉もこの土地との関連で覚えたもので、盆の季節を除けば雑草が生い茂っている、日中はともかく、夜になると独りでは近づく気にならない不吉な場所でした。それより南は急傾斜の崖で、西南の崖の上には神社がありました。ここに登ると網走に至る一帯の眺望が得られるので、別の空間に達したような気分になりました。

この神社の背後はまた急傾斜になり、その低地はアイヌ・コタンでした。この盆地は私には長い間全く未踏の地でした。①のなだらかな坂の上に大きな石碑が立っておりました。この石碑には菊池ウイントク大酋長の碑と書いてありました。私がはじめてアイヌ・コタンの方まで自転車で足を伸ばしたのは、中学校三年のときのことでしたから、この石碑が境界の内と外との一種の境い目の役割を果していました。

幼い頃、コタンから入れ墨をしてヤッケを着たお婆さんが、白樺の皮を「ガンピの皮はいらんかい」と売りに来たものです。今日こういう言い方はちょっと不謹慎と思われるのですが、幼い私にとって、こうしたお婆さんは神秘感に包まれた、私にとって最初の異人でした。コタンの先は津別町、原生林を通して屈斜路湖、阿寒から釧路へと通じているのですが、私

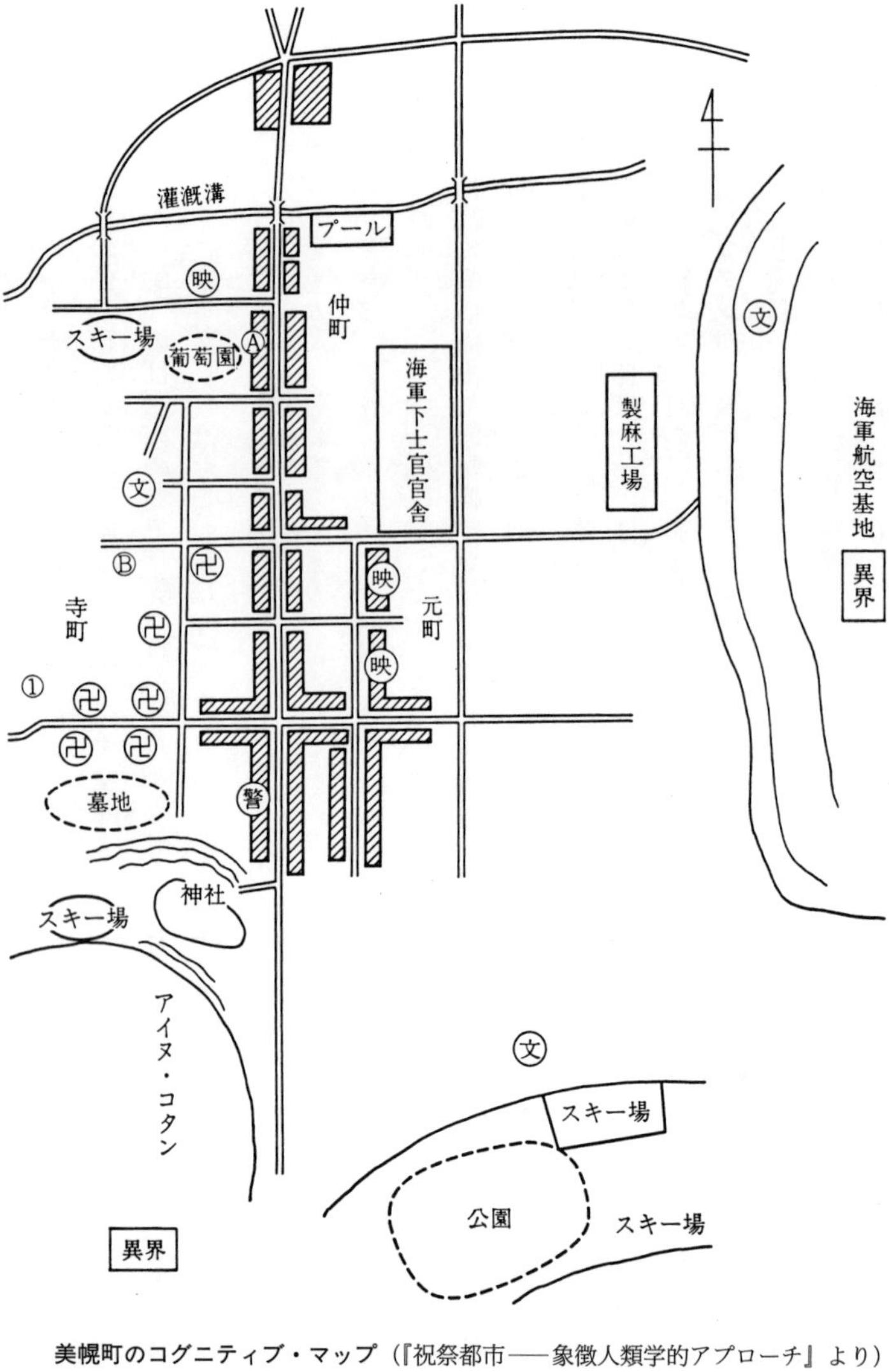

美幌町のコグニティブ・マップ（『祝祭都市――象徴人類学的アプローチ』より）

にとっては、山の彼方の茫漠とした空間でしかありませんでした。こうして南西の方角は、どちらかと言えば過去へ向う方向軸であったと言えるかも知れません。町を南北に貫通する道路の行き止りは国鉄の駅でしたが、これは、網走と北見の間を走る石北本線の駅です。この駅は、そういう意味では同時代を外へ繋ぐ地点として感じられました。こういったところが私の裡なる原空間のメンタル・マップ（心象地図あるいはコグニティブ・マップ）であったと言えるものです。

A――たぶん歩いてみると変哲もない小さなさびれた町ではないかと思うのですが、あなたの個人史や経験を通してみると、けっこう濃密で深度もある小トポスができあがるものですね。

B――たしかに、垂直軸と水平軸が何となく私の内側にでき上っており、それが私の裡の心象空間と見合うものになっていたのかと思います。垂直軸は水平軸に較べると濃度の高い空間であったと言えるかも知れないと思います。（後略）

これに続けて、中井久夫氏の生まれ育った土地のトポスについて語り、それからニューヨークをはじめとして、山口氏が体験した世界各地の都市（ナイジェリアやインドネシアでのフィールドワークについても触れる）のトポスについて、現実の都市ばかりでなく文学作品などの想像力の中の都市も含めて、縦横に論じるのである。まさに氏の世界を股にかけた知的遍歴を、都市というトポスを場にして辿る圧倒的な物語と言えよう。同時にそれは、氏の〝心の旅路〟の物語で

となった街並（著者のスケッチ）

『フロール夫人と二人の亭主』の舞台

もあった。その途中に、先に見た（第62信）中南米におけるカーニヴァル的世界の例として、「フロール夫人と二人の亭主」の舞台となった街並のスケッチが載っているので、これも転載しておこう（三三〇、三三一頁）。

最後に〝あとがき〟（ポスト・スクリプトゥム）から引用する。

A――祝祭都市探索の長旅もやっと終りましたが、都市については長い間こだわっていたようですね。

B――そうですね。誰でも都市について一言はあると思いますが、社会科学で都市を捉える視点・モデル・概念が、どうもすっかり衰弱してしまったという印象を多くの人が抱いています。何とかしなければと、長い間考えていました。

A――では、本書に示したような視点は、長い時間をかけて準備したということになりますね。

B――そう言えるかどうかはわかりませんが、一九七六年ころから、中村雄二郎、多木浩二、それに編集者として故塙嘉彦、大塚信一などという人が月に一度集って都市について語り合う会を持っていました。「文化テキストとしての東京」の原形のようなものは、この会ではじめて話したことです。一九七九年に塙氏が急逝してのち、この会に前田愛や、市川浩、河合隼雄、三浦雅士といった人が加わり、「都市の会」という仮称で、この会は断続的に、金沢調査旅行も含めて、続けられました。例えば、カヴァフィについての部分は、やはり一九八〇年頃の例会で話したことに基づいています。

A――では前田さんとの対談［本書の第II章として収録された前田愛氏との対談「『舞姫』の記号学」のこと］も、この都市の会における討論が機縁となっているのですね。

B――この章の内容そのものでなく、その前提となる文化記号論の視点について、互いの理解の上に展開されている議論であると言うことができます。

A――この本はずいぶん短い期間に書かれたけれども、その前に、長い間の資料蒐集、知の祝祭である共同討議という点で、書き下される前に既に長い間にわたって書き続けられていたということになりますね。

B――そういうことになるかも知れませんね。そこで、大塚信一氏が担当される、都市についてのシリーズに加えていただくということは、書物が、書く者と編集者の共同作業の報告であるという私の立場を具体化する意味でもありがたいことでした。（後略）

ここで私は、編集者失格であることを告白しなければならない。それは、〃あとがき〃にある「一九七六年ころから、中村雄二郎、多木浩二……という人が月に一度集って都市について語り合う会を持っていました」という会と、次に出てくる「都市の会」を山口氏は混同しているのであり、私はそれを知りながら、本書を刊行してしまったからである。具体的に言うと、中村雄二郎氏が加わっていたのは前者の会（文化放送のY氏が組織したもの）ではなく、「都市の会」であり、三浦雅士氏はどちらの会にも加わったことはなかった。これら二つの会については、前著で詳しく書いたので、ここでは省略する。

ところで、問題は引用の最後の部分である。「そこで、大塚信一氏が担当される、都市についてのシリーズに加えていただくということは、書物が、書く者と編集者の共同作業の報告であるという私の立場を具体化する意味でもありがたいことでした」という個所だ。私は山口氏の本を十冊くらい編集してきたが、〝あとがき〟に氏が私の名を記したことは一度もなかった。私も、書物は著者と編集者の協同作業の結果であると思っていたし、岩波書店から出る山口氏の本の編集者が私であるのは自明のことであり、知っている人は知っていると信じていたので、そのことに疑義を感じることは皆無であった。

しかし、ここで初めて氏は自著に私の名を記した。それは私からすれば、あたかも自明と思っていた山口氏との関係が崩れ始めたように思えないこともなかった。氏の〝心の旅路〟と言ってもよい『祝祭都市』は、そういえば、実質的に私が編集した氏の著作の最後のものであったと言ってよいだろう。この後も数冊の氏の本を出すが、座談集や対談集であったり、実際の編集を後輩に託したものだったりしたからである。その意味で、山口氏は無意識のうちに、ある種の訣別のメッセージを込めていたのだと、考えられない訳でもない。

それらのことについては、やがて触れるであろう。ここは、山口氏の最後の手紙三通が届く一九八八年までに、氏がどんな活躍をしたか、できるだけ簡略に見ておくことにして、先を急ごう。

一九八六年に山口氏は次の四冊の編・著作を刊行した。

『林達夫座談集　世界は舞台』（編・岩波書店）
『スクリーンの中の文化英雄たち』（潮出版社）
『冥界遊び（SCRAP BOOK No. 3）』（筑摩書房）
『文化人類学の視角』（岩波書店）

『世界は舞台』は『季刊・へるめす』に掲載した二本の座談会（林達夫、大江健三郎、山口昌男）を中心に、林・山口氏に中村雄二郎氏が加わった一本、林・山口氏に古野清人氏が加わった一本、さらに「生ける林達夫――解説に代えて」という鼎談（大江・中村・山口）一つを加えて成ったものである。最後の一本を除いて、一九七二年から七七年の間に収録された記録を基にしている。私はこの五本の鼎談すべてに立ち合って、本書を編集したのだが、山口氏は〝編者あとがき〟で次のように書いた。

この座談が全く偶然の機会を経て記録され残ることができたことに、私は編集者という奇妙な人種の不思議な生きざまを感じないではいられないという思いを籠めて、この書の上梓にゴー・サインを出した次第である。

山口氏は編集者をどのように考えていたか。『祝祭都市』の〝あとがき〟に書かれた、いわばまっとうな氏の編集者像――執筆者と協力して本をつくる――は塙氏への哀悼においても述べられている。しかし『世界は舞台』の〝編者あとがき〟における〝奇妙な人種の不思議な生きざま〟という表現で山口氏が示したかったのは、一体どういうことなのだろうか。

もちろん、この文章が言及しているのは私のことなので、私自身、そのことをずっと考えてきた。

結局、現時点で言えることは、次のようなことだろうと思う。つまり、林達夫を中心にした座談の記録をとり、一冊の本にまとめる。あるいは、山口氏の四十年間にわたる書簡を通して、本書を書き綴る。そうした行為は、林達夫・山口昌男という思想家への共感と敬愛に由来するものであり、基本的に〝私〟を表現することを意図していない。もちろん、林・山口両氏に対する思い入れを通して、結果的に、〝編集者としての私〟が浮かび上がって見えることがあるかも知れない。しかし、第一義的に私の思想を語ることは、けっしてない。

これは、山口氏のように強烈な自我を持ち、自負を抱いている思想家からすれば、考えられないことに違いない。〝奇妙な人種の不思議な生きざま〟としか言いようがなかったのだろう。そして、私自身はと言えば、自らの編集者人生をふり返って、同様な表現を用いたいと考えたことは、全くといってよいほどないのだ。その意味で、私は根っからの編集者なのだと思う。

『スクリーンの中の文化英雄たち』は、本文が十九行でびっしり組まれた五百五十頁の大冊である。七〇年代、八〇年代に書かれた映画に関わるエッセイと、種村季弘、川本三郎、大岡昇平、小田島雄志氏との対談・鼎談からなる。メリエス、キートン、マルクス兄弟、ダニエル・シュミット、ヤコペッティ、エノケン、エイゼンシュタインなどを縦横に論じた読みごたえのある、山口氏ならではの本である。

『文化人類学の視角』は八五年七月から九月にかけて行なわれた、NHK市民大学の講義に加筆訂正したものである。毎回ゲストを招いて対話を行なったが、その記録も各章ごとに付されている。青木保、上野千鶴子、栗本慎一郎、長島信弘、大林太良、前田愛、別役実、中村雄二郎、大江健三郎、武満徹、M・サーリンズの各氏である。

一九八七年には、山口氏は二冊の対談集を出した。

『知のルビコンを超えて──山口昌男対談集』（人文書院）

『山口昌男・対談集　身体の想像力──音楽・演劇・ファンタジー』（岩波書店）

前者には次の方々との対談が収録されている。中川久定、大江健三郎、西部邁、谷沢永一、前田愛、大岡昇平、網野善彦、中村雄二郎、阿部謹也。

後者に収載された対談相手は以下の通り。R・M・シェイファー、アントニオ・ガデス、ピーター・ブルック、ミヒャエル・エンデ、ジョン・ケージ、シルヴァーノ・ブソッティ、V・V・イワーノフ。

いずれも錚々たるメンバーで、山口氏の交友と関心の広さを示している。編集は私が担当した。

第六章　知の祝祭のゆくえ

1

一九八七年七月に刊行された『知のルビコンを超えて』の奥付に、山口氏の描いた自画像が印刷されている。

本を背負った河童は、何やら石田英一郎氏のことを連想させるが、本を背負って〝ＨＡ、ＨＡ〟と荒い息をはきながら駆けている。これは氏の実感だと思う。これまでに見てきたように、信じられないほどたくさんの本を書き、数知れぬ学者・芸術家に会い、世界中を駆け回ってきたのだ。そして以後も膨大な仕事をし続けるのだから。

山口昌男自画像

ところで、『季刊・へるめす』について述べると、氏は編集同人として相変わらずの大活躍をしていた。一九八八年六月に刊行された第16号以下、第28号までの氏の論稿を並べてみよう。

戦争と〝知識人〟〈挫折の昭和史〉2（第16号）
スポーツの帝国(上)――小泉信三とテニス〈挫折の昭和史〉3（第18号）
スポーツの帝国(下)――岡部平太の「満洲」〈挫折の昭和史〉4（第19号）
ものみなメキシコに向う〈知の即興空間〉⑧（第21号）
モダニズムと地方都市――北海道と金沢〈知の即興空間〉⑨（第22号）
絵師と将軍〈挫折の昭和史〉5（第24号）
ダダイストのような将軍の肖像〈挫折の昭和史〉6（第25号）
「夕陽将軍」の影〈挫折の昭和史〉7（第26号）
読書する軍人〈挫折の昭和史〉8（第28号）

ここには明らかに、氏の関心の推移を見ることができる。九〇年代を通して、山口氏がどのような問題に関心を抱くようになったか、その前兆を見る思いだ。

あれだけ世界中を飛び回り、各地で最高の知的リーダーたちと議論を交わし、日本人離れした活躍をしてきた山口氏が、日本の問題に目を向け始めたのである。もちろん、氏の最初の知的トレーニングが日本史の領域であったという事実はある。そしてその後も、絶えず日本の文化や歴史に立ち戻ることをした山口氏だった。しかし、その場合には、いつもグローバルに見て最高の知的な関心と分析枠組を持って、そうしていた。だから国内の問題を論じていても、それはいつも国際的な学問水準に深く関わってのことであった、と思う。

ところが今度は、ちょっと様子が違うように思えてならない。国内の問題にのめり込んで行く。しかも、それらを国際的に開かれた関心につなげて行くという、山口氏のこれまで常に存在した気配が見られないのだ。さらに言うなら、氏の連載は「挫折の昭和史」という、ある種の負の価値感を伴ったものになって行くように思える。そして「挫折」は、やがて「敗者の精神史」につながるのである（傍点、大塚）。しかし、これは少し先のこと。

山口氏からもらった最後の手紙を見ることにしよう。

82　ウィーン（オーストリア）、発信日付なし
／一九八八（昭和六十三）年九月二十六日着（絵はがき）

前略　ブダペストに一週間いて、ウィーンに二日滞在、これからパリに向かうところです。ウィーンは一日のつもりだったのですが、ヨハネス・イッテンの未来派的な二〇年代の精髄ともいうべき展覧会を見るため、一日延長。見応え充分にありました。
草々

83　ヴェニス（イタリア）、発信日付なし

／一九八九（平成一）年三月二十一日着（絵はがき）

パリに三日いて、今ヴェニスにいます。二週間の予定なのでゆっくりしています。パリではKristeva と話しました。彼女の新著は『我らの内なる異人』です。版権とったらどうですか。しかし、こちらもおくれてる。トドロフの新著が『フランス人と他者』ですから。

84　ヴィツェンツァ（イタリア）、発信日付なし

／一九八九（平成一）年四月？日着（絵はがき）

前略　ヴェニスで二週間ゆっくり過ごして、いま、ヴィツェンツァ経由でミラノに行くところです。ヴェニスの教授陣は大したことなかったけれど、大学院の学生で十月から日本にくるファビオという青年は、日本語べらべら、記号学に通じ、日本の知的状況を的確に把握して、空海の記号学をやろうという面白い男です。ところで日本学科に『へるめす』全冊寄贈していただけますか。宛名は

Seminario di Lingua e Letteratura Giapponee, l'Università di Studi di Venezia

結局英語一回、イタリア語で一回講義をしました。

すべて絵はがきである。本の話もほとんどない。クリステーヴァの本についても、版権をとるように勧めるだけだ。ものすごく忙しくなっているのだろう。手紙を書く暇もないのだと思う。しかし、何とも寂しい。かつての山口氏はどこに行ってしまったのだろう。同僚の優等生に対するルサンチマンは、もうもちろんない。そうしたグチを聞くのは、楽しいことではなかった。でもグチの一方で、これでもかこれでもかという氏の新しい発見の報告が相続いたものだ。国内的にも国際的にも有名になり、さまざまなメディアでちやほやされるようになって、あの私にとって何物にも代え難かった山口氏がどこか遠くへ消えようとしている、というのは単に私のひがみだろうか。

私の記憶では、山口氏が『季刊・へるめす』の論稿で、もっぱら国内に目を向け始めた頃から、私は氏と距離をとり始めたように覚えている。逆に言えば、これは山口昌男の本来の姿ではない、と認識したということでもある。

ある時電話で、山口夫人が、「最近すごく視力が弱っています。いい医者がいないでしょうかね」と言ったことがあった。まさかそんなことはないと思うのだが、万一のこととして、横文字の小さな活字を読むのが苦痛になってきたのではないか、邦語文献のとくに近代のそれは活字がやたらに大きいではないか、などとあらぬ妄想を抱いたりもした。

それに、この頃から山口氏は東京の古本屋と親しい関係を持ちはじめたように思う。それまでは、国際的な次元での古本屋巡りだったのが、改めて国内に目を向けたとも言えるわけで、そのこと自体に問題があるはずはなかった。が正直に言えば、多少の違和感を覚えなかったわけではない。

私は、親しい著者にはできるだけ客観的な評価をもって接したい、と常に考えてきた。いわんや山口氏の場合には、可能な限り公平、客観的に、場合によっては厳しく氏の仕事に接したいと考えていた。そうした私の規準からすれば、八〇年代後半から九〇年代にかけての氏の仕事は、簡単に賛同できるものではなかった。氏は論壇の寵児となっていた。誰も、賞讃こそすれ、氏の仕事に対して注文を出す人は全くいなかった。私は、山口氏に最も近い編集者だと自ら認じていた。一人ぐらい氏の仕事の方向に厳しい目を向けている編集者がいてもよいではないか。その厳しい目こそ、本当に氏と親しいことの何よりの証拠ではないか――と私は本気になって考えていた節がある。そのことの当否は、もちろん、私には分からない。しかし、今から思えば、そうすることが、三十年以上も氏に伴走してきた編集者の、誠意の証しですらあると、私はかたくなに信じていたのであった。

この問題にはまた後で立ち戻ることにして、とりあえず、八〇年代末から九〇年代初頭にかけての、山口氏の仕事を概観しておこう。

2

一九八八年には、非常にユニークな本を出した。

『モーツァルト好きを怒らせよう――祝祭音楽のすすめ』（第三文明社）

第Ⅰ部の構成は左の如くである。

モーツァルトと「第三世界」
モーツァルト好きを怒らせよう
『アマデウス』の詩学
神話的世界のなかのモーツァルト
スキゾ時代にふさわしいトリックスターの実像――「アマデウス」について
『モオツァルト』と『本居宣長』――私にとっての小林秀雄

第Ⅱ部から第Ⅷ部においては、サティやオッフェンバッハ等々の、山口氏のいう〝祝祭音楽〟について触れられている。

かつて彼の林達夫氏をして、次のように言わしめた山口氏のモーツァルト論であるから、面白くない訳がない。

このごろ音楽のことを書くのには、モーツァルトなどの場合でも、一つ大変な課題が出てきましたね、山口昌男のインパクト。影響を排除するわけじゃないんだけれども、それの二番煎じにならないようにものを考えたり文章を書いたりするというのは大変なことなんだね。これは思ったより重荷ですよ。きみを褒めることになるけれども、実際そうなんだ、いろいろな納得性があるから。（山口昌男編『林達夫座談集　世界は舞台』岩波書店、一九八六年）

一九八九年に、山口氏は次の四冊を出版している。

『天皇制の文化人類学』（立風書房）
『知の錬金術』（講談社）
『古典の詩学――山口昌男国文学対談集』（人文書院）
『知の即興空間――パフォーマンスとしての文化』（岩波書店）

『天皇制の文化人類学』は、山口氏の著作の中でもっとも重要なものの一つであると思うので、目次を掲げておこう。

序
王権研究の現在

Ⅰ

王権の象徴性

王子の受難

「王殺し」の条件

スケープゴートの詩学へ

シェイクスピア劇の中の王権・祝祭・道化

Ⅱ

天皇制の深層構造

天皇制の象徴的空間

象徴と天皇制

日本史における規範と逸脱

Ⅲ

権力のコスモロジー

政治の象徴人類学へ向けて

Ⅳ

原始王国と宮廷文化

アフリカにおける古代王国の諸類型
——アフリカ史の諸前提

　ここには、一九五〇年代末から六〇年代、七〇年代、八〇年代と書き継がれてきた、山口氏の王権論、天皇制論を見ることができる。同時に本書に収録された諸論稿は、山口氏の〝日本史↓文化人類学へ〟というキャリアが産んだ最良の果実である、と言えるであろう。

『知の錬金術』は、講談社のPR誌『本』に八七年から八八年にかけて連載されたものを基にしている。

『古典の詩学』は、『国文学』に掲載されたものに『春秋』掲載の一本を加えた対談集である。渡辺守章、藤井貞和（宮田登＝司会）、高橋亨、守屋毅、松岡心平、乾裕幸、郡司正勝、前田愛の各氏が対談の相手である。

『知の即興空間』は、『へるめす』に断続的に掲載された連載を一本にしたものである。

　一九九〇年には、以下の四冊の新刊本を山口氏は出した。その他に『語りの宇宙』（冬樹社、一九八三年）の新装版も出している。

『のらくろはわれらの同時代人――山口昌男・漫画論集』（立風書房）
『気配の時代』（筑摩書房）
『病いの宇宙誌』（人間と歴史社）

『宇宙の孤児――演劇論集』（第三文明社）

『のらくろはわれらの同時代人』は、一九五八年以来の山口氏の漫画に関わるエッセイを集めた本で、非常に面白い。白土三平、畑中純、杉浦日向子、萩尾望都、田河水泡、小野耕世／齋藤愼爾氏らとの対談も収録している。その本扉に山口氏は、図のようなサインと漫画を描いて、さらに千社札を貼って、私にくれた。私たちの愛読書であった、ヤン・コットの『シェイクスピアはわれらの同時代人』を意識してのことだ。

『気配の時代』はSCRAP BOOK No. 4とでもいうべきもので、八〇年代の長短のエッセイをまとめた本。

『病いの宇宙誌』は、病い、医療、病院、死などに関わる山口氏流のエッセイを集めた興味深い本である。立川昭二、飯島衛氏との対談も収録。

『宇宙の孤児』は七〇年代、八〇年代の演劇に関するエッセイを集めた本で、大変読み応えのある書物である。さすがは演劇に深い関心を寄せた山口氏の、特色ある論集と言えよう。

　ところで「宇宙の孤児」というタイトルの意味は、どのように理解したらよいのだろうか。――私はそれを〝道化〟の意味として受けとるのだが。「何故道化か？」という一文から、少し長くなるが引用したい。

このように道化は、日常生活から外に出ることによって、日常生活の規則から人間を解放し、生の源泉感情にふれつつ世界に対するより包括な展望を持つ助けをする。従って、たえず遊戯と祝祭のアナキーな世界に住むことしか知らない道化は、カーニヴァルの張りぼてやファルスタッフがそうであるように、一切の時間が停止する空位期が終り日常世界の秩序が復活すると追放されるか、制外者の辱《はずか》しめを甘んじてうけなければならない。しかし、人間の生の源泉的感情の保持者である道化への需要は、如何なる文化にも装置の一部として組みこまれている。

道化は、人類学者が扱うようなアーカイックな世界の神話から、フェデリコ・フェリーニの「道化師たち」（一九七一年）にいたる人類文化史のあらゆる局面において、彼のもつ日常生活からの自由を駆使して新しい感受性・隠れた現実世界の組織者、固定した現実感覚の上にあぐらをかく偽善文化の敵、として立ち現われる。彼は心理学的に言えば、日常生活の意識世界と無意識の世界との間の使者《メッセンジャー》であり、政治的に言えば、一九六八年における挑発者《プロボカトウール》としての学生であった。

今日道化を積極的な姿勢で語ることは、いまだに、相当人をいらいらさせる筈である。何故そのようなことになるのであろうか。それは、我々が生きている公的な世界が、様々な大宗教のたてまえの倫理に知らず知らずのうちに感染して、「まじめ」さをコミュニケーションの唯一の基調とした社会になりきっているからであろう。「まじめさ」とは、一定の時間、空間の中に、行儀よく収まるような固定した態度、行為、論理の組み合わせのことである。ところが、我々が今日私的に見出している世界は、こういった一見「まじめさ」のたてまえに忠実に固執していたのでは捉えられなくなっている。公的世界と私的世界のこれ以上の亀裂を避けるためにも、これまで「まじめ」の境域から排除されて片隅に追いやられていた＋α的要素、例えば、性、遊戯、無心、荒唐無稽といった人間経験の境界領域をとり込んだ新しい世界感覚を、我々は痛切に求めざるを得なくなりつつある。そのためのモデルとして道化の復権が迫られている。知的な探究の各領域に道化のテーマがのぼりはじめたのが、一九六八年の大学の危機の翌年からのことであったということは、この間の事情を雄弁に語っている。そのような時代に、道化は公的に許された起源の遥か彼方の「はじまり」の闇と混沌に立ち返って、現実感覚に弾力性を蘇らせるための数少い手懸りを与えるはずである。

ここでまず言っておかなければならないのは、ずっと以前の第15・16信に関わって、山口氏は一九六八年のパリにいながら学生の〝叛乱〟に全く触れていない、と私が言った（八一頁）ことについてだ。事実、氏は一言も言及することはなかった。しかし、右の文章に明らかなように、深い次元における〝叛乱〟の意味を確実に捉えていたのであった。

そして、「公的世界と私的世界のこれ以上の亀裂を避けるためにも、これまで「まじめ」の境域から排除されて片隅に追いやられていた＋α的要素、例えば、性、遊戯、無心、荒唐無稽といった人間経験の境界領域をとり込んだ新しい世界感覚を、我々は痛切に求めざるを得なくなりつつある」という文章は、一九七三年に発表されたものであるにもかかわらず、その後の山口氏の仕事を、特に九〇年代の仕事を、予想させるものであったと言える、と思う。

とすれば、「まじめ」に氏の仕事のあり方に異をとなえようと試みた私は、根本的に間違っていたのだろうか。

その問題に立ち入る前に、山口氏は一九九一年には『トロツキーの神話学』（立風書房）を出版していることを確認しておこう。二十世紀初頭以来の東欧やロシアの知的実験について、さまざまな角度から迫った本書は、やはり山口氏ならではの業績だと認めざるをえない。もっともこの本には、かつていくつかの本に発表された論稿や対談が再録されていることも、確認する必要があるが。

以上、九〇年代初めまでの山口氏の仕事をふり返ってみた。以下では、一九九〇年前後における氏と私の関係について、考えてみたい。

3

一九九〇年に、私は岩波書店の編集担当取締役になった。それまで約三十年間、岩波書店の事大主義になじめずに、反岩波ともいうべき企画を多くつくってきた。山口氏の本は、その最たるものと言えるだろう。例えばの話、〝中心と周縁〟という山口理論に関わって言うなら、岩波書店の日本文化における位置は、良くも悪しくも〝中心〟の側にあった。しかし、〝中心〟は〝周縁〟によって活性化され維持される、あるいは崩壊させられる、とする山口氏の思想を盛った本を岩波書店から刊行すること自体、矛盾した行為であった、と言えるかも知れないのだ。

ところで、取締役に就任するということは、出版社という組織を守り育てていく役割を担っていくことを、自らに課すのに他ならない。山口氏の先の文章を引けば、「一定の時間、空間の中に、行儀よく収まるような固定した態度、行為、論理の組み合わせ」である「まじめさ」を旨として、仕事をするということである。

日本文化を担うと自他共に認じていた岩波書店は、ある意味で格好の標的になることがあった。例えば、刊行物の中にいわゆる〝差別語〟が一つでも発見されるならば、数多くの手紙が舞い込み、「岩波書店ともあろうものが」と糾弾される。「まじめ」な読者に対して、編集担当の責任者は「まじめ」に答えなければならないのだった。組織の責任者になることは、必然的に組織防衛の前線に立つことを意味する。

こうした私の生き方を見ていて、山口氏はどう感じたのだろう。今にして、ずっと前に引用した氏の言葉、「まだ大塚君が出世ボケしない時期に」(一一八頁)、を思い出すならば、山口氏は〝出世ボケ〟という表現で私に対する批判を行なったのだと理解できる。私自身は、〝出世〟などということは、そもそもマイナーな企業である出版社の人間にとって、無縁なものと思っていたが、客観的に見るならば、組織防衛に専念する人間は、やはり出世志向と見られても、やむを得ないことだったであろう。

八〇年代の最後の頃だと思うが、ある時山口氏から電話がかかってきた。「フランス大使から食事に招待されて、女房と一緒にフランス大使館に行かなければならない。ついては、ハイヤーを一台回してもらえないだろうか」という内容だった。それに対して、私は拒絶した。山口氏は、自分の他にX氏やY氏のような著名人も呼ばれているのだからと懇願したが、それでも私は断った。結局、どこかの新聞社に頼んでハイヤーを都合してもらったようだ。仕事と直接関係ないことにまで協力する必要はない、と思ったからだ。しかし、これは表向きの理由。私の本当の気持ちは、そうではなくて、次のようなことだった。そして今でも、基本的にはそう思うことに変わりはない。

私は、山口氏から右のような電話をもらったことが、情けなくて仕方なかったのである。山口氏は、今や押しも押されもせぬ、日本を代表する知識人になった。そして数多くの著作を発表している。言うならば、知の世界の帝王である。その無冠の帝王ともあろう人が、なんと俗世間の見栄そのままに、大使館に呼ばれたからタクシーではなくハイヤーで行かねばならない、と言う。無冠の帝王ならば、大使館であろうとどこであろうと、堂々と歩いて乗り込んでこそ格好いいのでは、とさえ思ったことを鮮明に記憶している。

もっとも今考えれば、組織防衛のために俗の世界の論理に首までつかっている私が、山口氏にだけこのような超俗の注文をつけるのは、それこそ馬鹿げているし、大人気ないとも思う。でも、私の気持ちとしては、山口氏にだけは、そうあってほしかったのである。そして私自身の矛盾した立場を認識できる現在でも、そういう私の氏に対する願望には変わりがないし、変えようもない。

先に見たように、『へるめす』を中心にした山口氏の仕事のありようは、大きく変化した。一九九五年に、三月、七月と続けて刊行された大著『「挫折」の昭和史』と『「敗者」の精神史』は、すべて『へるめす』に連載された論稿が基になっている。当然のことであるが、『へるめす』編集長として、私は第14号から第28号までに掲載された論稿を毎回詳しく読んだ。編集長を降りて以後も、できるだけ丁寧に読むことを試みた。原稿枚数はいずれも非常に多い。しかし、一九八八年三月刊の第14号に最初に発表された論稿を読んだ時から、私は違和感が心の中に生じてくるのを、どうしても禁じ得なかった。

山口氏の壮大な意図はよく分かる。そしてそれが、六〇年代以降築いてきた山口理論の一種の総括あるいは実証になるであろうこと、換言すれば、氏の理論を適用した新しい〝歴史人類学〟の試みであることも、十分に理解しているつもりだった。だから後に、山口氏が『「挫折」の昭和史』の〝あとがき〟に次のように書いた時には、なるほど、と思ったものだ。

昭和モダニズムを含めて、日本近代で一度政治的に敗北したか、あるいは近代の隊列から横へ足を踏み出した人物たちの中に、日本人の生き方のもう一つの可能性を探り出せる鍵が秘められているのではないか、という目的を設定して書き進めてみたのが、本書である。ふつうの人類学の分野を遥かに踏み外して行なわれた知のオデッセイ的冒険の所産なので、専門分野の中で生きている人には信じられないような過ちも見出されるかも知れない。しかし、近代日本の歴史人類学という柳田国男も途中で抛棄した課題に挑むとしたら、このような蛮勇の技法も許されるのではないかと考えて、敢えて本書を世に問う次第である。

そしてこの文章の直前にある、次の文章にもよく合点が行く。

秩序に対しても、人に対しても、自然及び環境に対して開かれた状態に置いて置く精神の技術こそ、薩長中心の藩閥体制に飼いならされて来た近代の日本の人々の最も不得意な、あるいは全く欠如していたものと言える。今日、日本出身の人間たちはこうした欠陥の故に、国内においても国外においても、その柔軟性の欠如の故に、至るところで行きづまりの状態に達している。

つまり、近代日本のあり方に対する根本的な批判である。しかし、そうした山口氏の意図を知れば知るほど、『へるめす』に断続的に連載される論稿の一つ一つに、私はある種物足りなさを感じない訳にはいかなかったのである。テーマを国内の歴史にとった場合でも、これまでの山口氏の論稿にはいつも、叙述と理論の間の緊張感とそれに基づく迫力がみなぎっていた。だが今回の連載の場合には、様々なことを初めて教えられる叙述の面白さはふんだんにあるが、その面白さに引きずられてしまい、背後にある理論との往還と、それに由来する緊迫感に乏しいのではないか、と思われた。

そんな理想的なことを言っても仕方ない、山口氏のあの大著は氏の博識を余すところなく表現しているのだから、それで十分ではないか、という批判の声も聞こえてくる。むしろ山口氏は、これまでどちらかと言えば抽象的な理論の方に偏向しがちだったのだから、今回の本こそ望むべきものだ、という意見もあるだろう。事実、後に『「敗者」の精神史』によって、山口氏は大佛次郎賞を与えられるではないか。

そうした諸々の意見は、もちろん私も分かっているつもりだ。しかし、こと山口氏の仕事に限っては、長年に亘る親しい編集者であるのであれば、私としては可能な限り理想に近いものであってほしかった。私は当時、自分の抱いたそのような違和感を上手く言語化できなかったように思う。何か違うといったふうにしか考えられなかった。そうした隔靴掻痒の思いを持っていた私は、次第に山口氏に対して、かつてのように率直に物を言うことができなくなってしまった。連載が進めば進むほど、私の違和感はつのった。おまけに氏の原稿枚数が異常に長いこともあって、他の編集同人とのバランス上、非常に困惑したことを憶えている。そのような次第で、徐々に私は山口氏に対して距離を置くようになっていった。一方山口氏には、あらゆるメディアの様々な人間が声をかけ、登場するように慫慂していた。山口氏と私との距離は、ますます遠ざかる。一九九〇年代を通して、山口氏と私は、そういう関係にあったように思う。

確か一九九〇年のことだと思うが、山口氏の還暦のお祝いの会（?）があった。売れっ子の氏を祝うパーティなので、非常にたくさんの人が集まっていた。いろいろな人がスピーチをしたが、順番が回ってきた時、私は次のような意味の話をした。

山口さんは、戦後の日本の社会科学において中心的な役割りを果たしたマルクス主義の考え、講座派か労農派か、といった図式を一挙にひっくり返しました。そうした暴力に近い知的な腕力こそ、山口さんの最大の特徴ではないでしょうか。年齢には関係なく、強い腕力をふるって、さらに大きな仕事をなし遂げていただきたいと思います。

この頃山口氏は、先に述べた『のらくろはわれらの同時代人』の本扉の下の方に見られるような千社札をつくり得意になっていたし、暴力団の山口組になぞらえて知的山口組の組長だと言っていばってもいた。そうした子供っぽい氏の姿を見るのは、嫌ではなかったが、多くの取り巻きにかこまれて喜んでいる氏は、本当の山口昌男だとは思えなかった。

私がスピーチを終えて壇を降りると、和服姿の美しい女性が歩みよってきた。前章で『演ずる観客』について述べた時に触れておいた、京都の旅館「橋」の女将、高木さんだった。私は数年前に、山口氏に勧められてこの旅館に泊まったことが、一度だけあった。山口氏が推薦するだけあって、植物園よりも上流にある鴨川畔のこぢんまりとした宿で、女将は万事につけて気を配ってくれた。祇園で芸子をしていたといわれる彼女は、京大人文研の研究者たちにも人気があった。

山口氏が彼女を知ったのもそうした経緯があったからのようである。しかし、仕事で泊まるのには適していなかった。女将の気配りがあまりにも濃やか——例えば朝食の魚を何にするかといった——で、それを無にするのは忍びなかったからである。だから彼女とは一度しか会ったことがなかった。

その女性が私を会場の隅の方に引っぱって行った。そして、次のような話を、はんなりとした京都弁で私に聞かせたのだった。

山口先生は私の宿を気に入ってくれて、もう何回も泊まってくれました。でも、その度に私は困ってしまうのです。夜、外から帰ってきた山口先生と寝酒をおつき合いするのですが、その度に先生は嘆くのです。〝大塚が冷たい〟と言って。男泣きに泣いたこともあります。大塚さん、どうしてやさしくしてあげないのですか。先生は、あんなにあなたのことを気にかけているのに……。

私は彼女の話を聞いて、胸を打たれた。が、答えることはできなかった。説明のしようがなかったのである。著者と編集者の関係について、どのように語ればよいのだろうか。男女の仲の、好いたほれたという話ならともかく、四十年間近くの山口氏の仕事と、それに伴走した一編集者の間の話なのだから。

高木さんには、「できるだけ、おっしゃるように心掛けます」と、あいまいに答えるしかなかったことを覚えている。他にも一度、何かの会で彼女に会ったことがあるが、同じような訴えを聞き、この時もあいまいな返答をするしか方法がなかった。

4

『「敗者」の精神史』は、『へるめす』第33号（一九九一年九月）から第49号（一九九四年五月）にかけて連載された。途中、第37号と第44号は休載である。第30号から『へるめす』編集長は、坂下裕明氏に交替していた。第19号から季刊を隔月刊に変えていたので、山口氏は連載の原稿を書くためにずいぶん努力したはずである。坂下氏は、『「挫折」の昭和史』の時から山口氏の担当をしていたが、毎号山口氏の長大な、しかも引用の多い原稿を徹夜でチェックしていたことを、鮮明に記憶している。

前著『「挫折」の昭和史』が、山口氏の生まれた昭和六年を起点に、自らのアイデンティティに関わる昭和のアルケオロジーを探った本だとすれば、『「敗者」の精神史』は明治の問題を、日本人のあり方と関わって論じた本だと言うことができる。

この本の〝結びに替えて〟の冒頭で、山口氏は次のように書いた。

松浦武四郎と泰山荘

今から三十年ほど前、つまり一九六三年頃、私が国際基督教大学（ＩＣＵ）で助手を務めていたとき、かつて武蔵野の一部をなしていた雑木林の中に泰山荘という独立の茶室のようなものがあるのを知らないわけではなかった。しかし、今から考えてまことに慙愧の念に耐えないのだが、この建物の中に入ってみようという気になったことは無かった。

一九九四年の夏休み前に、ヘンリー・スミスというコロンビア大学の日本近代史の教授が会見を申し込んで来た。会ってみると、私は知らなかったが一九六四年頃この大学にいたということであった。氏は、新人会の研究などで知られている人であったが、これから『泰山荘――松浦武四郎の一畳敷の世界』（国際基督教大学博物館湯浅八郎記念館、一九九三年三月内部発行）という本を一般向けに出すから読んでみてくれないかということで、刊行予定の本のゲラをくれた。たぶんあなたなら面白いと思ってくれるでしょうということであった。

事実、読み出してみると、あっと驚くようなことが満載されている書物であった。私も泰山荘は北海道探検で知られる松浦武四郎の作った建物であるということぐらいは聞いたように記憶しているが、うかつなことに、老後の余世を送るための隠居所であったくらいにしか考えず、特に中に入ってみようという気にはならなかったのである。つまり、松浦武四郎という北海道探検家とこの建物の間の知的相関関係について考え及ばなかったのであった。

そしてこれに続けて、次のように書いたのだった。

北海道出身の私にとって松浦武四郎は無縁の人ではないので、伝記のたぐいは読み続けて来たが、昭和六年という私が生まれた年を起点として書きついで来た『「挫折」の昭和史』から『「敗者」の精神史』への旅を、昔勤めた大学の中に建物を残した松浦武四郎に触れて閉じることはまことに不思議な縁と言える。そして私は未だに自転車で二十分という至近距離に住んでいるのである。

私も、そろそろ、山口氏にならい、本書の〝はじめに〟で触れた、国際基督教大学での山口氏との出会いからはじめて、『「敗者」の精神史』まで、氏の手紙を中心に書きついできたこの本を、大学内に残る松浦武四郎の「一畳敷」の話が出てきたところで終えることにしよう。しかし最後に、山口氏の〝ドローイング展〟のことについて、触れておかなければならない。

5

二〇〇〇（平成十二）年の正月、山口氏から年賀状が届いた。私は毎年新年のあいさつを送っていたが、珍しく山口氏から返事がきたのだ。そこに次のような書き込みがあった。

○人生七転び八起き
○学長にさせられたり碌なことがありません
○しかし昨年のドローイング展パーティに来駕ありがとうございました。

〝学長にさせられたり〟というのは、前年（一九九九年）四月、山口氏が札幌大学及び同女子短期大学の学長に就任したことを指す。〝碌なことがありません〟と言いつつ、氏は存分に、トリックスター的に、学長職を楽しんでいたようだった。途中病いで倒れたこともあって、山口氏は一期四年で退いた。

さて次の〝ドローイング展〟のことだが、それは一九九九年二月にギャラリー「巷房」で開かれた個展のことである。この個展には、アフリカ、アジア、中米、南米、日本各地における山口氏のフィールドワークのスケッチが展示され、実に興味深いものだった。

そしてこの個展に合わせて刊行された山口氏の本『踊る大地球――フィールドワーク・スケッチ』（晶文社、一九九九年）の出版記念会が、二月二十七日にギャラリー近くのレストランでもたれた。夕方五時から始まるという会に行くために、地下鉄の駅から地上に出ると、網野善彦氏に会った。暗くなりかかっていたが網野氏であることはすぐ分かった。網野氏が、「山口さんの会ですか」というので、「そうです」と答えて一緒に会場に向かった。網野氏がくるのは珍しい、とその時思ったことを覚えている。同時に、私自身山口氏に会うのはしばらくぶりであるとも思った。

いろいろな分野や仕事の人がたくさん集まっていたが、知っている人はあまり見かけなかった。網野氏も同様のようで、もっぱら二人で話していたように思う。やがてスピーチの時間になり、網野氏も私も話をした。山口氏はスピーチをする人のすぐ横で、スケッチブックを広げて、スピーカーをスケッチしている。私たちのスケッチもした。

網野氏も私も、他に知っている人も少なく時間をもてあまして、早々に会場を去った。山口氏は多くの人にとり巻かれてご機嫌の様子だったが、何となくわれわれとは無縁な存在になってしまったように、思わないでもなかった。

以前には、山口氏の周りにいるのは、編集者や出版関係の人々だった。しかし今回の出版記念会では、出版社の人間を見かけることは少なかったようだ。久しぶりに会ったのにもかかわらず、何かとても寂しい思いをしたことを記憶している。

終章　遠ざかる軌跡
―とらえ難きヘルメスの往還―

知識人が、社会の前面に出て活躍する時代は、いつ頃まで続いていたのだろうか。山口氏は、恐らくその最後に位置する知識人の一人だと思う。

第二次世界大戦で敗北を喫した日本は、こと言論に関する限り、それまでの抑圧がとり去られただけに、一斉に開花した様相を呈するに至る。マルクス主義は解放の思想として絶大な力を持った。丸山眞男、大塚久雄、川島武宜氏といった社会科学者たちの著作が、むさぼるように読まれる。社会科学は、社会を変革するための一つの武器であると、誰もが信じていた。

山口氏が登場したのは、まだそのような雰囲気が濃厚に残存していた、一九六〇年代のことである。大学の学部で日本史を勉強していた頃には、山口氏も石母田正氏に私淑したことがあったようだ。石井進氏とともに、年始のあいさつによく行ったものだ、という話を聞いたことがある。第51信で『歴史学研究』の特集号に石母田論（「石母田史学と日本文学史」）を書いたという手紙の中で、「臍の緒と言うなかれ」とあるのは、そうした事情を指している。

しかし、山口氏は、社会科学を〝社会変革の武器〟と考えたことは、一度もなかっただろう。むしろ、最初の段階から、〝社会の始源〟への回帰と、そこにおけるユートピアの発見を目論んでいた。

それは山口氏の深い人間観に基づくものであったと思う。そしてその人間観が何によって形成されたかと言えば、大学に入る以前からのシェークスピアをはじめとする、西欧の文学作品の幅広い読書体験であったはずだ。本書に収録された初期の書簡から、そうした背景を察知するのは、難しいことではない。

とするならば、山口氏の人類学が構造論的なものになるのは必然のことであった。現象的な文化の差異を越えた、人間の本質的な共通性と文化の仕組みに対する認識は、文学的素養の教えるところと、通底するものであったろうからである。

加えて、広い意味での記号論のさまざまな概念――例えば「異化」といった――を導入することによって、氏の理論は磐石の重みをもつものになる。記号論は、政治から芸術、大衆文化に至るまで、何でも分析の対象に据えることが可能だった。

だから、文学・人類学・記号論を中核に構築・彫琢された山口氏の思想――中心と周縁、ヴァルネラビリティ、道化＝トリックスター等々――を以てすれば、人間と社会に関わるどんな現象でも、あっと驚くほど見事に、その本質を暴くことができるのだった。

山口氏があらゆるメディアから追い回されるのは、当然のことであった。また氏も、自らの思想的武器を活用することを、どんな場合にも、ためらうことはなかった。あらゆる文化現象を切って、切って、切りまくった。まさに山口氏は、時代の寵児となったのである。

私は、編集者として、丸山眞男、大塚久雄、川島武宜氏と度々接する機会があった。だが、彼らと山口氏を比較するとき、そこには明瞭な違いが存在する。丸山・大塚・川島各氏はどんな場合でも、社会科学者としての則《のり》を越えることはなかった。しかし山口氏は、社会科学者のみならず知識人としての自己規定すら超越して、それこそ「二十世紀の道化」として振る舞うことすらあったのだ。

例えば、こんなエピソードがある。

ある時、自民党幹部の安倍晋太郎氏から山口氏に、日本文化の現状についてご意見をうかがいたい、と言ってきた。近代日本に対する強烈な批判を展開した山口氏に目をつけた、安倍氏の政治的センスは、優れたものであったと思う。要請に応えて安倍事務所に出向いた山口氏は、急用のため外出を余儀なくされた晋太郎氏に代わって、当時秘書役を務めていた安倍氏の子息晋三氏（のち首相）に会い、自説を述べてきたのである。

政治家をはじめ、さまざまな場面での要請に応えて活躍した山口氏の姿は、知的ヒーローそのものであった。かつてどんな知識人が、山口氏のように多面的な活躍をしたことがあっただろうか、私はその例を知らない。

私はと言えば、そうした氏の八面六臂の大活躍を、横目で眺めているより他に仕方がなかった。なぜなら、それは、言うまでもないことだが、著者と編集者という出版に関わる次元をはるかに超えた場面のことになってしまったからである。

今から思えば、それは演劇の一場面、しかも喜劇におけるドタバタ騒ぎのそれ、であったかも知れない。しかし、二十世紀後半の一時期、北海道の辺境から現われた一青年が、周囲の反感をものともせずに、自らの努力によって、世界を舞台にして活躍した事実を、私はけっして忘れない。そして、山口氏の活躍に、ほんの少しなりとも、関わることのできた幸せを、今改めてかみしめているのである。

ところで、私が四十年間の編集者生活を通して深く関わった数多くの著者の中で、山口氏との関係をふり返ってみる時、いくつかの特徴的な点が存在すると思うので、以下に述べてみよう。

第一に、氏の仕事によって、決定的な影響を与えられたこと。学生時代から、さまざまな点で指導を仰いだということがあるが、それだけではなかった。日本の知的土壌における氏の孤立と、それに対する壮絶と言ってもよい知的奮闘に立ち合ってきた私は、その過程で形成された山口氏の思想に圧倒されたものだ。〝道化〟や〝トリックスター〟という概念にしても、〝中心と周縁〟の理論にしても、それらは人間存在の深部にまで達する洞察であり、氏の孤立感などという個人的次元の問題をはるかに超越する思想だった。しかしながら、そうした氏の思想は、やはり氏の個人的な格闘――アカデミズムにおける孤軍奮闘などを含めて――の過程からしか生まれなかったものだ、と思わざるを得ない。つまり私は、氏の生き方そのものに圧倒され、決定的な影響を受けた、ということができる。

第二に、しかしそれにもかかわらず、一九九〇年代には、ある種〝疎遠な〟関係に陥らざるを得なかった。私は非常に多くの執筆者とつきあってきたが、このような関係になったことはほとんどなかった。どうしてそうならざるを得なかったのか。考えてみると、それは第一の問題と深く関わっているのではないか、第一の問題と表裏の関係にあるのではないか、と思う。氏は自らの孤軍奮闘の結果、山口理論とでも称すべき思想を築いた。それは歴史・社会現象をダイナミックに解読する武器を備えた理論であった。その結果、氏は稀れにみるジャーナリズムの〝売れっ子〟になった。しかしそれは、氏の理論そのものに背反する結果をもたらさざるを得なかった。冗談にせよ、一時期山口氏が、〝(知的)山口組の組長〟などと自ら唱えて喜ぶ姿を見るのは苦々しいことであった、ということは前に書いた。つまり、山口氏が中心に位置することに対する違和感である。加えて、先に詳しく書いたように、九〇年代の仕事に対して、もう一つ私は納得することができなかった。またそれ以前の八〇年代の仕事にしても、非常に面白いものがある一方で、金太郎飴的な著作がないでもなかった。場合によっては粗製乱造気味のものもあったように思う。したがって私は、氏に対して〝距離〟を置かざるを得なかった、と言えるであろう。

第三に、そんな経過があったこともあって、私は山口氏の著作集をつくることをしなかった。河合隼雄氏にせよ、中村雄二郎氏にせよ、山口氏と関係もあり私と親しかった人の著作集を、私はつくった。おまけに河合氏、中村氏の場合には、I期のみならずII期までつくることをした。「山口さんの著作集とか全集はつくらないのですか」と多くの人から問われもした。しかし、山口氏の著作集をつくるという気にはどうしてもなれなかった。右の第二の理由にも書いたが、周縁的な存在であった山口氏が中心的（＝体系的）になること自体、自己矛盾的な要素を含んでいるのではないか、とすら思えるのだった。著作集とか全集とかは、必然的に体系の構築ということが求められるからだ。山口氏自身言っているではないか――自分は基本的に独学であり、何らかの学派とか体系に与するものではない、また制度としてのアカデミズムには意味を見出さない、と。とすればどう考えても、山口氏自身、全集的なものを刊行することを望んでいるはずがない、と私は思った。後に今福龍太氏の編で「山口昌男著作集」（全五巻、筑摩書房、二〇〇二～〇三年）がつくられたが、初期の仕事を中心に編集されているのは、正解であると思った。

それに関してさらに付言するならば、ここで、かつて見た石田英一郎氏の仕事に対する山口氏の次のような言葉（第六章）を思い出すのは、妥当性を欠くことになるであろうか。

……石田の仕事を前半期と後半期に分けるならば、私は、チャップリンの場合と同様、前半期に賭けるという立場を本書の中で匿そうとはしていない。（中略）前半期の仕事つまり『河童駒引考』を中心に本書を編んだのは、石田の仕事が、その地点を通して、今だに我々を人間経験のさまざまな匿れた水脈に向かって解き放つことをやめないからである。

少なくとも、最後の一文「前半期の仕事……は、……今だに我々を人間経験のさまざまな匿れた水脈に向かって解き放つことをやめない」を、山口氏自身の仕事に当てはめたいという誘惑を、私は払い切れないのである。

第四に、第一章でも書いたことだが、私は講座や叢書の編集を数多く手がけたにもかかわらず、「文化の現在」という叢書を除いて、山口氏にはそれらの編集委員になってもらうことをしなかった。

講座についていえば、「転換期における人間」（一九八九〜九〇年）や「宗教と科学」（一九九二〜九三年）に、なかんずく「文化人類学」（一九九六〜九八年）と「天皇と王権を考える」（二〇〇二〜〇三年）に、また叢書の中では「21世紀問題群ブックス」（一九九五〜九六年）や「近代日本文化論」（一九九九〜二〇〇〇年）などに、編集委員として山口氏に加わってもらっても、何ら不自然なところはなかったはずである。

先に述べた河合隼雄氏や中村雄二郎氏には、それぞれ何回も編集委員をお願いした。さらに山口氏の後輩に当たる青木保氏にも、「講座・文化人類学」や先述の二つの叢書に編集委員として参加してもらった。

しかし山口氏に依頼することはなかった。本書の第1信以来、度々講座という出版スタイルに対する氏の不信感が表明されていることは御覧の通りだし、第63信に至っては、「講座企画はそろそろお終いにした方がいいね」とまで山口氏は忠告するのだ。

一方私は、右に見たように九〇年代を通して、講座をつくり続けたのであった。特に「文化人類学」や「天皇と王権を考える」といった講座は、山口氏が編集委員の一人として加われば、よりダイナミックな企画になるであろうことが、当然のこととして予想される。でも私はそうしなかった。

その理由は、今にして思えば、第一にもし山口氏に依頼したとしても、引き受けてもらえなかっただろうと信じていたこと、第二に万一無理に参加してもらえたとしても、山口氏の知的世界と他の編集委員のそれらとの調整を計ることが難しく、企画そのものが雲散霧消してしまうだろうと危惧していた、というところにあったのだろう。

だから私は、山口氏を講座や叢書の編集委員に引っぱり出すことをしなかったのだ、と思う。しかし、改めて山口氏の立場に考えを巡らすならば、河合隼雄、中村雄二郎、青木保氏といった親しい人々がくり返し登場するのに、自分にだけ声がかからない事実に当惑しただろうし、あるいは私の隠れた〝敵意〟さえ感じざるをえなかったかも知れない、と思うのである。

私の側では、山口氏はさまざまなメディアに追いかけられる〝有名人〟になって、本来的な仕事をおろそかにしているのではないか、と批判的に見る。それに対して山口氏は、自分だけ理由もなく排除されている、と感じていたのかも知れないのだ。そしてそうした思いには、かつての壮絶な孤立感に通じるものがあったかも知れない、とさえ私は考えたりしてしまう。

このように見てくると、九〇年代に山口氏と〝疎遠〟になったのは、ある意味で必然的なことだった、と私の側では思う。

なぜなら、先にも書いたように、山口氏は出版という場をはるかに陵駕した次元で、活躍することになったからである。前章の末尾で触れた如く、山口氏を取り巻く人々の中で、編集関係者の占める割合は、驚くほど小さくなってしまっていた。

それに対して私の方は、いつまでたっても出版という場から離れることができず、ただひたすら山口氏の行動に対して、批判的な目を向けるばかりだった。

そう考えるなら、私が一方的に〝疎遠〟になったと嘆く事態について、少なくとも九〇年代以降、山口氏はほとんど意に介することがなかったのかも知れない。

その間の真実が奈辺にあったか、それは分からない。しかし、山口氏があらゆる社会現象に対して行なったように、通常の観察よりも一次元高い、あるいは深い、分析を試みるならば、次のように言うことができるだろう。つまり、山口氏はそれこそヘルメス神の如く変幻自在、周縁にいるかと思えば、中心で〝王様〟になったり、あるいは祝祭が終われば退場する道化さながらに、あらゆる境界を越えての往還を楽しんでいたのだ、と。

最後に、山口氏の〝文章による自画像〟ともいうべき一文（文藝春秋編『私の死亡記事』、二〇〇〇年所収。後に『山口昌男ラビリンス』に収録）を引用したい。本稿執筆後の札幌大学学長就任等については、当然触れられていないが、本質的に変わるところはないと思う。

インドネシアの山中で――山口昌男

山口昌男　享年不明。インドネシア・ブル島の山中海抜七百メートルの地点で土地の人間によって倒れているところを発見される。死因は心不全と見られる。発見後直ちに森の中に埋葬されたために場所は確定できず。二十世紀の世紀末に、いかがわしいと言われながらも、旺盛なる知的好奇心を持ち、前世紀の遺物である書物の山に囲まれて、最盛期には大学の中に三部屋を匿し文庫に持ち、ほかに二カ所、五室の秘密武器庫、海外にはパリとキャッツキル（ニューヨーク）にも所有していた。ブル島には一九七四―七五年調査に赴いたとき、残してきた書物を探しに行ったらしい。パソコンも所有していなかったので覚悟の自殺と見られる。

一九三一年生まれ。一九五五年東京大学文学部国史学科卒。その後、麻布中学で川本三郎氏を教え、東京都立大学大学院で岡正雄氏に民族学の手ほどきを受け、アフリカ・イバダン大学講師として、二年間教え、その間にジュクン族の王権と神話についての調査をし、帰国後、東京外国語大学A・A言語文化研究所に停年まで勤め、その間パリ大学第十分校（ナンテール、一年間）、メキシコ大学院大学（一年間）、ペルーのリマ法王庁大学（一年間）、ペンシルヴァニア大学（三カ月）、ニューヨーク大学（三回）、ニュー・スクール・フォー・ソーシャル・リサーチス（二回）と海外教授歴は長かったが、その割に語学は上達しなかった。学会歴はウンベルト・エーコの後を継いで「国際記号学会」副会長を二期務めた。国内では「日本民族学会」（会長）、「日本記号学会」（会長）、「歴史文化学会」（名誉会長）を務めた。著書は数多く、英仏伊西の論文を尠《すくな》からぬ数を遺しているが、異色なのは『踊る大地球』（晶文社、一九九九年刊）と題するドローイング集があった。理論的には『内田魯庵山脈』（晶文社、二〇〇一年刊）が後世に読まれており、他の大半は忘れられ、珍本探求家には密かな喜びを与えている。

栄誉の関係は、東外大A・A研所長を三年の期間で任命されながら二年で辞任したために国内では何もなし。但し、フランス政府から「芸術文学勲章」（オフィシエ）、「パルム・アカデミック章」（オフィシエ）を与えられている。また朝日新聞社の「第二十三回大佛次郎賞」を受賞している。

二十一世紀から活動を停止し、ノマド化し、独りで世界中の人のネットワークを利用して放浪しているという噂が伝わっていたが、氏を記憶している友人のコメントでは、ブル島の山中に克明に細心の注意をこめて書いた『お千代船』という手製の揮毫本をある処に秘め匿して来たので、いずれとりに行かなくてはならないと言っていたので、その書物を探しに行く途中で奇禍にあったものと思われる。誠に惜しい、馬鹿馬鹿しく、限りなく滑稽な人生であった。

私は、この虚実とり混ぜた文章を読んで、何とも不思議な感懐を抱かざるを得ない。それは泣き笑いに近い思いかも知れない。そして、その泣き笑いを通して見えてくるものといえば、山口氏はやはり、自ら道化に徹してこの人生を生きてきた、という事実ではないだろうか。

そうだとすれば、良くも悪くも、山口氏の決定的な影響を受けて生きてきた私としては、ヘルメス＝道化・トリックスター＝山口昌男に、心からの感謝を捧げなければならない。

あとがき

近代日本における稀代の知的トリックスターを対象に本を書く——この無謀をあえて試みる気になったのは、山口昌男氏からのファイル四冊にもなる手紙が、私の手元にあったからである。

無名の時代から世界を股にかけて活躍するに至るまで、山口氏の辿った軌跡は、戦後日本の知的世界において、間違いなく他に類を見ないダイナミックなものであった、と言えるだろう。同時にそれは、ある意味で、氏の仕事に伴走した編集者としての、私自身の軌跡でもあった。

私は、出版の仕事に関わった人間として、その記録を残す義務がある、と考えざるをえなかった。一つ一つの通信を原稿化する作業を行なう過程で、当時の出来事が次々に脳裡によみがえってくる。同時に山口氏の思想がどのように発酵していったかを、改めて認識することもできた。

そして一九九〇年代に、山口氏は私の手の届かない彼方に飛び去って行った。

二十一世紀に入って、山口氏も私も一線の仕事から引退することになる。引退することによって、過去の軌跡を、ある程度、客観的に眺められるようになった、とも思う。

過ぎ去った祝祭について語ることには、つねにある喪失感と寂しさがつきまとうものだ。しかし思えば、知に関わる宴の年月を共に体験できたことは、滅びゆく存在である人間として、これ以上の幸せはないのではなかろうか。

山口昌男氏には、手紙の全文掲載と、その他の著作からの多くの引用を認めていただき、感謝の思いは尽きない。中村雄二郎氏をはじめ、長文の引用を許可してくださった方々にも感謝する。

今回もまた、トランスビュー社の中嶋廣氏にお世話になった。かつての編集者に対して、最少限の、しかしもっとも重要なアドヴァイスを的確に提供してくださった中嶋氏に、御礼を申し上げたい。そして校正担当の三森曄子さんには、私信の原稿化という難題に伴うさまざまな障害を乗り越えるために、大きな力を発揮してくださったことに、深謝する。

二〇〇七年六月初旬

大塚信一

75　パリ（フランス），1980 年 3 月 9 日付，3 月 14 日着
76　パリ（フランス），1981 年 1 月 8 日着
77　パリ（フランス），1981 年 1 月 9 日付，1 月 14 日着
78　トリニダード，1983 年 3 月 14 日着
79　パリ（フランス），1983 年 5 月 20 日着
80　ロンドン（イギリス），1983 年 7 月 11 日着
81　ハイチ，1983 年 11 月 18 日着

第六章

82　ウィーン（オーストリア），1988 年 9 月 26 日着
83　ヴェニス（イタリア），1989 年 3 月 21 日着
84　ヴィツェンツァ（イタリア），1989 年 4 月？日着

49　エル・コレーヒオ・デ・メヒコ（メキシコ），1977年12月14日付，西川潤氏により12月17日に届く。
50　エル・コレーヒオ・デ・メヒコ（メキシコ），1978年1月5日付，1月17日着
51　エル・コレーヒオ・デ・メヒコ（メキシコ），1978年3月22日着
52　エル・コレーヒオ・デ・メヒコ（メキシコ），1978年5月4日着
53　オースチン（アメリカ），1978年5月16日着
54　カラカス（ベネズエラ），1978年6月13日付，6月26日着
55　マルティニック，1978年6月27日着
56　エル・コレーヒオ・デ・メヒコ（メキシコ），1978年7月7日着
57　ヴァイエ・デ・ブラボー（メキシコ），1978年7月16日付，7月31日着
58　ヴァイエ・デ・ブラボー（メキシコ），1978年7月24日付，8月8日着
59　エル・コレーヒオ・デ・メヒコ（メキシコ），1978年8月30日付，9月13日着
60　エル・コレーヒオ・デ・メヒコ（メキシコ），1978年9月8日付，9月18日着

第五章

61　リマ（ペルー），1979年4月3日着
62　リマ（ペルー），1979年4月24日着
63　リマ（ペルー），1979年5月18日付，5月25日着
64　リマ（ペルー），1979年6月18日着
65　エルサレム（イスラエル），1979年7月2日着
66　ブダペスト（ハンガリー），1979年7月4日着
67　パリ（フランス），1979年7月5日着
68　ニューヨーク（アメリカ），1979年10月24日付，10月29日着
69　ニューヨーク（アメリカ），1979年11月20日着
70　ニューヨーク（アメリカ），1979年11月27日付，12月3日着
71　ニューヨーク（アメリカ），1980年1月6日着
72　ニューヨーク（アメリカ），1980年1月16日着
73　ニューヨーク（アメリカ），1980年2月9日着
74　パリ（フランス），1980年2月26日付，2月29日着

25　パリ（フランス），1971 年 5 月 28 日着
26　ロンドン（イギリス），1971 年 7 月 8 日着
27　パリ（フランス），1971 年 7 月 31 日着
28　キヴァーヴィル（フランス），1971 年 8 月 25 日着
29　キヴァーヴィル（フランス），1971 年 8 月 31 日着
30　アントニー（フランス），1971 年 10 月 9 日着
31　アントニー（フランス），1971 年 10 月 20 日着

第三章

32　アントニー（フランス），1971 年 12 月 10 日着
33　アントニー（フランス），1972 年 1 月 5 日着
34　アントニー（フランス），1972 年 1 月 25 日着
35　ローマ（イタリア），1972 年 3 月 1 日着
36　ヴェニス（イタリア），1972 年 4 月 28 日着
37　オクスフォード（イギリス），1973 年 8 月 8 日着
38　パリ（フランス），1973 年 10 月 23 日着
39　ブル島ワムラナ（インドネシア），1974 年 10 月 3 日付，10 月 12 日着
40　ディリ（ポルトガル領ティモール），1974 年 12 月 5 日着
41　フローレス島（インドネシア），1975 年 5 月 2 日着
42　フローレス島（インドネシア），1975 年 5 月 29 日着
43　フローレス島（インドネシア），1975 年 7 月 4 日着

第四章

44　サン・アンヘル（メキシコ），1977 年 10 月 7 日着
45　エル・コレーヒオ・デ・メヒコ（メキシコ），1977 年 10 月 5 日付，10 月？日着
46　エル・コレーヒオ・デ・メヒコ（メキシコ），1977 年 10 月 28 日付，11 月 5 日着
47　エル・コレーヒオ・デ・メヒコ（メキシコ），1977 年 11 月 14 日付，11 月 28 日着
48　エル・コレーヒオ・デ・メヒコ（メキシコ），1977 年 12 月 9 日着

手紙一覧

第一章

1　ジョス（ナイジェリア），1967年3月22日着
2　ジョス（ナイジェリア），1967年4月25日着
3　ジョス（ナイジェリア），1967年5月23日着
4　ワセ（ナイジェリア），1967年6月12日着
5　カドゥナ（ナイジェリア），1967年7月5日着
6　カドゥナ（ナイジェリア），1967年8月2日着
7　カドゥナ（ナイジェリア），1967年8月16日着
8　カドゥナ（ナイジェリア），1967年8月29日着
9　カドゥナ（ナイジェリア），1967年9月16日着
10　カドゥナ（ナイジェリア），1967年10月6日着
11　マクルディ（ナイジェリア），1967年10月28日着
12　マクルディ（ナイジェリア），1967年10月31日着
13　ウカリ（ナイジェリア），1967年11月29日着
14　ウカリ（ナイジェリア），1968年1月2日着

第二章

15　パリ（フランス），1968年3月30日着
16　パリ（フランス），1968年4月？日着
17　アディス・アベバ（エチオピア），1969年10月15日着
18　パリ（フランス），1970年12月29日着
19　パリ（フランス），1971年1月16日着
20　パリ（フランス），1971年1月23日着
21　パリ（フランス），1971年2月12日着
22　パリ（フランス），1971年2月13日着
23　パリ（フランス），1971年3月6日，11日付，3月17日着
24　パリ（フランス），1971年5月10日着

人名索引

ウ

エ

オ

カ

キ

シ

ス

セ

ソ

タ

チ

ツ

テ

ト

ナ

ヘ

ホ

マ

N

O

P

R

S

T

V

W

Y

山口昌男（やまぐち　まさお）

1931年、北海道に生まれる。1955年、東京大学文学部国史学科卒業。麻布中学校で日本史を教えるかたわら東京都立大学大学院で社会人類学を研究。1963年以降、アフリカ・アジアなど世界各地でフィールドワークを行ない、文化人類学、記号学の成果を用いて新たな知の領域を開拓、「トリックスター」「ヴァルネラビリティ」「両義性」「中心と周縁」など鮮やかな概念を導入して、それまでの学問や知識人像を一新する。レヴィ＝ストロース、オクタヴィオ・パス、ウンベルト・エーコなど海外の多くの学者・作家・芸術家たちとも活発に交流、その詳細は本書中の手紙に詳しい。東京外国語大学アジア・アフリカ言語文化研究所長、札幌大学学長などを歴任。また日本民族学会会長、日本記号学会会長を務める。東京外国語大学名誉教授。著作は数多いが、その一々については本文を参照されたい。1996年、『「敗者」の精神史』で大佛次郎賞受賞。

大塚信一（おおつか のぶかず）

1939年、東京に生まれる。国際基督教大学在学中より山口昌男氏の指導を得る。63年、同大学を卒業し岩波書店入社。雑誌『思想』、岩波新書編集部などを経て、「現代選書」「叢書・文化の現在」「新講座・哲学」「河合隼雄著作集」など数々のシリーズ・講座・著作集を世に送り、また84年には編集長として季刊誌『へるめす』を創刊、学問・芸術・社会にわたる知の組み換えと創造を図る。それらの仕事の全体については前著『理想の出版を求めて――編集者の回想1963−2003』（トランスビュー、2006年）に詳しい。90年、編集担当取締役、96年、代表取締役専務（社長代行）、97年〜2003年、代表取締役社長。現在、つくば伝統民家研究会（古民家再生コンサルティング等）代表、社会福祉法人日本点字図書館理事、東アジア出版人会議理事。

山口昌男の手紙
―文化人類学者と編集者の四十年―

二〇〇七年八月三〇日 初版第一刷発行

著 者 大塚信一
発行者 中嶋 廣
発行所 株式会社トランスビュー
東京都中央区日本橋浜町二-一〇-一
郵便番号一〇三-〇〇〇七
電話〇三（三六六四）七三三四
URL http://www.transview.co.jp
振替〇〇一五〇-三-四一一二七

印刷・製本 中央精版印刷

ISBN978-4-901510-54-7 C1039